教育部市场营销类专业实践教学体系研究成果

商务礼仪

主　编　姜　红　侯新冬
副主编　赵坊芳　周晓瑞
参　编　黄　丹　徐薛艳

复旦卓越·21世纪市场营销『实践型』系列教材

总主编　王妙

复旦大学出版社

Marketing Practical Training

内容提要

本书以商务礼仪为主线，共分为11章，主要内容包括商务礼仪概述、商务仪表礼仪、商务语言仪态礼仪、商务见面礼仪、商务往来礼仪、商务通讯礼仪、商务会议礼仪、商务仪式礼仪、商务餐饮礼仪、商务办公礼仪、商务涉外礼仪等方面的内容，较为全面地介绍了商务礼仪的相关知识和运用技巧。

本书力争做到深入浅出、形象生动、翔实具体，集理论性、实践性、知识性和可操作性于一体。在编写教材时，每章有一节实训，强调学、做、行一体化，采取学训结合、课内实训与课外实训相结合的方式，让学生在学中做，做中行。本教材是作者在参考了大量资料的基础上，结合近年来研究探讨的成果，推出的一本实用礼仪教材，希望对相关专业高校教师和同学的礼仪学习有所帮助。

总 序

《21世纪市场营销"实践型"系列教材》在上海商学院及相关学院广大教师的共同努力下终于逐步推出。这套系列教材包括《市场营销学》、《市场调研》、《消费者行为分析》、《客户关系管理》、《国际市场营销》、《品牌管理》、《公共关系》、《广告策划》、《商务经营》、《商务谈判》、《商务礼仪》、《创业实务》12本。本套系列教材是由上海商学院与复旦大学出版社共同组织和策划的,共有46位教师参加编写,分别来自13个省市的23所高校,经历了两年时间才完成。《21世纪市场营销"实践型"系列教材》的成功推出,是高校教育改革成果的展示。

一、创建了"实践课业教学"模式

自2001年起,上海商学院从《市场营销学》课程改革着手,经历了近八年的改革探索,创建了"实践课业教学"模式。所谓实践课业教学,是指以就业为导向,强化学生职业能力的全面培养,把"实践课业"作为能力培养的载体和手段的一种新型课程教学方式。

实践课业教学是2001年上海市教委"高职学生职业能力评价研究与实践"课题与2005年国家教育部"高职高专教育市场营销类专业实践教学体系研究"课题的研究成果。课题研究旨在解决当前我国高校教育中实践教学效率低、学生实践能力薄弱的紧迫问题,注重学生实践能力与创新能力的培养,使高校人才培养目标能适应我国21世纪经济社会发展的需要。课题研究总结了《市场营销学》课程改革成果,创新探索了实践课业教学新模式,并积累了课业训练的操作经验。课题所研究的实践课业教学最早从《市场营销学》课程试点开始,逐步拓展到上海商学院的《销售管理》、《促销策划》、《市场调查与预测》、《企业形象策划》、《品牌管理》、《公关策划》、《商业投资》、《广告策划》、《客户服务与管理》等课程。以此改革为基础,完成了市场营销专业实践教学体系构建的研究与实验。近年,实践课业教学从专科课程教学推广到本科课程教学,在更高层次上进行进一步探索和完善。这种新的教学模式又从校内推广到校外,从本市推广到全国,课程改革取得了成功。

1. 实践课业教学不同于传统的课程教学,其主要区别体现在:

(1)教学目标是使学生获得直接上岗能力,把有利于学生就业作为课程教学的出发点和归宿;为学生日后具备较强的就业竞争能力和可持续发展能力奠定基础。强调课程教学要与职业岗位人才培养目标相结合,强调课程教学要有知识、技能、素质培养目标。

(2) 在教学内容上,引入职业素质,即通用能力的培养内容,强化岗位技能训练;建立起专业知识、岗位技能、职业素质三位一体的教学内容,贯彻在课程教学大纲、教学计划和教案中。

(3) 在教学方法上,提出"布置课业—教师指导—学生动手—考核评估"的能力培养"四步教学法",打破教师一言堂的传统教学方法。

(4) 在教学评估上,用多个课业评价成绩替代一张试卷的考核方式,分解、量化各项能力指标,落实到课程及课业评价上。实施教师公开评价、学生自我评价(自评与互评)、企业评价的多元评价方法。

2. 实践课业教学创新了高校课程教学的新模式,其创新价值表现为:

(1) 创建了以就业为导向,注重学生可持续发展能力培养的 21 世纪人才培养的新教育理念。实践课业教学强调学生能力的全面培养,要求学生在课业训练中掌握专业技能,锻炼通用能力,倡导自主学习;以学生的实践成果——课业为评价依据,采用多元主体评价的方式。这种教学模式是当代国际职业教育发展的主导趋势,也是我国高校教育的改革方向。

(2) 创建了高校课程实践教学的新形式。采用课业形式作为课程实践教学的载体与手段,把专业知识转化为实践应用能力。这一实践形式为解决我国高校实践教学存在的"教学目标单一、内容脱离实际、教学方法传统、教学评价缺位、教学资源不足"等问题,进行了有效的探索,创造了成功的经验,丰富了我国高校实践教学改革的理论和实践。

(3) 创建了高校文科专业人才培养的新途径。实践课业教学研究提出的较可行的人才培养改革理念和实施方案,具有较强的实用性和可操作性,所需的教学条件要求不高,一般学校都能够实施。为此,对于目前我国高校,尤其是文科专业,培养实践能力强、敬业、合作、创新等综合素质高的应用型人才具有重要的意义、具有应用推广的价值。

3. 实践课业教学最大的成功在于能使学生获得更多。我们多次组织了对学生的问卷调查,据问卷调查数据统计,对实践课业教学 96% 以上的学生表示认可和欢迎。实践课业教学对强化学生"知识、技能、素质"起着举足轻重的作用,主要体现在:

(1) 促进学生有效掌握岗位技能。每个学生在课程教学中必须完成大小十多份实践课业,不少于一万字。通过课业训练,帮助学生把学到的专业知识应用于实践,掌握岗位所需的专业技能。根据上海商学院学生问卷调查数据统计,48.54% 的学生认为课业训练对岗位技能的掌握帮助很大,49.51%的学生认为有帮助。

(2) 促进学生自觉增强综合素质。在课业训练过程中,学生需要面对各种困难和挫折,要求自主解决各种问题;需要根据不同的市场、企业情况,独立判断分析;需要团队合作,形成合力,一起完成课业任务。在完成课业过程中,学生的综合素质也得到了提高,突出体现在四个方面:① 锻炼艰苦耐挫能力;② 增强团结协作能力;③ 培养认真务实作风;④ 激发创新意识,培养创新能力。

(3) 促进学生巩固专业理论。在课业训练中,学生所学的专业理论知识才能真正被运用。在实践运用中,理论才被学生消化、理解。《市场营销学》课程曾做过这样的测试,课程结束时,在学生毫无准备的情况下,把上一学期的试卷给学生做40分的选择题、判断题。测试的结果,学生的平均得分为23分。

(4) 把"学生为主体"的高校教育改革真正落在实处。在课业训练中,操作的主体是学生,学生始终处于主动学习状态。课业训练的程序为:① 先向学生布置明确的课业任务;② 学生为完成课业,必然会阅读有关课业的范文,了解和思考课业该如何操作;③ 学生会带着"任务"、带着"问题"来听教师作有关课业所需的理论、方法的课堂指导;④ 学生必定会主动提出不懂的问题,求得教师解答;⑤ 学生会要求有更多的"课堂讨论"来解决课业过程中的难点问题。

二、促进了教材建设的改革

实践课业教学的改革探索,必然提出对教材的改革,这是毋庸置疑的。因为要完成课业训练,对于没有企业实践经验的高校学生来说"困难重重"。比如,《市场营销学》课业教学要求学生把掌握的营销理论运用到企业营销活动中,解决营销实际问题。通过"市场调研报告"、"市场开发分析报告"、"营销计划报告"等课业形式,为企业营销提出对策,设计营销方案。要解决这一难题的关键在于教师进行细化、认真和耐心的指导,更需要技能训练的指导教材。但这类课程教材是一个"空白",必须依靠自己解决。通过课业教学的多年实践,我们探索了上千个学生课业训练操作的规律,积累了50多万字的技能训练指导资料,在此基础上先后编写出版了《市场营销学实训》、《市场营销学教程》、《实践课业指导》等实践型教材。可见,实践型教材的编写出版是实践课业教学的一个组成部分,是高校教育改革中不可缺少的建设内容。

2003年8月,王妙教授主编的《市场营销学实训》教材,由高等教育出版社出版。教材一出版,市场需求量就很大,同年12月就加印5 000册。从学生使用效果来看,这本教材对学生实践能力的培养,起到了很重要的指导作用,为学生课业训练提供了感觉、思路和方法,指导学生完成课业任务。但由于经验不足,《市场营销学实训》编写成营销综合性实训教材,内容太宽泛,使课程实训缺乏针对性,教师很难操作,要求对教材进行修改。

  2005年7月,王妙教授主编的《市场营销学教程》一书,由复旦大学出版社出版。该书根据课程教学要求,安排课业训练项目,在每章的最后一节中设计了"实践运用"科目,要求学生把学到的理论知识运用到营销实践中去,安排相应的课业训练任务,并作了实践指导。由于教材适应高校人才的培养目标,能指导学生实践能力训练。因此,广受社会的关注和欢迎,至今教材已是第五次印刷,共计发行25 000册,全国几十家高校都使用这本教材,对此评价很高。《市场营销学教程》正是以其"实践性强"的特点,2006年8月被国家教育部列为国家"十一五"规划教材,2007年11月又评为上海高校"优秀教材一等奖"。但在教材使用的过程中也暴露了其不足,很多教师反映实训内容在教材中的篇幅太少,要求课程实训内容再细化些,操作性再具体些。

  2007年1月,王妙、冯伟国教授合著的《市场营销学实训——实践课业指导》,由复旦大学出版社出版,作为《市场营销学教程》的配套实训教材。根据营销岗位技能培养要求,教材突出市场营销调研、市场开发分析和4PS营销计划等技能的培养,把课程实训分为四大课业训练单元。根据"一课一训练,理论先行,操作指导,实践运用"的课业指导要求,设计了17项课业指导项目。教材对每项课业项目都作了7个环节的训练指导,即:布置课业任务→了解课业目标→强调课业要求→明确理论指导→指导课业操作→制定课业评价标准→提供课业范例或范文等。教材广受社会欢迎,至今发行近一万册,能有这样的发行量,足以证明该教材的社会认可度及其社会对这类实训教材的迫切需求。但根据对20多所高校的教材使用反映调查,普遍认为一门课程使用两本教材,一是加重学生经济负担;二是使用不方便。

  在总结上述教材建设经验的基础上,经过反复研究论证,我们决定在编写这套系列教材时,把课程教材与实训教材合二为一,《21世纪市场营销"实践型"系列教材》最终定型。

  1.《21世纪市场营销"实践型"系列教材》的最显著特点在于实践性。即以培养学生实践能力为目标,以有助于学生能力训练为出发点,使专业理论的实践应用具有很强的可操作性,这是本系列教材的闪光之处。教材体现了以就业为导向,突出能力培养的时代要求,把"以能为本"的课程实践教学真正落在实处。在很大程度上解决了商贸类课程"实践教学难"的问题。教材在以下三大环节上突出实践性特点:

(1) 突出"专业技术",增强学生的专业技能。在一般教材中,强调的是基本原理的概念、内容、作用、意义,而对原理应用的操作步骤与方法往往被弱化。而本套教材在每章正文中,使用了"运行操作"、"注意事项"等的图标版式,提示教师和学生应注意专业知识中的技术性部分,即基本原理应用的操作步骤与方法。在教材编写中,强化了这部分内容,帮助学生更好地掌握专业技术。

(2) 注重"实践运用",锻炼学生的实践能力。本套教材在每章的最后一节中设计了"实践运用"科目,要求学生把学到的理论知识运用到企业实践中去,学会分析问题和解决问题,使学生真正了解市场、了解企业,掌握专业知识的应用技能,这正是我国高校课程改革的方向。教材对每章的实践应用作了具体指导,提出课业训练任务和要求,安排相应的课业训练内容,制定课业评价标准,提供课业范文,帮助学生完成课业任务。在实践使用中,可以根据不同专业、不同课时的教学要求,有选择性地完成课程中若干实践项目。

(3) 强调"学习导引",培养学生的自学能力。本套教材以学生为中心,从便于学生学习出发,设计了"教材学习导引"栏目。教材"主辅合一",它把主教材、学习指导和学习参考融为一体,其内容编写和体例编排都不同于以往教材。为了帮助学生学好这门课程,设计了6个学习模块,具体使用如下:① 明确"学习目标和基本概念";② 根据"实践操作提示"掌握专业技能;③ 根据"实践运用"指导完成课业任务;④ 根据"前沿研究"资料进行研究、思考;⑤ 根据"案例分析"资料进行判断、分析;⑥ 完成布置的"练习与思考"(详见《教材学习导引》)。通过学习导引,学生可以有效地进行学习。我们认为,学习过程也是一种实践,教材的"学习导引"为培养学生的自学能力搭建了实践平台。

2.《21世纪市场营销"实践型"系列教材》还具有以下特点:

(1) 注重学科理论的基础建设。市场营销学科是应用性学科,教材建设强调专业知识的应用是教材改革的重点,但不能忽视基础理论的夯实。没有基础理论的指导,知识的应用是盲目的,很难培养高超、娴熟的专业技能。本套系列教材要求对各门专业课程的基本概念和原理进行了梳理与界定,强调全面、准确地阐明学科的基础理论,并要求对基础理论的表述简单扼要、深入浅出、通俗易懂。

(2) 突出学科发展的内容建设。面对21世纪知识经济和经济全球一体化的挑战,市场营销学科在不断地发展和创新,企业营销实践活动也有众多的创新内容。为此,本套系列教材突出学科理论和实践的新发展,引入最新理论观点和实践案例,专门独立设计了"前沿研究"、"案例分析"栏目,介绍近年来市场营销各课程理论的最新发展和企业独创性的营销案例,提供教学与学习参考。

(3) 进行教材改革的创新建设。本套系列教材对内容、结构、版式都作了全面改革创新,教材改革以学生为中心,从便于学生学习出发,要求教材的使用能够帮助学生更好地理解、掌握和运用专业理论知识。本套教材都设计了"基础理论"、"实践应用"、"前沿研究"、"案例分析"、"练习与思考"等内容,把"基础理论与前沿理论"、"理论知识与实践能力"、"课堂导学与课外自学"融为一体。每本教材都统一设计了"学习导引"栏目,指导学生能够进行有效的学习。

《21世纪市场营销"实践型"系列教材》是高等院校市场营销专业和相关专业的专用教材,也可供从事市场营销、企业管理、商贸经营人员进行学习的参考用书。我们希望这套系列教材的推出,能够锻炼教师队伍、提高教学水平;同时,我们也希望通过这套教材的使用,推动高校教育改革,探索课程教学的新路子,为高校人才培养作出更大的贡献。

对"实践型"教材的探索研究,由于受我们的理论水平和实践能力的局限,这套系列教材一定会存在许多不足。恳请广大读者批评指正,期待更多的教育者与研究者投身于高校教材改革,让我们一起研究探讨,进一步提高实践型教材的编写水平,为高校教材建设作出更大的贡献。

丛书编委会

2008 年 7 月

目 录

第一章 绪论 1
第一节 礼仪 1
第二节 商务礼仪的特征和作用 8
第三节 商务礼仪的修养 10
第四节 实践指导 13
前沿研究 人际交往的法则：白金法则、三A法则 14
案例 小处不可随便 16
练习与思考 17

第二章 商务仪表礼仪 20
第一节 商务仪容礼仪 20
第二节 商务服饰礼仪 25
第三节 实践指导 37
前沿研究 西装的造型 41
案例 小李的形象 42
练习与思考 42

第三章 商务语言仪态礼仪 45
第一节 商务语言礼仪 45
第二节 仪态礼仪 55
第三节 实践指导 63
前沿研究 中外礼俗七不同 65
案例 落地的筷子 67
练习与思考 68

第四章 商务见面礼仪 70
第一节 称呼与介绍 70
第二节 握手、致意与鞠躬 76

第三节　名片礼仪 ·· 80
　　第四节　实践指导 ·· 83
　　前沿研究　商务名片的设计 ································· 87
　　案例　名片的失误 ··· 88
　　练习与思考 ·· 89

第五章　商务往来礼仪 ··· 91
　　第一节　商务接访礼仪 ······································· 91
　　第二节　商务馈赠礼仪 ······································· 97
　　第三节　实践指导 ·· 102
　　前沿研究　国际商务交往中的馈赠常识 ················ 105
　　案例　高人出手挡不住 ····································· 107
　　练习与思考 ··· 109

第六章　商务通讯礼仪 ·· 111
　　第一节　商务电信礼仪 ····································· 111
　　第二节　商务文书礼仪 ····································· 119
　　第三节　实践指导 ·· 124
　　前沿研究　问候要遵从职业特色 ························ 125
　　案例　案例二则 ·· 126
　　练习与思考 ·· 126

第七章　商务会议礼仪 ·· 128
　　第一节　一般会议礼仪 ····································· 128
　　第二节　专题会议礼仪 ····································· 137
　　第三节　实践指导 ·· 145
　　前沿研究　电话会议礼仪 ································· 146
　　案例　会议座次的重要性 ································· 147
　　练习与思考 ·· 148

第八章　商务仪式礼仪 ·· 150
　　第一节　商务谈判礼仪 ····································· 150
　　第二节　商务签约礼仪 ····································· 155
　　第三节　开业与剪彩礼仪 ································· 156

第四节　实践指导 ·· 167
　　前沿研究　涉外签字仪式礼仪 ····························· 169
　　案例　下台剪彩 ·· 169
　　练习与思考 ··· 169

第九章　商务餐饮礼仪 ·· 172
　　第一节　宴请礼仪 ·· 172
　　第二节　中餐礼仪 ·· 176
　　第三节　西餐礼仪 ·· 181
　　第四节　实践指导 ·· 189
　　前沿研究　饮酒与食物的搭配 ····························· 191
　　案例　就餐的失误 ·· 192
　　练习与思考 ··· 193

第十章　商务办公礼仪 ·· 195
　　第一节　办公室内的礼仪 ··································· 195
　　第二节　办公公共区域的礼仪 ····························· 199
　　第三节　使用公共办公设备礼仪 ··························· 203
　　第四节　人际交往礼仪 ····································· 204
　　第五节　实践指导 ·· 208
　　前沿研究　面试礼仪 ABC ·································· 209
　　案例　一句称呼换来一份工作 ····························· 213
　　练习与思考 ··· 213

第十一章　商务涉外礼仪 ·· 216
　　第一节　商务涉外礼仪的原则 ····························· 216
　　第二节　不同国家的礼仪原则 ····························· 220
　　第三节　实践指导 ·· 226
　　前沿研究　涉外交往中的"以人为本" ··················· 227
　　案例　失败的交往 ·· 228
　　练习与思考 ··· 229

参考书目 ··· 231

第一章

绪 论

 学习目标

学完本章,你应该能够:
1. 了解礼仪和商务礼仪的基本概念
2. 了解礼仪的特征、起源和发展
3. 了解礼仪的功能和原则
4. 理解商务礼仪的特征及作用
5. 理解商务礼仪的修养,以及大学生培养礼仪修养的途径

 基本概念

礼仪 商务礼仪 礼仪的原则 商务礼仪的作用

人类的活动在受自然规律的影响和制约的同时,还受到社会规律,以及由社会规律决定的各种社会规范的影响和制约。在这些社会规律和社会规范中,有一个很重要的方面就是礼仪规范。

中国是世界四大文明古国之一,中华民族也素有"礼仪之邦"的美誉。现在,虽然几千年过去了,时代不同了,许多古代的礼仪、礼俗已经不复存在。但是随着社会的发展,一些新的,更为合理、更为完善、更为实用的礼仪形式却又不断产生,而且今古相承、中外相连,悄然形成了它自身的一个日臻完善的体系。

随着我国社会主义市场经济的日益发展,极大地促进了人际交往和信息交流。现在,人与人之间的交际应酬已经不仅仅是一种出自本能的需要,更是适应社会发展、个人进步的一种必要途径。正确地面对和处理错综复杂的人际关系,已成为人们社会生活中的重要课题,其重要意义也绝不亚于掌握外语、电脑、驾驶等热门专业技术。

第一节 礼 仪

礼仪,作为在人类历史发展中逐渐形成的,并积淀下来的一种文化,是人类文明进步的重要标志,是适应时代发展、促进个人进步和成功的重要途径。

一、礼仪的概念

"礼"通"豊"是行礼之器,其本义为举行仪式、祭神求福。特指奴隶社会或封建社会等级森严的社会规范和道德规范,由此逐步引申为表示致意的通称。它既可以指为表示隆重和敬意而举行的仪式,也可以泛指社会交往中的礼貌和礼节,是人们在长期的生活实践中约定俗成的行为规范。

一般而言,与"礼"相关的词最常见的有3个:即礼貌、礼节、礼仪。在大多数情况下,它们被视为一体,混合使用。但从内涵上来看,三者不可简单地混为一谈,它们既有区别又有联系。

礼貌,是指在人际交往中,通过言语、动作向交往对象表示敬重和友好的行为准则,是文明行为的基本要求。从外表上看,礼貌是一种交际或表现形式;从本质上讲,礼貌是一个人良好道德品质的体现。

礼节,是人们在交际场合中,相互问候致意、表示尊重友好,以及给予必要的协助和照料的惯用形式。礼节是礼貌的具体表现,它具有一定的强制性。没有礼节,就无所谓礼貌;有了礼貌,就必然需要具体的礼节。讲礼貌、懂礼节,是内在品质与外在行为的统一。

礼仪,从广义上讲,指的是一个时代的典章制度;从狭义上讲,是对礼节、仪式的统称,指在人际交往中为表示相互尊重、敬意、友好,而约定俗成的、共同遵循的行为规范和交往程序。

礼貌是礼仪的基础,礼节是礼仪的基本组成部分。换言之,礼仪在层次上要高于礼貌、礼节,其内涵更深、更广,它实际上是由一系列具体的、表现礼貌的礼节所构成的,是一个表示礼貌的系统而完整的过程。从本质上讲,三者所表现的都是对人的尊敬、友善。

礼仪的目的是为了让人们能够轻松、愉快地交往;

礼仪的根本内容是"约束自己,尊重他人";

礼仪的基本原则是"为他人着想";

礼仪的精髓是"己欲立而立人,己欲达而达人"、"己所不欲,勿施于人"。

二、礼仪的特征

礼仪是人们在社会交往过程中的行为准则,人们以此来规范和约束自己的行为,协调和制约人与人之间的相互关系。与其他行为准则相比,礼仪具有其自身的一些特征,这主要表现在其规范性、差异性、操作性、发展性四个方面。

1. 礼仪具有规范性

讲究礼仪,必须采用标准化的表现形式才会获得广泛的认可。也就是说,在人际交往的具体细节上,如何做才合乎礼仪,是有其约定俗成的具体规定的,这是一种自尊、敬人的惯用形式或标准做法。另起炉灶、自搞一套,或是只遵守个人适应的部分,而不遵守自己不适应的部分,都很难被交往对象所接受。

2. 礼仪具有差异性

"十里不同风,百里不同俗。"由于各地区、各民族文化和习俗存在着差异,因而不管是在内容上,还是在形式上礼仪都是丰富多样的。对此应当相互尊重、入乡随俗,切不可唯我独尊、以我画线,更不能把礼仪当成是放之四海而皆准的规则,并在非交际场合拿礼仪去以不变应万变。

礼仪差异性的注意事项:

在面对各自不同的交往对象,或在不同领域内进行不同类型的人际交往时,往往需要讲究不同类型的礼仪。一般而言,适合应用礼仪的主要是**初次交往、因公交往、对外交往**三种交际场合。

3. 礼仪具有可操作性

"礼者,敬人也。"待人的敬意应当怎样表现,不应当怎样表现,是有其切实可行、行之有效的具体方法的。在具体运用礼仪时,"有所为"与"有所不为"都有各自具体的、明确的、可操作的方式与方法。礼仪规范的简便易行、容易操作,使其已经被人们广泛地应用于交际实践,并受到广大公众的一致认可。

4. 礼仪具有发展性

一方面,任何国家的礼仪都是在本国古代礼仪的基础上继承、发展起来的,礼仪作为一种人类文明的积累都具有其自身鲜明的民族特色;另一方面,从本质上讲,礼仪是一种社会历史发展的产物,具有鲜明的时代特点。随着社会的进步,礼仪在继承历史遗产的同时,有扬弃,更有发展。

如今世界经济的国际化倾向日益明显,各个国家、各个地区、各个民族之间的交往日益密切,它们的礼仪也随之不断地相互影响、相互渗透、取长补短,不断地被赋予新的内容。了解了这一点,学习与运用礼仪就能够更好地以发展、变化的眼光去看待它;也不会生吞活剥、墨守古法,使之一成不变,落后于时代的进步和社会的变革。

三、礼仪的起源与发展

(一) 礼仪的起源

我国是具有悠久历史的文明古国,素有"礼仪之邦"的美誉。礼仪文明作为中国传统文化的一个重要组成部分,对中国社会历史发展产生了广泛而深远的影响,其内容十分丰富,所涉及的范围也十分广泛,几乎渗透到社会的各个方面。礼仪究竟何时、何故而起,自古以来,人们做过种种探讨和研究,归纳起来,大体有以下几种观点:

(1) 天神生礼仪;

(2) 礼为天地人的统一体;

(3) 礼产生于人的自然本性;

(4) 礼为人性和环境矛盾的产物;

(5) 礼生于理、起于俗。

何为礼仪? 礼仪即礼节和仪式。礼仪的本质是治人之道,是鬼神信仰的派生物。它的产生可以追溯到远古时代,在原始社会,人们无法解释日月星辰的更替、风雨雷电的变幻和灾害瘟疫的流行等自然现象,便认为冥冥之中是鬼神、祖先等以超自然的力量在影响着人类的生活,故而顶礼膜拜之。人类最初的礼仪都是与祭鬼神、祭祖先相联系的,主要就是用礼器举行祭祀仪式,来表达氏族成员对神灵和祖先的敬献和祈求。因此,有"礼立于敬而源于祭"之说。

原始社会的生活礼仪与原始人类的生产活动是密切相关的,它完全是原始人类处理生活中各种关系的一些习惯性行为,通常也叫风俗习惯。不过它不是风俗习惯的全部,而只是风俗习惯中有固定仪式的部分。比如,最初他们用拍手、击掌、拥抱等来表达感情,用手舞足蹈来庆贺狩猎的胜利,这就演变成最初的礼节。

（二）礼仪的发展

礼仪在其传承沿袭的过程中不断发展变化,从历史发展的角度看,其演变大致可以分为四个阶段。

1. 萌芽时期（公元前 21 世纪的夏朝产生之前）

当原始人类中的某一位母亲抱着她刚生下的婴儿,怀着欣喜而恐惧的心情虔诚地礼拜上苍,感谢神的赐予并祈求神的保护时,礼仪就悄悄地产生了。有资料证明,礼仪的产生不仅在文字出现以前,而且应该是在人类成形的语言出现以前就产生了。在原始社会里,礼仪就是拜天祭地、祈求神的保佑、感谢神的赐予。

到了新石器时代,半坡遗址、仰韶文化,人们在交往中就已经出现了尊卑有序、男女有别等基本的礼仪思想。这一时期原始的政治礼仪、祭祀礼仪、婚姻礼仪等也已有了雏形,但还不具有真正的阶级性。

炎黄时期,传统礼仪已日臻严密,且逐渐被纳入礼制,即用礼作制度。这一时期是我国原始社会解体,私有制、阶级和国家逐渐形成的时期,也是由氏族社会交际礼仪向阶级社会交际礼仪发展过渡的时期。

到了尧舜时代,已经具有了国家的雏形,此时礼仪的系统性已经比较严密了,传统礼仪在中华大地这块沃土上已经深深地扎下了根,延续几千年的重要礼节,如拜、揖、拱手等此时已经广泛应用于交际礼仪之中了[①]。

2. 形成时期（公元前 21 世纪到公元前 771 年）

这一阶段大约在夏、商和西周3个朝代。这一时期原始社会解体,并逐渐向奴隶社会过渡,礼仪的外延迅速扩展。据考古材料及古文献所载,商、周统治者有名目繁多的典礼,其礼节日益繁缛复杂,没有经过专门职业训练和经常排练演习者,是不能经办这些典礼的。

古代礼的内涵分为两个方面:一是指一切关于政治、法律、社会、经济等的典章制度,其主要内容是确立宗法制度,包括嫡长子继承制、分封制、宗庙祭祀制度;二是指社会上一切人的行为和举止规范,包括吉礼、凶礼、军礼、宾礼、嘉礼五礼。

古代的礼制典籍也多修撰于这一时期,传世的《仪礼》和《周礼》,以及它们的释文《礼记》合称"三礼",涵盖了中国古代礼仪的主要内容,是我国礼仪的经典之作,对我国礼仪文化建设产生了深远的影响。

---

① 金正昆著:《社交礼仪》,北京大学出版社,2005年版,第5页。

3. 发展变革时期(公元前771年到公元前221年)

这一阶段是我国由奴隶制向封建制转变的过渡时期。西周末期，出现了所谓的"礼崩乐坏"的局面。而到了春秋战国时期，学术界百家争鸣、百花齐放，一些新兴利益集团开始创造符合自己利益和社会地位的新礼。以孔子、孟子、荀子为代表的儒家学者发展和革新了礼仪理论，系统地阐述了礼仪的起源、本质与功能等问题。孔子认为：不学礼，无以立，要做到"非礼勿视，非礼勿听，非礼勿动"。第一次从理论上全面而深刻地论述了社会等级秩序的划分及其意义，以及与之相适应的礼仪规范、道德义务，因而成为主张以礼治国最有代表性的人物。

4. 强化、衰落时期(公元前221年到1911年)

秦始皇吞并六国统一中国，建立了中国历史上的第一个封建王朝，成为后来延续两千多年的封建体制的基础。之后的汉武帝在思想文化界首开"罢黜百家，独尊儒术"的政策，确立了儒家思想的正统与主导地位，使得专制"大一统"的思想成为整个宗法治理国家的基础。到了宋、明两代，家庭礼仪、交友之礼日益完善，忠、孝、节、义等礼仪日趋繁多。这一时期儒家思想逐渐成为规范和约束人们行为的统治思想，其核心的三纲（君为臣纲、父为子纲、夫为妻纲）、五常（仁、义、礼、智、信）、三从（未嫁从父、既嫁从夫、夫死从子）、四德（德、容、言、工）的封建传统思想，对中华民族思想的桎梏至今仍可窥探一斑。

礼仪发展的注意事项：

古代礼仪在漫长的历史演变过程中，一方面，它作为一种无形的力量制约着人们的行为，使人们循规蹈矩地参与社会生活，起着调节、整合、润滑人际关系的作用；另一方面，它又逐渐成为妨碍人类个性自由发展、阻挠人类平等交往、桎梏思想自由的精神枷锁。

（三）我国现代礼仪的形成与发展

中国现代礼仪是在辛亥革命以后，尤其是新中国成立以后形成的。辛亥革命以后，随着西方文化的大量涌入，一部分传统礼仪制度和规范逐渐被时代所摒弃，民主、自由、平等、科学等观念深入人心，新的价值观念和礼仪标准得到广泛传播和推广。新中国成立以后，新型人际关系、社会关系得以确立，人民当家做主成了国家的主人，人民内部的合作关系代替了对抗关系，互助互利代替了尔虞我诈，建立了平等、亲密的同志关系。这标志着我国的礼仪、礼学进入了一个新的历史时期。

特别是改革开放以来，我国经济的腾飞、加入WTO，使得中国与世界的交往日益密切，许多礼仪从内容到形式都在不断地革新，在继承和发扬了中华民族传统礼仪的基础上，又适应改革开放，在新的层次上同国际礼仪接轨，形成符合国际通行原则的礼仪规范①。

---

① 黄琳主编：《商务礼仪》，机械工业出版社，2005年版，第5页。

四、礼仪的功能与原则

(一) 礼仪的功能

我们学习礼仪的目的在于运用。当前,社会礼仪之所以受到各行、各业的广泛重视,其主要原因是礼仪具有多种功能,既有利于社会,也有利于个人。

1. 礼仪有助于提高人们自身的修养

在人际交往过程中,礼仪往往是衡量一个人文明程度的准绳。它不仅能够反映出一个人的交际技巧和应变能力,还能够反映出一个人的气质风度、阅历见识、道德情操和精神风貌。从这个意义上来说,礼仪就是一个人修养的体现。学习礼仪、运用礼仪有助于提高个人的修养,有助于提高个人乃至整个社会的文明程度。

2. 礼仪有助于美化自身、美化生活

礼仪对一个人的仪容仪表、言谈举止、待人接物等方面都有其详尽的行为规范要求。学习礼仪、运用礼仪有助于人们更好地、更规范地设计和维护个人形象,更充分地展示个人良好的道德修养与优雅的风度。当每个人都能够重视美化自身,大家个个以礼相待时,社会人际关系将会变得更加和谐,生活将会变得更加温馨,这其中礼仪的运用所发挥的作用是不容置疑的。

3. 礼仪有助于促进人们的社会交往,改善人际关系

学习礼仪、运用礼仪能够帮助人们规范彼此的交际行为,更好地向对方表达自己的尊重、友好和善意,增进彼此之间的了解和信任。如果每个人都能自觉地用礼仪来规范自己的行为,长此以往,必将促进社会交往的进一步发展,帮助人们更好地取得交际成功,造就和谐完美的人际关系。

4. 礼仪有助于净化社会风气,推进社会主义精神文明建设

透过一个人对礼仪的运用程度,我们可以了解其教养的高低、文明的程度和道德的水准。一个人、一个组织、一个国家的礼仪水准如何,又反映着这个人、这个组织、这个国家的文明程度、整体素质。荀子说过:"人无礼则不立,事无礼则不成,国无礼则不宁。"也就是说,遵守礼仪、应用礼仪有助于净化社会风气,提升个人乃至全社会的精神文明方面的品位。提倡礼仪的学习和运用,与推进社会主义精神文明建设是殊途同归、相互促进的。这种社会主义的礼仪,对于我国的现代化建设是不可或缺的[①]。

(二) 礼仪的原则

在日常生活中,我们学习礼仪、运用礼仪时,有必要在宏观上了解一些具有普遍性、共同性、指导性的礼仪规律。这些礼仪规律就是我们所讲礼仪的原则。

1. 遵守的原则

学习礼仪的最终目的是运用,任何人不论身份高低、职位大小、财富多寡,都应该自觉遵守、应用礼仪,用礼仪来规范自己的言行举止。否则,就会受到公众的指责,交际也难以成功。

2. 自律的原则

自律是礼仪的基础和出发点,古人云:"己所不欲,勿施于人。"学习和应用礼仪,最重

---

① 金正昆著:《商务礼仪教程》,中国人民大学出版社,2005年版,第13页。

要的就是要自我要求、自我约束、自我控制、自我对照、自我反省、自我检点。自律就是要按照礼仪规范严格要求自己,知道自己该做什么、不该做什么。如果没有首先对自己有要求,不讲慎独与克己,遵守礼仪也就无从谈起。

3. 敬人的原则

"礼者,敬人也。"对待他人的诸多做法中,最为关键的一条就是要敬人之心常存,处处不失敬于人,不伤害他人的个人尊严,更不能侮辱对方的人格。这是礼仪的灵魂之所在。

4. 宽容的原则

礼仪的基本要求就是尊重他人。在人际交往中,既要严于律己,更要宽以待人。对于不同于自己、不同于大众的做法和行为要耐心容忍,千万不要求全责备、斤斤计较,过分苛求于人。

5. 平等的原则

在人际交往过程中,由于礼仪对象的多样性,尊重人、尊敬人的具体方法可以因人而异。礼仪是在平等的基础上形成的,在交际活动中,既要遵守平等的原则,对任何交往对象都必须一视同仁,给予同等程度的礼遇;同时,也要善于理解具体条件下对方的一些行为,不应过多地挑剔对方的行为。不允许因为交往对象彼此之间在年龄、性别、种族、文化、职业、身份、地位、财富以及与自己的关系亲疏、远近等方面有所不同,而厚此薄彼、区别对待。

6. 从俗的原则

由于国情、民族、文化背景等的不同,在人际交往过程中,必须坚持入国问禁、入乡随俗、入门问讳,与绝大多数人的习惯做法保持一致,切勿目中无人、自以为是,否定其他人的习惯性做法。遵守从俗原则,了解并尊重各自的风俗习惯和禁忌,能够避免很多不必要的障碍和麻烦,使交际活动更加得心应手、更加成功。

7. 真诚的原则

真诚就是在交际过程中做到诚实守信,不虚伪、不做作。礼仪不同于"厚黑学",弄虚作假、投机取巧都是有悖于礼仪基本宗旨的。交际活动作为人与人之间信息传递、情感交流、思想沟通的过程,务必要做到诚实无欺、言行一致、表里如一。只有这样,自己在运用礼仪时所表现出来的、对交往对象的尊敬与友好,才会更好地被对方理解和接受。

8. 适度的原则

俗话说:"礼多人不怪。"但是凡事过犹不及,人际交往要因人而异,施礼过度或不足,都是失礼的表现。适度就是要把握分寸,礼仪是一种程序规定,其自身就是一种"度"。礼仪无论是表示尊敬,还是热情都有一个"度"的问题,没有了"度",施礼就可能进入误区。

9. 沟通的原则

在人际交往中,人们通常有接触才会有了解,有了解才会有沟通,有沟通才会有互动。在现代礼仪中,沟通的原则要求人们在人际交往过程中要互为了解。礼仪的主旨在于"尊重",而要尊重他人,就必须要首先了解他人,并令对方了解自己,只有这样才能实现有效的沟通。

10. 互动的原则

所谓互动,一是要求人们在其交往过程中,必须主动进行换位思考、善解人意;二是要求人们在其交往过程中,要时时处处努力做到"交往以对方为中心"。也就是说,不允许无条件地"以自我为中心"。在人际交往中,如欲取得成功,就必须无条件地遵守互动的原则[①]。

在交际活动中应用礼仪时,为了保证取得成效,必须注意技巧、合乎规范、把握尺度、认真得体。当然,运用礼仪要真正做到恰到好处、恰如其分,只有勤学多练、积极实践。

第二节 商务礼仪的特征和作用

商务礼仪是指从事商业活动的商务人员在商业交际活动中,为了塑造良好的个人形象和企业形象,而应当遵循的表达相互尊重和友好的礼仪规范或行为准则,它是一种交往的艺术。简单地概括为商务礼仪是商务活动中对人的仪容仪表和言谈举止的普遍要求。仪容仪表是指个人的形象,言谈举止是指每一个人在商务活动中的职业表现。随着中国加入WTO的深入,我国的企业越来越多地参与到世界竞争中去,商业活动越来越全球化,商务礼仪也扮演着越来越重要的角色。

一、商务礼仪的特征

商务礼仪是现代礼仪的重要组成部分,它是一般礼仪在商务活动中的具体运用和体现,因而除了具有一般礼仪固有的特征以外,还有其自身的特点。从宏观上讲,就是尊重为本、善于表达和形式规范,具体表现在以下几点。

1. 商务礼仪具有更强的规范性

规范者标准也,没有规矩不成方圆。商务礼仪的规范性,实际上就是强调商务交往是商务人员待人接物的标准做法、标准化要求。当然,商务礼仪的规范跟其他的规范还是有所区别的。商务礼仪的规范与法律规范不同,法律约束具有强制性;而商务礼仪的规范是一种舆论约束,是自我约束,不具有强制性。但是,商务礼仪的这些基本规范如果不遵守,是不合礼仪的,会让人家见笑的。

2. 商务礼仪具有更强的对象性

就是区分对象,因人而异。就是要到什么山上唱什么歌,跟什么人讲什么话。商务礼仪的对象更明确,与商务组织的经济效益联系更密切。多数情况下体现的是合作关系和经济利益关系,因而在交往过程中一定要区分对象。遵循商务礼仪规范,关键是要体现出对他人的尊敬和友善。

3. 商务礼仪具有更强的技巧性

商务礼仪是一门社会科学,也是一种人际交往艺术的运用。它具有很强的可操作性,在应用中要把握分寸和层次,要有所为、有所不为。有所为是高标准,是高端要求,而

---

① 金正昆著:《商务礼仪教程》,中国人民大学出版社,2005年版,第11页。

有所不为是比较容易做到的。对于度和层次的把握,在具体运用中是有很多方法、技巧的,而这些方法和技巧也是可以通过学习来掌握的。

二、商务礼仪的作用

荀子曰:"仓廪实而知礼节"。

卡耐基说,一个成功的企业,18%需要专业技术,82%需要有效的人际关系的沟通。

随着物质生活水平的提高,人们对于精神文明的诉求也越来越高,特别是随着中国市场经济的发展和加入WTO参与国际竞争以来,迫切要求我们在对外交往中能够了解到国际惯例,掌握好商务礼仪,从而更加有效地与他人沟通,为企业赢得商机。

在商务活动中,恰如其分地运用礼仪不仅体现了个人的自身素质,也折射出所在企业的企业文化水平和企业的管理境界。概括地说,商务礼仪就是内强素质、外树形象。对商务人员来说,商务人员的素质就是商务人员个人的修养和个人的表现。比尔·盖茨讲,"企业竞争,是员工素质的竞争"。进而到企业,就是企业形象的竞争,教养体现细节,细节展示素质。商务礼仪的作用具体表现在以下几方面。

1. 有助于提高全体商务人员的素质,塑造个人形象

个人形象是一个人的仪容仪表、言谈举止、气质风度以及文化素质等多个方面的综合体现。商务人员的个人素质是一个人修养的具体体现,商务人士形象的塑造,与商务交往中礼仪的运用有着密切的联系。学习并运用商务礼仪,有助于商务人士更好地、更规范地设计个人形象,展示个人良好的教养与优雅的风度,从而达到美化自身的效果。

(1) 在商务活动中讲究商务礼仪,可以给对方留下良好的第一印象。第一印象常常是以后交往的依据,对人们的商务交往起着重要的作用。它的好与坏将直接影响商务活动中人们对彼此的品质和特征的评价。印象好,往往有助于彼此今后商务交往的顺利进行;反之,如果印象不好,就有可能会导致日后商务交往的中断或失败。商务人士只有充分认识到这一点,才能更好地运用商务礼仪,辅助事业的成功。

(2) 在商务活动中讲究商务礼仪,可以充分展示商务人员良好的教养与优雅的风度。矫健的身姿、华丽的服饰等这些都是表象的东西,是一个人的外在之美,而教养和风度是一个人外在美与内在美的综合体现。商务礼仪通过规范和约束人们的行为,使得商务人士的内在美通过外在形式很好地表现出来,成为衡量商务人员教养与风度的一种尺度,以此来赢得他人的好评。

2. 有助于建立良好的人际关系

古人云:"世事洞明皆学问,人情练达即文章。"讲的就是交际的重要性。在商业交往中,往往会遇到形形色色的人,而对这些不同的人如何进行交往是要讲究艺术的。

在商务活动中,随着交往的深入,双方可能都会产生一定的情绪体验。它表现为两种情感状态:一是感情共鸣,另一种是情感排斥。学习和运用商务礼仪,能够帮助人们规范彼此的交际行为,更好地向交往对象表达自己的尊重、友好之意,增进彼此间的了解和信任。孟子曰:"恭敬之心,礼也。"尊敬是商务礼仪的情感基础,只有这样才能建立和谐完美的人际关系,才能使事业成功。反之,如果不讲礼仪、粗俗不堪,那么就容易产生感情排斥,造成人际关系紧张,给对方留下不好的印象。

3. 有助于维护个人和企业形象

维护形象可以形象地比喻为减灾效应：少出洋相、少出问题、少丢人、少破坏人际关系。在商务交往中，个人代表整体，个人形象代表企业形象。一个人讲究礼仪，就会在众人面前树立良好的个人形象；一个组织的成员讲究礼仪，就会为自己的组织树立良好的形象，赢得公众的赞赏。现代市场竞争除了产品的竞争以外，更多时候是企业形象的竞争。一个具有良好信誉和形象的公司或企业，就容易获得社会各方的信任和支持，就可以在激烈的竞争中处于不败之地。所以，商务人员时刻注重礼仪，既是个人和组织良好素质的体现，也是树立和巩固个人和企业良好形象的需要。

从个人层面来讲，学习商务礼仪是构筑和谐、融洽人际关系的有效手段，能够有效地提升个人的文明修养，塑造良好职业形象。从企业层面来讲，学习商务礼仪是构筑良性客户关系的基本组成部分，也是企业形象的重要组成部分，是企业提高服务质量、增加效益的必要手段。

第三节　商务礼仪的修养

在商务交往中，礼仪往往是衡量一个人文明程度的准绳。它不仅反映着一个人的交际技巧和应变能力，而且还反映着一个人的气质风度、阅历见识、道德情操和精神风貌。

礼仪本身就是一种内在道德要求和外在行为规范的统一。谦恭的态度、文明礼貌的语言、优雅得体的举止等方面表现出来的，正是人内在的文化修养、道德品质、精神气质和思想境界等。没有内在的修养，外在的形式就失去了根基。内在的良好道德品质、文化修养只有通过一定的外在形式表现出来，才能在现实的社会生活中具有实际的意义和作用，离开了外在表现形式来讨论抽象的道德理论和思想是空洞而没有意义的。

从这个意义上来说，礼仪即教养，有道德才能高尚，有教养才能文明。没有对礼仪的正确认识，没有对礼仪精神内涵的深刻理解和把握，就不可能产生积极的道德情感和正确的道德判断能力。因此，通过一个人对礼仪运用的程度，我们可以察知其教养的高低、文明的程度和道德的水准。

一个人精神面貌的塑造，在很大程度上取决于其思想境界、道德情操和文化素养这些内在品质，也只有这些内在的美才是人类生命中最永恒的美。有的人尽管按照礼仪的要求去做了，但是只有形似没有神似，难以达到预想的效果，这就是因为缺乏外在表现的根基——内在修养。因此，我们在学习礼仪行为规范的时候，还要注重自己的内在修养，在勤奋求知中不断地充实自我，以提高自身的礼仪水平。

一、商务礼仪修养的内涵

所谓"修养"，主要指人们在思想、道德、学术、技艺等方面所进行的勤奋学习和刻苦锻炼，以及经过长期努力所达到的一种品质和能力。礼仪修养主要是指，人们为了达到一定的社交目的，按照一定的礼仪规范要求，并结合自己的实际情况，在礼仪品质和礼仪意识等方面所长期进行的自我锻炼和自我改造，以及由此形成的良好的礼仪品质和礼仪意识。礼仪修养规范着人们的礼仪行为。

讲究礼仪、遵从礼仪规范,可以有效地展现一个人的教养、风度与魅力,更好地体现一个人对他人和社会的认知水平和尊重程度,从而使个人的学识、修养和价值得到社会的认可和尊重。适度、恰当的礼仪不仅能给公众以可亲可敬、可合作、可交往的信任和欲望,而且会使与公众的合作过程充满和谐与成功。加强自身的礼仪修养的内涵主要表现在以下几个方面。

1. 思想道德修养

道德是一定社会或阶级调整人与人之间,以及个人和社会、阶级、国家、民族之间关系的行为准则和规范的总和。它以善和恶、正义和非正义、公正和偏私、诚实和虚伪等范畴来评价人们的行为,调整人们之间的某些关系。思想道德修养是指,一个人的道德意识、信念、行为和习惯的磨炼与提高,并且达到一定境界的过程。

礼仪,作为一种社会行为规范和准则,属于社会公德的内容之一,也是道德的外在形式。一般说来,一个有道德的人,往往是一个知礼、守礼、行礼的人。同样,一个人在任何时候、任何场合,对任何对象都能体现礼仪的风范,那么这个人对于自己的道德要求必然是十分严格的。从这个意义上说,道德和礼仪具有同一性。

有德才会有礼,道德是礼仪的根基。我们在加强自身礼仪修养的同时,必须提高自身的道德修养,以高尚的道德修养作为自身礼仪修养的基础,不断陶冶自己的情操,追求至善至美的理想境界,只有这样才能使自己的礼仪水平得到相应的提高。

2. 文化修养

有教养的人大都懂科学、有文化。他们思考问题周密、分析问题透彻、处理问题妥当,而且反应敏捷、语言流畅、自信稳重,在商务交往中有吸引力,能让人感到知识上获益匪浅、身心上愉快舒畅。相反,文化层次较低的人,缺乏自信,会给人以木讷、呆滞或狂妄、浅薄的印象。因此,只有自觉地提高文化修养水平,才能使自己在商务交往中表现得温文尔雅、潇洒有风度。

3. 美学、艺术修养

美学是研究人与现实审美关系,并按照美的规律进行艺术创作、艺术欣赏、艺术批评的一般原则的科学。它不仅能够提高个人的素质,也可以开拓人的创新思维。艺术作品积淀着丰厚的民族文化艺术素养,凝聚着艺术家的思想、人生态度和道德观念。因此,我们在欣赏艺术作品时,不仅会受到民族文化的熏陶,而且也会受到艺术家世界观、道德观等方面的影响。

现代礼仪要求人们用一系列的行为道德规范去支配自己的言行,做到心灵美与外在美的统一。借鉴和运用美学原理,从美学艺术作品中获得美的熏陶和情感的升华,使自己的思想得到启迪,不仅可以美化生活、美化环境、美化人与人之间的关系,还可以让人们的心灵更加纯洁、情操更加高尚,从而进一步净化社会风气,提高现代礼仪的实效性。所以,人们在提高礼仪修养的同时,还必须学习美学,提高自己的美学素养。

4. 职业道德修养

职业道德即工作人员在从事职业活动时,从思想到行为应该遵守的道德规范,以及与之相适应的道德观念、道德情操和道德品质等。职业道德的内容,包括对职业道德的认识、职业感情的培养、职业意向的锻炼、职业理想的树立、养成良好的职业行为和习惯等。

礼仪修养与职业道德是密不可分的,主要有以下三方面的特点:① 职业意识的自觉性;② 职业行为的规范性;③ 作用范围的广泛性。即每个工作人员能坚持热情友好,宾客至上;文明礼貌,优质服务;真诚公道,信誉第一;不卑不亢,一视同仁;团结协作,顾全大局;遵纪守法,廉洁奉公;钻研业务,提高技能等。这样,不仅符合职业道德规范的基本要求,同时也很好地体现了礼仪修养的基本精神和原则。

5. 心理素质修养

人的交往活动是通过人的心理活动来实现的,受到人的心理特征和心理过程的制约。人们都愿意和友善、真诚的人交往,而不愿意和虚伪、狡诈的人打交道。所以,人们在提高自身的礼仪修养的同时,还必须善于发现和改正自身性格上的弱点和缺陷,努力培养完善的性格和良好的心理素质。只有这样,才能在社会交往中赢得好感、友谊和信任。这就决定了商务人员在了解交往对象的心理特征的同时,自身也要有健康的心理状态和良好的心理素质。从商务礼仪的角度来看,作为一个合格的商务人员应该具有理想的性格特征、良好的认知风格、科学的思维品质和健全的心理健康①。

二、培养礼仪修养的途径

1. 加强自身的公共道德意识和职业道德观念,自觉接受和学习礼仪教育,从思想认识上提高礼仪修养水平

通过学习礼仪,可以提高自身的道德修养和文明程度,更好地显示自身的优雅风度和良好形象。人的自觉性不是先天就有的,而是要依靠不断的培养,靠社会健康的舆论导向和良好的环境习染,礼仪教育是使礼仪修养充实、完美的先决条件。通过对学生进行礼仪的教育和培养,可以分清是非、明辨美丑、懂得常识、树立标准,这使礼仪行为的形成有了外因条件,为进一步自我修养的内因创造条件,促使大学生经过努力,不断磨炼,养成并产生强烈的自我修养的愿望,最后达到处处讲究礼仪的目的。

2. 通过各种途径广泛阅读美学、艺术作品,学习科学文化知识,全方位提高个人的文化知识素养,使自己博闻多识,拥有丰厚的文化积淀

加强文化艺术方面的修养,对提高礼仪素质大有裨益。而文化艺术修养的提高可以大大丰富礼仪修养的内涵,提升礼仪品位,并使礼仪水平不断提高。一般来说,讲文明、懂礼貌、有教养的人大多是科学文化知识丰富的人,这种人逻辑思维能力强、考虑问题周密、分析事物较为透彻、处理事件较为得当,在商务交往时,能显示出独特的个性魅力而不显得呆板。

此外,还要加强对礼节、礼貌知识的学习,尤其是对商务交往中礼仪常识和职业礼仪规范的学习。我国素有"礼仪之邦"之称,随着我国对外交往的频繁,世界各国的礼仪风俗千差万别,大学生有必要注意收集、整理、学习和领会,以利于在实践中运用,久而久之,能使自己的礼仪修养提升到新的高度。

---

① 吴景禄、安群主编:《实用公关礼仪》,北方交通大学出版社,2007年版,第7页。

3. 积极参加社会交往活动，在社交活动中养成礼貌待人的好习惯，逐步提高礼仪修养

马克思主义认为，人们总是在不断地改造客观世界中改造自己的主观世界，改造自己的认识能力。现代社会，人际交往越来越广泛，在礼仪修养方面仅仅从理论上弄清礼仪的含义和内容是远远不够的，必须充分强调实践的作用。一切礼仪修养，如果脱离了实践，就成为无源之水、无本之木。一个人只有在人与人之间的交往实践中，在对别人、对组织的各种关系中，才能认识到自己的哪些行为符合礼仪规范的要求，哪些行为不符合礼仪规范的要求，时时处处自觉地从大处着眼、小处着手，以礼仪的准则来规范自己的言谈举止。

同样，要克服自己的失礼行为与习惯，培养自己的礼仪品质，也必须依赖于交往实践。古人强调"吾日三省吾身"，说明提高个人修养必须注意反躬自省。礼仪修养的过程，也是自我监督、自我教育的过程。它要求人们在社交过程中对自己的行为进行正确的自我评价，弄清楚在礼仪规范方面，自己哪些地方做得比较好，哪些地方做得不够。时时处处注意自我检查、不断总结，既要善于发现、发扬自己的优点和长处，又要善于正视、改正自己的弱点和不足。"知己者明"，要像鲁迅先生那样，无情地对自己进行解剖。只有这样，才能真正抛弃种种轻视礼仪的观念和一切失礼的言行，培养起良好的礼仪品质和礼仪意识。

4. 树立正确的职业理想，丰富和完善自己的个性，使性格符合职业素质的要求

职业理想是个人对未来职业的向往和追求。各种职业的社会责任、工作性质、工作内容、工作方式、服务对象和服务手段不尽相同，这就决定了对从业者性格的要求会有所不同，要正视现实、正视自身、端正态度，从实际出发求职择业。职业素质是职场人士必备的思想、知识、技巧等，它主要包括职业道德、职业礼仪、职业知识、职业技巧等。所以，我们要在实现职业理想的过程中，不断丰富和完善自己的个性，使自己的性格符合职业素质的要求[1]。

第四节 实 践 指 导

一、实践任务

通过本章的学习，要求学生能够掌握商务人员应具备的礼仪修养，在商务交往中，能展现并运用一定的商务礼仪技能。

通过搜集一二则中外有关文明礼仪的佳话，或由于某些方面的失礼行为而造成的不良后果，并向周围的人宣讲，发表自己的观点，认识到学习礼仪的重要性。

二、实践步骤

（1）组织学生利用课余时间分组自行查阅资料、收集整理相关资料。
（2）各小组自行内部讨论，并制作PPT汇报文档，确定相应的汇报人。

---

[1] 吴景禄、安群主编：《实用公关礼仪》，北方交通大学出版社，2007年版，第7页。

（3）利用一定的公共时间，要求每组汇报人在限定的时间内向其他学生宣讲，注意适当的礼仪。

（4）组与组之间互评，指导老师对各汇报人的宣讲行为，以及宣讲内容给予客观评价。

三、实践要求

（1）收集的资料内容要恰当、丰富，形式要多样。
（2）小组内部交流要留有发言记录，PPT汇报文档要生动形象、符合要求。
（3）小组汇报人发言声音要洪亮、讲述内容要生动活泼、仪态仪表要大方。
（4）汇报人发表观点要中肯、解答疑问要清楚，并应有问必答。
（5）组与组互评要客观、公正。

四、实践内容

（1）相关资料的收集方式、方法。
（2）讨论交流的方式、方法。
（3）PPT汇报文档的制作方法。
（4）汇报人发言的语言表达及仪表仪态。

五、实践范例

1. 向学生宣讲故事

龙永图先生讲的故事

有一次，他去某国开会，下榻在该国一著名饭店。

休会期间，他去洗手间，这时，他听到隔壁传来稀里哗啦的声音，他很好奇，就去隔壁想看个究竟。当他走到隔壁，却愣住了——只见一个七八岁的外国小孩爬在马桶上，在修理什么？龙先生好奇地问他："小朋友，你在干什么？"孩子抬起头，天真地和他笑了笑："先生，抽水马桶坏了，我小便冲不下去，我在修理。"龙永图先生特别感动："小朋友，抽水马桶坏了，有修理工呀？你为什么这么认真？"孩子依然天真地说："先生，如果我能修好，不是就不用麻烦修理工了吗？"

龙永图先生感慨：一个这么小的孩子，抽水马桶不是他弄坏的，他却这样自觉、这样负责。我们的国民都应该向这个外国小朋友好好学习啊！

（资料来源：http://qsfrlly.blog.sohn.com/46495516.html）

2. 小组发言

就这一则小故事，由小组派代表发言，要求声音要洪亮，仪态仪表要大方。

前沿研究

人际交往的法则：白金法则、三A法则

1987年，美国学者亚历山大德拉博士和奥康纳博士发表论文阐述白金法则是这样一句话:在人际交往中要取得成功,就一定要做到交往对象需要什么,我们就要在合法的条件下满足对方什么。这个亚历山大德拉博士和奥康纳博士所讲的白金法则其实是两个要点:

第一个要点,现代交往行为要合法。现代意识是什么?最重要的一个现代意识就是法的意识。中华人民共和国宪法规定,依法治国,中华人民共和国是法治国家,市场经济要求法治。所以,行为要合法。

第二个要点,交往以对方为中心。你要没有这样的意识的话,有的时候是非常麻烦的。

观念决定思路,思路决定出路。一个人和别人打交道,理念正确、观念正确是非常重要的。所以人际交往中,白金法则是非常重要的。

随着信息时代的到来,人与人之间交往的渠道越来越多。家里有亲人,单位有同志,社会有朋友,远隔千山万水的男男女女,还可以通过上网彼此沟通,真是又方便、又快捷啊!然而,面对复杂的人际关系,有些人却"拿着金饭碗讨饭",处理不好"上下级之间、同事之间、朋友之间"的关系,而使自己成了"不受欢迎的人"。

怎样走出这种困惑和尴尬的怪圈呢?美国学者布吉林教授等人,曾经提出了一个所谓的"三A法则"。其基本含义是:在人际交往中要想成为受欢迎的人,就必须善于向交往对象表达自己的尊重、友善之意。向别人表达尊重和友善时,恰到好处的沟通技巧有三。用英文来说,表达这3点的每一个词的第一个字母都是A,所以把它叫做三A法则。

第一个A(Accept),接受对方。古人讲:"十里不同风,百里不同俗。"人和人受教育的程度、年龄、性别、职位、社会阅历不一样,待人接物的风格和具体做法往往有所不同。有鉴于此,接受别人实际上是最重要的。很遗憾的是,现实生活中,相当数量的同志不太能够接受别人。一个真正有教养的人,他在待人接物中要善于接受别人。从交际礼仪上来讲,接受别人,即接受交往对象,接受交往对象的风俗习惯,接受别人的交际礼仪。从风俗习惯这个角度来分析问题,凡是存在的,就是合理的。因此,在人际交往中,你要成为受欢迎的人,一定要注意对人不能吹毛求疵、过分刻薄,尤其不能拿自己的经验去勉强别人。

第二个A(Appreciate),重视对方。它是接受的进一步发展。在日常生活中,有教养的人必定会欣赏别人的长处,而不是让别人难堪和尴尬。举个例子,你跟金教授说:"金教授,今天见到您非常高兴,以前看过您写的书。"这句话他就挺高兴听,感觉很有面子。

第三个A(Admire),赞美对方。你赞美别人也要讲究技巧,否则往往可能弄巧成拙。赞美别人,首先要实事求是,你要赞美该赞美的地方,你不能赞美对方的缺点;其次是夸人要夸到点子上,如果你夸我认为我写得最好的书,我就会很来劲,但如果是我认为我写得最不好的那本书被你拿出来夸,我往往会不高兴。我会想:这家伙是真夸我,还是讽刺我?

三A法则对我们在人际交往中成为受欢迎的人,是大有裨益的。倘若你在人际交往中注意这样的有效沟通,将使你更好地被交往对象所接受,将使你成为更受别人欢迎的人,将有助于你在人际交往中构建良好的个人形象。

(资料来源:http://61.142.209.149:88/user1/lixinhui/archives/2006/1884.htm
http://hbrb.hebnews.cn/20071013/ca813302.htm
http://www.bokerb.com/logshow.asp?id=537)

案例
小处不可随便

古语道:"战战栗栗,日谨一日。人不踬于山,或踬于垤。"就是要告诫人们时时提防被"小土堆"绊倒。"小处不可随便"是中国人自古以来的一条处世原则。不光是中国,外国人也有类似的观念。针眼大的窟窿斗大的风,小处随便的人往往不受欢迎,在某些特殊的场合,甚至会造成致命的后果。

1. 北京某名牌大学的一位学生被美国一所大学录取为博士研究生,成绩高得令那些招生的教授咋舌。该生入学到校后不久的一天下午,女导师给他分派了任务,让他下午14:00~15:00 在实验室做试验。实验室里刚好有一部电话,可以打美国境内的长途,结果他在这一小时内打了 40 分钟的长途,与在美国的同学聊天。过了几天,导师偶然从记录电话的电脑上发现了这件事,非常生气,就把他叫过来询问:"那天下午 14:00 到 15:00,你在这儿做什么?""在按您的要求做试验。""除了做试验,还做什么了吗?""没有,我一直在专心做试验。"女导师气得头发都竖起来了,几天后校方宣布:开除这位来自中国的"优秀学生"①。

2. 1786 年,法国国王路易十六的王后玛丽·安东尼到巴黎戏剧院看戏,全场起立鼓掌。放荡不羁的奥古斯丁为了引起王后的注意,面向王后吹了两声很响的口哨。在当时吹口哨被视为严重的调戏行为,国王大怒,把奥古斯丁投入了监狱。而奥古斯丁入狱后似乎就被遗忘了,既不审讯也不判刑,就日复一日地关着。后因时局变化,也曾有过再次出狱的机会,但阴差阳错,终究还是无人问津。直到半个世纪以后老态龙钟的奥古斯丁才被释放,但当时他已经 72 岁了。两声口哨换来了 50 年的牢狱之灾,实在是天大的代价。

3. 与此相反,一滴水也可以折射出太阳的光辉,小处端正的人往往能取得人们的信任。法国有个银行大王名字叫恰科。但在他年轻的时候并不顺利,52 次应聘均遭拒绝。第 53 次他又来到了那家最好的银行,面试结束后,他礼貌地说完再见,转过身低头往外走去。忽然他看见地上有一枚大头针,横在离门口不远的地方。他知道大头针虽小,弄不好也能对人造成伤害,就弯腰把它捡了起来。第二天,他出乎意料地接到了这家银行的录用通知书。原来,他捡大头针的举动被董事长看见了。从这个不经意的小动作中,董事长发现了他品格中闪光的东西。这样精细的人是很适合做银行职员的。于是,董事长改变主意决定聘用他。恰科也因此得到了施展才华的机会,走向了成功之路②。

(资料来源:见本页脚注①、②)

案例思考题

你是怎样理解"小处不可随便"这个问题的?

---

① 吴景禄、安群主编:《实用公关礼仪》,北方交通大学出版社,2007 年版,第 4 页。
② 张岩松编著:《现代交际礼仪》,中国社会科学出版社,2006 年版,第 26 页。

练习与思考

一、名词解释
礼　礼节　礼貌　礼仪　商务礼仪

二、填空题
1. 一般而言,适合应用礼仪的主要是_____、_____和_____场合。
2. _____是礼貌的具体表现,它具有一定的强制性。
3. 礼仪的基本要求就是_____。
4. 从宏观上来讲,商务礼仪具有_____、_____和_____的特征。
5. _____是主张以礼治国最有代表性的人物。
6. "己所不欲,勿施于人"是礼仪的_____。
7. _____时期出现了所谓的"礼崩乐坏"的局面。
8. _____是个人对未来职业的向往和追求。
9. 传世的《仪礼》和《_____》,以及它们的释文《_____》合称"三礼"。
10. _____是人们在交际场合中,相互问候致意、表示尊重友好,以及给予必要的协助和照料的惯用形式。

三、单项选择题
1. 礼仪的根本内容是(　　)。
   A. 轻松愉快地交往　　　　　　　　B. 约束自己,尊重他人
   C. 为他人着想　　　　　　　　　　D. 己所不欲,勿施于人
2. 在交际过程中做到诚实守信,不虚伪、不做作这是礼仪的(　　)原则。
   A. 平等的　　　　　　　　　　　　B. 宽容的
   C. 真诚的　　　　　　　　　　　　D. 沟通的
3. 古人云:"己所不欲,勿施于人",这主要讲的是礼仪的(　　)原则。
   A. 平等的　　　　　　　　　　　　B. 适度的
   C. 互动的　　　　　　　　　　　　D. 自律的
4. "三纲五常,三从四德"是(　　)思想的核心。
   A. 儒家　　　　B. 道家　　　　C. 法家　　　　D. 墨家
5. 礼仪是一种自尊、敬人的惯用形式,这说明礼仪具有(　　)的特征。
   A. 规范性　　　B. 发展性　　　C. 差异性　　　D. 可操作性

四、多项选择题
1. 以下对礼仪的功能阐述正确的是(　　)。
   A. 有助于提高人们自身的修养
   B. 有助于美化自身、美化生活
   C. 有助于促进人们的社会交往,改善人际关系
   D. 有助于净化社会风气

E. 有助于推进社会主义精神文明建设
2. 礼仪的特征有（　　）。
　　A. 规范性　　　　　　　　　　B. 强制性
　　C. 差异性　　　　　　　　　　D. 可操作性
　　E. 发展性
3. 尊卑有序、男女有别的礼仪思想最早出现于（　　）。
　　A. 新石器时代　　　　　　　　B. 半坡遗址
　　C. 仰韶文化尧舜时期　　　　　D. 夏、商、西周
　　E. 春秋战国
4. 商务礼仪修养的内涵主要包括（　　）。
　　A. 思想道德修养　　　　　　　B. 文化修养
　　C. 美学艺术修养　　　　　　　D. 职业道德修养
　　E. 心理素质修养
5. 礼仪修养与职业道德是密不可分的，其主要特点有（　　）。
　　A. 职业意识的自觉性　　　　　B. 职业行为的规范性
　　C. 作用范围的广泛性　　　　　D. 意义的深远性
　　E. 职业行为的强制性

五、简答题

1. 简述礼仪的起源与演变过程。
2. 礼仪的原则是什么？
3. 礼仪的特征有哪些？
4. 商务人员应该具备哪些礼仪修养？
5. 大学生培养礼仪修养的途径有哪些？

六、论述题

　　娟娟大学毕业后到一个日本独资企业应聘。
　　面试即将结束时，面试经理问："你在家里对你的父母说过谢谢吗？"
　　娟娟回答说："没有。"
　　面试经理说："你今天回去跟你的父母说声'谢谢'，明天你就可以来上班了，否则，你就别再来了。"
　　娟娟回到家里，父亲正在厨房做饭，她悄悄走进了自己的房间，面对着镜子反复练习："爸爸，您辛苦了，谢谢您！"
　　其实，娟娟早就想对父亲说这句话了，因为她看到了父亲是多么的不容易：自己两岁时母亲就去世了，父亲为了不使她受委屈，就没有再婚，小心翼翼地呵护自己长大成人。心里一直想说谢谢，但就是张不开嘴。娟娟暗下决心：今天是一个机会，一定要说出来！就在此时，父亲喊道："娟娟，吃饭啦。"
　　娟娟坐在饭桌前低着头，憋得满脸通红，半天才轻声地说出："爸爸，您辛苦了，谢谢您！"
　　娟娟说完后，爸爸没有反应，屋内一片寂静。娟娟纳闷，偷偷抬眼一看：父亲已是泪

流满面！这是欣喜之泪，这是期盼了二十多年所带给他的感动之泪。此时，娟娟才意识到：自己这句话说得太迟了。

第二天，娟娟高高兴兴地上班去了。经理看到她轻松的神情，知道她已经得到该体会的东西了，没有问就把她引到了工作岗位上①。

试述礼仪在人际关系以及商务交往中有哪些作用？

---

① 张岩松编著：《现代交际礼仪》，中国社会科学出版社，2006年版，第18页。

第二章

商务仪表礼仪

 **学习目标**

学完本章,你应该能够:
1. 掌握发型礼仪
2. 掌握化妆礼仪
3. 掌握男士着装礼仪
4. 掌握女士着装礼仪
5. 了解饰品礼仪

 基本概念

仪表　西装　套裙　饰品

仪表,即人的外表,仪表包括人的仪容、服装、饰物等方面,是一个人精神面貌的外观体现。它不但可以体现一个人的文化修养,也可以反映其审美情趣。美国心理学家奥伯特·麦拉比安发现,人的印象形成是这样分配的:55%取决于你的外表,38%是如何自我表现,只有7%才是你所讲的真正内容。由此可见,仪表是留给交往对象良好的印象最重要的因素,商务人员应对自身仪表予以高度的重视。

第一节　商务仪容礼仪

一、仪容概述

仪容指的是人的容貌长相,仪容美是指人的容貌美。为了维护自我形象,商务人员有必要将自身仪容进行修饰美化。

(一) 仪容修饰的原则

1. 仪容应整洁

商务人员要保持整齐、洁净、清爽,要做到勤洗澡、勤换衣、勤洗脸,脖颈、手都要保持干干净净,身体无异味,并经常注意去除眼角、口角及鼻孔的分泌物。商务男士要定期修面,注意不蓄胡须、鼻毛不外现。

2. 仪容应卫生

注意口腔卫生,早晚刷牙,饭后漱口,牙齿洁白,口无异味。商务人员在重要应酬之前忌食蒜、葱、韭菜、腐乳等让口腔发出刺鼻气味的食物。当然为了消除不良气味而当着客人面嚼口香糖,也是不礼貌的。

3. 仪容应端庄

仪容既要修饰,又要保持简练、庄重、大方,给人以美感,赢得他人的信任。比如:商务场合女士应注意不蓄长指甲、不使用醒目甲彩。

(二)仪容美的基本要素

仪容美的基本要素是貌美、发美、肌肤美。美好的仪容能让人感觉到其五官构成彼此和谐,发质发型使其英俊潇洒、容光焕发,肌肤健美使其充满生命的活力,给人以健康自然、鲜明和谐、富有个性的深刻印象。

然而,天生丽质、风仪秀整的人毕竟是少数,商务人员可以靠发式造型、化妆修饰等手段,弥补和掩盖在容貌、形体等方面的不足,并在视觉上把自身较美的方面展露和衬托出来,使形象得以美化。

二、发型礼仪

正常情况之下,人们观察一个人往往是"从头开始"的,因此,个人形象的塑造要"从头做起"。美发,一般是指对人们的头发所进行的护理与修饰,使其更美观大方,适合自身特点。美发的礼仪,指的就是有关人们的头发的护理与修饰的礼仪规范,是装束礼仪之中不可或缺的一个重要的组成部分。从可操作的角度来讲,美发礼仪主要分为护发礼仪与作发礼仪两个部分。

(一)护发礼仪

头发是人们脸面之中的脸面,所以应当自觉地做好日常护理。商务人员的头发必须经常地保持健康、秀美、干净、清爽、卫生、整齐的状态。要真正达到以上要求,可从头发的洗涤、梳理、养护等几个方面入手。

首先要重视头发的洗涤。若是一名商务人员长时间不洗头,头发看上去脏兮兮,甚至成缕成片地黏在一起,满头汗味,发屑随处可见,何人会对他产生好感呢?洗发,应当2~3天进行一次,避免蓬头垢面。至于梳理头发,更应当时时不忘,见机行事。此外,商务人员还要注重头发的养护,可在洗头之后,酌情地采用适量的护发剂。真正要养护好头发,关键是要从营养的调理方面着手。一般认为,避免烟、酒、辛辣刺激之物,对头发的危害。例如,欲减少发屑,应少吃油性大的食物,多吃含碘丰富的食品;欲使头发乌黑发亮,则适宜多吃蛋白质和富含维生素、微量元素的食物,尤其是要多吃核桃一类的坚果,或黑芝麻一类的"黑色食品"。

(二)作发礼仪

作为礼仪所涉及的,主要是有关头发的修剪、造型等方面的问题。对商界人士来讲,作发礼仪的基本要求是:经过修饰之后的头发,必须以庄重、简约、典雅、大方为其主导风格。

1. 头发的修剪

商界人士在修剪自己的头发时，有三个方面的问题应当引起重视：

（1）定期理发。根据头发生长的一般规律，商界男士在每半个月左右理一次头发是最为恰当的。至少，每次理发的时间间隔也不宜长于一个月。

（2）慎选理发方式。具体说来，理发又分为剪、刮、洗、染、吹、烫等各种不同的方式。商界人士对其中一些具体方式可以根据个人爱好进行自由选择，但同时也应考虑中国人传统的审美习惯，避免染成黄、红、绿、蓝等颜色，甚至将其染成数色并存的彩色，否则与身份不相符。

（3）注意头发长度。为了显示出商界人士的精明干练，同时也是为了方便其工作，通常提倡商务人员发型以短为宜。具体而论，在商界男士中，在理短发时要求：头发前不覆额、侧不掩耳、后不及领，并且面不留须。"长发男儿"是不受欢迎的。在商界女士中，一般要求在工作岗位上头发长度不宜超过肩部，如果商界女士头发较长，建议暂时将其盘起来，或者束起来。

2. 头发的造型

商界人士在为自己选定发型时，除了受到个人品位和流行时尚的左右之外，还往往必须对个人的具体情况加以考虑。

（1）考虑性别。在日常生活中，发型一向被作为区分男女性别的重要的"分水岭"。虽然近几年来，发型的选择逐渐呈现出日益多元化的倾向，明星人物和新潮青年们在选择自己的发型时，纷纷"敢为天下先"：成年男子要么留披肩发，要么梳起小辫儿；妙龄少女则或者理"板寸"，或者剃光头。此类作法甚至一时蔚然成风，但商界人士不要去效仿。以发型分男女，在商界依旧应当是一种人人必须遵守的惯例。

（2）考虑年龄。商界人士在为自己选择发型时，必须客观地正视自己年龄的实际状况。切勿"以不变应万变"，从而使自己的发型与自己的年龄相去甚远、彼此抵触。比如，一位青年妇女若是将自己的头发梳成"马尾式"或是编成一条辫子，自可显现出自己的青春和活动；可若是一名人过中年的女士作出这种选择的话，则不但显得她极其不自量力，有着"冒充少女"之嫌，而且还会因其发型与自己的年龄极不协调，而令他人大倒胃口。

（3）考虑发质。选择发型之前，必须要首先了解自己的发质，看其有无可能性。中国人的发质通常被分成硬发、绵发、沙发、卷发等四种类型。它们各具自己的特点，对发型的选择也有互不相同的要求。其一，硬发。它的特点是头发又粗又硬，稠密并富有弹性。它尽管可被用来塑造多种发型，但因其往往粗壮茂密，所以在塑造发型时应重点对其"删繁就简"。其二，绵发，又称软发。其特点是头发既软又细，不很稠密，弹性也不大。它在造型上难度较大，尤其不宜塑造外观平直的发型，但却适于展示头发之美。例如，这种发质的女士若选择"波浪式"发型，往往效果绝佳。其三，沙发。它的主要特点是头发干涩稀疏、灰暗无光，并且常呈蓬乱之状。由于此类发质缺陷较多，使头发的直观效果不好，故切勿以之塑造中、长类型的发型。其四，卷发，又叫"自来卷"。主要特点是长短不一，但却自然地呈现出弯曲之态。这种具有天然之美的发质，几乎可以塑造任何发型。

（4）考虑脸形。人的头发生在头顶，下垂到脸旁，因而发型与脸形相辅相成。选择恰当的发型，既可以为自己的脸形扬长避短，更可以体现发型与脸形的和谐之美。具体来讲,不同脸形的人在为自己选择发型时,往往会有一些不同的要求。圆脸形的人:五官集中、额头与下巴偏短、双颊饱满,可选择垂直向下的发型,顶发若适当丰隆可使脸形显长。宜侧分头缝,以不对称的发量与形状来减弱脸形扁平的特征;但面颊两侧不宜隆发,不宜留头发帘。方脸形的人:面部短阔、两腮突出,轮廓较为平直。在设计其发型时,应重点侧重于以圆破方,以发型来增长脸形,可采用不对称的发缝、翻翘的发帘来增加发式变化,并尽量增多顶发;但勿理寸头,耳旁头发不宜变化过大,额头不宜暴露,不宜采用整齐平整的发廊线。长脸形的人:往往会给人以古典感,脸形较美。为其设计发型时,应重在抑"长",可适当地保留发窜,在两侧增多发容量,削出发式的层次感;但顶发不可高隆,垂发不宜笔直。"由"字形脸的人:额窄而腮宽,俗称三角形脸。在设计发型时,应力求上厚下薄,顶发丰隆,双耳之上的头发可令其宽厚,双耳之下的头发则可限制其发量;但前额不宜裸露在外。"甲"字形脸的人:额宽而鄂窄,俗称倒三角形脸。在作发时,宜选短发型,并露出前额,双耳以下发容量宜适当增多,但切勿过于丰隆或垂直;若选择不对称式的发型,效果通常不错。六角形脸的人:主要特征是颧骨突出。作发时,适于避免直发型,并遮掩颧骨;在作短发时,要强化头发的柔美,并挡住太阳穴;作长发时,则应以"波浪式"为主,发廊轻松丰满。

(5) 考虑身材。身材有高、矮、胖、瘦之别。一般说来,身材高大者:在发型方面往往可以有比较多的选择。他们可以去做直短发,甚至可以理寸头,也可以长发披肩,或是做成"波浪式"。由于他们身材方面的优势,他们所做的发型多会令其敏捷、精神,而无笨重、迟钝之感。身材矮小者:在选择发型时往往会受到一定的限制。最好是为自己选择短发型,以便利用他人的视觉偏差使自己"显高";但千万不要去做长发型,尤其是女士们不要去做长过腰部的披肩发,否则只会令自己显得更加矮小。身材高而瘦者:可适当地利用某些发型,如直发、长发或"波浪式"卷发,让自己显得丰盈一些;但注意不要总是显得"孤苦伶仃",愈见其瘦。身材矮而胖者:一般不宜留长发,更不应该将头发做得蓬松丰厚。有可能的话,应做短发型,并且最好露出自己的双耳来。那样一来,非但可使自己看上去更高一些,而且也可以使自己胖得不过分突出。

(6) 考虑职业。商界对自己的全体从业人员的基本要求是:庄重和保守。这一基本要求,在商界人士对自己设计发型时,亦须得以贯彻落实。平心而论,时下社会所流行的一些新潮发型,如"崩克式"、"梦幻式"、"爆炸式"、"多穗式"、"迷乱式"等,或是华丽美艳,或是出奇制胜,对于他人都有着强劲的吸引力。然而,它们却绝对不适合于商界人士选择。例如,商务人员在正式场合以这一类的"前卫"发型亮相,只会被人等同于不守本分、缺乏主见之辈,而绝对不会为自己赢得好评。

(7) 商界人士在工作岗位上都绝对不允许在头发上滥加装饰之物。在一般情况下,不宜使用彩色发胶、发膏。男士不宜使用任何发饰;女士在有必要使用发卡、发绳、发带或发箍时,应使之朴实无华,其色彩宜为蓝、灰、棕、黑,并且不带任何花饰。绝不要在工作岗位上佩带彩色、艳色或带有卡通、动物、花卉图案的发饰。若非与制服配套,商界人士在工作岗位上是不允许戴帽子的。各种意在装饰的帽子,如贝雷帽、公主帽、学士帽、棒球帽、发卡帽,或是用以装饰的裹头巾,戴在正在上班的商界人员的头上,与之都是很不协调、很不相称的。

商界人士在设计与制作发型时,若能对以上几个方面的问题通盘考虑,则必然会使自己的发型既符合惯例,也易于得到他人的认可。

三、化妆礼仪

化妆,是修饰仪容的一种高级方法,它是指采用化妆品按一定技法对自己进行修饰、装扮,调整形色、掩饰缺陷,以便使自己容貌变得更加靓丽。在人际交往中,进行适当的化妆是必要的,这既是自尊的表示,也意味着对交往对象较为重视。

(一) 化妆的原则

商界女士要化出理想的妆容,体现商务女性端庄、美丽、温柔、大方的独特气质,进行化妆前,一定要树立正确的意识。这种有关化妆的正确意识,就是所谓化妆的原则。

1. 美化

化妆,意在使人变得更加美丽,因此在化妆时要注意适度矫正、修饰得法,使人变得化妆后避短藏拙。商界女士应巧妙地通过化妆,突出优势、修饰平庸、弥补缺陷,以美化自身形象。在化妆时,不要自行其是、任意发挥、寻求新奇,有意无意将自己老化、丑化、怪异化。

2. 自然

化妆的最高境界,是"妆成有却无"。即没有人工美化的痕迹,而好似天然若此的美丽。作为商界女士,妆面应洁净、自然、生动,妆容讲究精致,以适应与他人近距离的接触和交流,保持良好的工作形象。职业妆切忌太艳俗或太妖媚。

3. 得法

化妆虽讲究个性化,但却必须学习才行,难以无师自通。比如,工作时化妆宜淡;社交时,化妆可以稍浓;香水不宜涂在衣服上和容易出汗的地方,应涂在脉搏离皮肤比较近的地方,如手腕、耳根、颈侧、膝部、踝部等处;口红与腮红指甲油,最好为同一色调;等等。总之,切不可另搞一套、贸然行事。

4. 协调

高水平的化妆,强调的是其整体效果。所以在化妆时,应努力使妆面协调、全身协调、场合协调、身份协调,力求取得完美的整体效果,以体现出自己慧眼独具、品位不俗。

(二) 化妆的礼仪

进行化妆时,商务人员应认真遵守以下礼仪规范,不得违反。

1. 勿当众进行化妆或补妆

化妆,应事先搞好,或是在专用的化妆间进行。若当众进行化妆,则有卖弄表演或吸引异性之嫌,弄不好还会令人觉得身份可疑。化妆属于个人隐私,原则上只能在家中进行。在许多国家,单身女子在饭店、舞厅、街头等公众场合当众化妆、补妆,往往会被视作风尘女子。特殊情况下,需要在其他场合临时补妆,也应选择隐蔽之处。在许多场合里,一般都设有专门的化妆间,就是为有必要随时化妆或补妆的人所预备的。聪明的人绝不会在异性面前化妆。对关系密切者而言,那样做会使其发现自己本来的面目;对关系普通者而言,那样做则有"以色事人",充当花瓶之嫌。无论如何,都会使自己形象失色。

2. 勿使化妆妨碍于人

有人将自己的妆化得过浓、过重，香气四溢，令人窒息。这种"过量"的化妆，就是对他人的妨碍。

3. 勿使妆面出现残缺

商务人员若化了彩妆，要有始有终，努力维护妆面的完整性。用餐之后、饮水之后、休息之后、出汗之后、沐浴之后，要时常检查，发现妆面出现残缺时，应及时采用必要的措施重新进行化妆，或对妆面进行修补。否则，会让人觉得低俗、懒惰。

4. 勿借用他人的化妆品

使用他人的化妆品极有可能成为传播疾病的途径。为了自己和他人的健康，不要借用他人的化妆品，谨防染上传染病，对具敏感性皮肤的人尤其要注意。

5. 勿评论他人的化妆

化妆系个人之事，所以对他人化妆不应自以为是地加以评论或非议。

第二节　商务服饰礼仪

古今中外，着装体现着一种社会文化，体现着一个人的文化修养和审美情趣，是一个人的身份、气质和内在素质无言的介绍信。西方的服装设计大师认为："服装不能造出完人，但是第一印象在很大程度来自于着装。"在商务、社交等场合，得体的服饰是一种礼貌，一定程度上直接影响着人际关系的和谐。

商务人员着装，应遵循 TOP 原则。TOP 是 3 个英语单词的缩写，它们分别代表时间（time）、场合（occasion）和地点（place），即着装应该与当时的时间、所处的场合和地点相协调。工作时间着装应遵循端庄、整洁、稳重、美观、和谐的原则，树立信赖感，应穿着正装；参加晚会或喜庆场合，服饰则可明亮、艳丽些，应穿礼服；休闲时间着装应随意、轻便些，着休闲装适应轻松、愉悦、温馨的休闲氛围。以下对礼服与正装予以具体介绍。

一、常用的礼服

商务人员参加十分隆重的会议、宴会及欣赏高雅的文艺演出时，为体现自身形象和表达对他人的尊重，应穿着礼服出席。当今，许多国家对于服饰的要求有逐渐简化的趋势，然而商务人员还是要对礼服作必要的了解，以便选择和这类场合相协调的礼服。

1. 男士礼服

（1）晨礼服，又名常礼服。为日常用之礼服，上装为灰、黑色，后摆为圆尾形，其上衣长与膝齐，胸前仅有一粒扣；下装为深色底、黑条子裤，一般用背带；配白衬衫，灰、黑、驼色领带均可，穿黑袜子、黑皮鞋，可戴黑礼帽。晨礼服是白天穿的正式礼服，适合参加典礼、婚礼等活动。

（2）小礼服，也称小晚礼服、晚餐礼服或便礼服。这是晚间聚会最常用的礼服，其上衣与普通西装相同，通常为全黑或全白，衣领镶有缎面，下装为配有缎带或丝腰带的黑裤;系黑领结,穿黑皮鞋,一般不戴帽子和手套。这种礼服适用于晚上举行的宴会、晚会、音乐会、观看歌舞剧等场合。

(3) 大礼服,也称燕尾服。黑色或深蓝色上装,前摆齐腰剪平,后摆剪成燕尾状,翻领上镶有缎面;下装为黑或蓝色配有缎带、裤腿外侧有黑丝带的长裤,一般用背带;系白领结,可戴大礼帽,配黑皮鞋、黑丝袜,戴白手套。大礼服是一种晚礼服,适合于晚宴、舞会、招待会、递交国书等场合。

(4) 中山装。成年男士穿上一套合身的上下同质同料的毛料中山装,配上黑皮鞋,会显得庄重、稳健、富有中国气派,可以出席外交、社交场合。中山装,它的前门襟有五颗扣子,带风纪扣的封闭式领口,上下左右共 4 个贴袋。穿着时,要扣好扣子和领钩,衣袋不要装得鼓鼓囊囊。

2. 女士礼服

(1) 晨礼服,也称常礼服。晨礼服均为质料、颜色相同的上衣与裙子,也可以是单件连衣裙。一般以长袖为多,同时肌肤的暴露很少,可戴帽子和手套,也可携带一只小巧的手包或挎包。晨礼服主要在白天穿,适合于参加在白天举行的庆典、茶会、游园会和婚礼等。

(2) 小礼服,也称小晚礼服或便礼服。一般为长至脚背而不拖地的露背式单色连衣裙式服装,其衣袖有长、有短,着装时可根据衣袖的长短选配长短适当的手套,通常不戴帽子或面纱。小晚礼服的地位仅次于大礼服,主要适合于参加晚上 6 点以后举行的宴会、音乐会或观看歌舞剧时穿着。

(3) 西式大礼服,也称大晚礼服。这是一种袒胸露背的、拖地或不拖地的单色连衣裙式服装,可配以颜色不同的帽子或面纱、长纱手套,以及各种头饰、耳环、项链等首饰。大礼服适合于一种官方举行的正式宴会、酒会、大型正式的交际舞会等场合。

(4) 旗袍。旗袍是我国女士的传统服装,它的线条明朗、贴身合体,充分展现了女性的曲线美。现代旗袍更是我国女士最为理想的礼服,甚至连一些外国女士也争相穿着。旗袍紧扣的高领,给人以雅致而庄重的感觉,微紧的腰身体现出腰臀的曲线,特别是两边的开衩,行走时下角微轻飘动,具有优雅之感。穿着旗袍可配高跟或半高跟皮鞋,或配面料高级、制作讲究的绒布鞋。

二、男士西装礼仪

西装,又称西服、洋服。它起源于欧洲,目前是全世界最流行的一种服装。正装西装的造型典雅高贵,它拥有开放适度的领部、宽阔舒展的肩部和略加收缩的腰部,使穿着者显得英武矫健、风度翩翩、魅力十足。西装是在较为正式商务的场合男士着装的首选。商界男士要想使西装穿着有韵味,要注意西装的穿法和其他衣饰的搭配,严格遵守相关的礼仪规范。

(一) 西装

1. 西装的选择

商务场合,男士应着正装西装,选择时注意正装西装和休闲西装的区别。具体表现为以下三个方面:

(1) 颜色。从色彩的角度来讲,正装西装的基本特点是单色的、深色的。正装西装一般是蓝、灰、黑等几种颜色,而黑色西装一般是当作礼服穿着的。而休闲西装,色彩上就会异彩纷呈,可以是单色的,如宝蓝、灰蓝、浅蓝、咖啡;可以是艳色的,如粉色、绿色、紫色、黄色;还可以是多色的、格子或条纹的,比较随意。在一般情况下,蓝色、灰色的西装,应为商界男士所常备。

(2) 面料。正装西装一般都是纯毛面料,或者是含毛比例较高的混纺面料。这些面料悬垂、挺括、透气,显得外观比较高档、典雅,当然其价格也比较贵。商界男士应该穿着正装西服,面料力求高档,做工考究精细。而休闲西装可以个性化,其面料品种繁多,有皮、麻、丝、棉,可谓无奇不有。

(3) 款式。款式是正装西装和休闲西装最大的区别。西装上衣与裤子成套,其面料、色彩、款式一致,风格上相互呼应。商务西服在穿着时要成套穿着,即搭配同料西裤。而休闲西装则是单件,可搭配异色、异料裤。此外,休闲西装一般都配以明兜,明兜没有盖的。而正装西装则配以暗兜,它是有盖的。

2. 西装的穿着

商界男士穿着西装要有所为、有所不为,要遵守以下常规:

(1) 拆除商标。穿西装前,要把上衣左袖口的商标或质地的标志拆掉。有些高档西装,在购买时,服务人员就将商标拆了。左袖口的商标不拆,代表西服未售出,仍处于库存状态。

(2) 扣好纽扣。穿西装时,上衣纽扣的系法讲究较多。大庭广众之下起身站立后,上衣的纽扣应当系上。就座后,上衣纽扣可以解开,以防西服走样。通常,系西装上衣纽扣的时候,单排两粒纽扣,只系上边那粒;单排三粒纽扣的,可以只系中间的或是上、中两粒扣子。也就是说,单排扣西装最后一粒纽扣不扣,但双排扣西装要求把所有能系的纽扣统统系上。西裤有的是纽扣、有的是拉锁来为裤门"把关"的,但不管是哪种,都要时刻提醒自己,把扣子全部系上,或是认真拉好拉锁,避免失礼。

(3) 避免卷挽。不可以当众随心所欲地脱下西装上衣;也不能把衣袖挽上去或卷起西裤的裤筒,否则就显得粗俗、失礼。

(4) 注意减负。为保证西装在外观上不走样,西服、西裤口袋线最好不要拆。西装的口袋里少装东西,或者不装东西。例如,在西装上衣上左侧的外胸袋除可以插入一块用以装饰的真丝毛帕外,可以不放置任何东西,切忌别钢笔、挂眼镜。

(二) 衬衫

正式场合,商界男士着正装西装最佳搭配为衬衫。时下流行的高领毛衫搭配西装的做法,商界男士不可盲目跟从。

1. 衬衫的选择

(1) 面料。正装衬衫主要以高支精纺的纯棉、纯毛制品为主,以棉、毛为主要成分的混纺衬衫,亦可酌情选择。不过不要选择以条绒布、水洗布、化纤布制作的衬衫,因为它们要么过于厚实,要么易于起皱,要么起球起毛,不宜搭配正装西装。

(2) 色彩。正装衬衫应为单一色彩。在正规的商务活动中,白色衬衫可谓商界男士的最佳选择。除此之外,蓝色、灰色、棕色、黑色,有时亦可加以考虑。但是,杂色衬衫,或者红色、粉色、紫色、绿色、黄色、橙色等穿起来有失庄重之感的衬衫,则是不可取的。

(3) 图案。正装衬衫大体上以无任何图案为佳。印花衬衫、大格子衬衫,以及带有人物、动物、植物、文字、建筑物等图案的衬衫,均非正装衬衫。例外的是,较细的竖条衬衫在一般性的商务活动中可以穿着,但应避免同时穿着竖条纹的西装。

(4) 款式。从衣领上讲,正装衬衫的领形多为方领、短领和长领。具体进行选择时,须兼顾本人的脸形、脖长,以及将打的领带结的大小,千万不要使它们相互之间反差过大。扣领的衬衫,有时亦可选用。此外,翼领和异色领的衬衫,大都不适合于同正装西装相配套。从衣袖上讲,正装衬衫必须为长袖衬衫,短袖衬衫则具有休闲性质。

2. 衬衫的穿着

当正装衬衫和西装配套穿着时,应注意以下几点:

(1) 系上衣扣。穿西装的时候,衬衫的衣扣、领扣、袖扣要一一系好。只有在不打领带时,才可解开衬衫的领扣。

(2) 下摆收好。穿长袖衬衫时,要把下摆均匀地掖到裤腰里面。不能让它在与裤腰的交界处皱皱巴巴,或上下错位、左右扭曲。

(3) 大小合身。衬衫不要太短小紧身,也不要过分宽松肥大、松松垮垮,一定要大小合身。衣领和胸围要松紧适度,下摆不能过短。

(4) 袖长长短适度。正装衬衫的袖长长短要适度,穿西装时,令衬衫的袖口恰好露出来1厘米左右。

(5) 内衣不外现。穿在衬衫之内的背心或内衣,其领形以"U"领或"V"领为宜。在衬衫之内最好别穿高领的背心、内衣,不然在衬衫的领口之外很可能会露出一截有碍观瞻的"花絮"。此外,还须留心,别使内衣的袖管暴露在别人的视野之内。

(三) 领带

仔细审视男士的服饰时,领带无疑是最抢眼的,它被称作"西装的灵魂"。领带往往能左右周围人对你的身份、修养、个性、能力等方面的评价。穿着西装的男士,只要经常更换不同的领带,往往也能给人以耳目一新的感觉。因此,男士的领带不嫌多,一套西装应配备不少于3条的领带。

1. 领带的选择

(1) 面料。最好的领带,应当是用真丝或羊毛制作而成的。以涤纶制成的领带售价较低,正式高档的场合尽量不要选用。除此之外,用棉、麻、绒、皮、革、塑料、珍珠等物制成的领带,在商务活动中均不宜佩戴。

(2) 色彩。从色彩方面来看,领带有单色与多色之分。在商务活动中,蓝色、灰色、棕色、黑色、紫红色等单色领带都是十分理想的选择。商界男士在正式场合中,切勿使自己佩戴的领带颜色多于3种。同时,也尽量少打浅色或艳色领带,它们仅适用于社交或休闲活动之中。

(3) 图案。适用于商务活动之中佩戴的领带,主要是单色无图案的领带,或者是以条纹、圆点、方格等规则的几何形状为主要图案的领带。以人物、动物、植物、景观、徽记、文字或电脑绘画为主要图案的领带,则主要适用于社交或休闲活动之中。

（4）款式。领带的款式往往受到时尚的左右。在这个问题上，商界人士主要应注意以下几点：一是领带有箭头与平头之分。一般认为，下端为箭头的领带，显得比较传统、正规；下端为平头的领带，则显得时髦、随意一些。二是领带有着宽窄之别。除了要尽量与流行保持同步以外，根据常规，领带的宽窄最好与本人胸围与西装上衣的衣领成正比。三是简易式的领带，如"一拉得"领带不适合在正式的商务活动中使用。

2. 领带的整理

（1）领带结扎得好不好看，关键在于如何整型，有三种技巧。其一，是要把它打得端正、挺括，外观上呈倒三角形；其二，是可以在收紧领结时，有意在其下压出一个窝或一条沟来，使其看起来美观、自然；其三，是领带结的具体大小不可以完全自行其是，而应令其大体上与同时所穿的衬衫领子的大小成正比。需要说明的是，穿立领衬衫时不宜打领带，穿翼领衬衫时适合扎蝴蝶结。

（2）领带打好之后，外侧应略长于内侧。其标准的长度，应当是下端在皮带上下缘之间。这样，当西装上衣系上扣子后，领带的下端便不会从衣襟下面"探头探脑"地显露出来。当然，领带也不能打得太短，否则它容易从衣襟上面"跳"出来。

（3）领带打好之后，应被置于合乎常规的既定位置。穿西装上衣系好衣扣后，领带应处于西装上衣与衬衫之间；穿西装背心、羊毛衫、羊毛背心时，领带应处于它们与衬衫之间。

（4）领带的佩饰。一般情况下，打领带没有必要使用任何佩饰。有的时候，或为了减少领带在行动时任意飘动带来的不便，或为了不使其妨碍本人工作、行动，可酌情使用领带佩饰。领带佩饰的基本作用是固定领带，其次才是装饰。常见的领带佩饰有领带夹、领带针和领带棒。它们分别用于不同的位置，但不能同时使用，一次只能选用其中的一种。选择领带佩饰，应多考虑金属质地制品，并要求素色为佳，形状与图案要雅致、简洁。领带的佩饰有以下几种：

1）领带夹，主要用于将领带固定于衬衫上。使用领带夹的正确位置，介于衬衫从上朝下数的第四粒、第五粒纽扣之间。确保系上西装上衣扣子之后，领带夹不外露。若其夹得过分往上，甚至被夹在鸡心领羊毛衫或西装背心领子开口处，是非常土气的。

2）领带针，主要用于将领带别在衬衫上，并发挥一定的装饰作用。其一端为图案，应处于领带之外；另一端为细链，则应免于外露。使用它时，应将其别在衬衫从上往下数第三粒纽扣处的领带正中央。其有图案的一面，宜为外人所见。

3）领带棒，主要用于穿着扣领衬衫时，穿过领带，并将其固定于衬衫领口处。使用领带棒，如果得法，会使领带在正式场合显得既飘逸，又减少麻烦。

（四）鞋、袜

鞋、袜在正式场合亦被视作"足部的正装"，商界男士应遵守相关的礼仪规范，令自己"足下生光"。

1. 鞋子

（1）鞋子的选择。

商界男士所穿皮鞋的款式，理当庄重而正统，以皮鞋为佳，而布鞋、球鞋、旅游鞋、凉鞋或拖鞋,显然都是与西装"互相抵触"的。一般来说,牛皮鞋与西装最为般配。磨砂皮鞋、翻皮皮鞋大都属于休闲皮鞋,也不太适合与正装西装相配套,系带皮鞋是最佳之选。而尖头皮鞋、拉锁皮鞋、厚底皮鞋、高跟皮鞋、坡跟皮鞋或高帮皮鞋等,都不符合这一要求。

与西装配套的皮鞋,按照惯例应为深色、单色。人们通常认为,最适合与西装套装配套的皮鞋,为黑色。就连棕色皮鞋,往往也不太容易搭配。而白色皮鞋、米色皮鞋、红色皮鞋、"香槟皮鞋"、拼色皮鞋等,都不宜在穿西装时选择。

(2)鞋子的穿着。

男士所穿的皮鞋要求鞋内无味、鞋面无尘、鞋底无泥。对皮鞋要爱护,要做到勤换、勤晾,上油上光,反复擦拭。尤其在雨天、雪天拜访他人时,还要在进门前再次检查一下鞋底是否"拖泥带水",并采取适当的措施及时将其去除得一干二净。

2. 袜子

(1)袜子的选择。

穿西装、皮鞋时所穿的袜子,最好是纯棉、纯毛制品。有些质量好的以棉、毛为主要成分的混纺袜子,也可以选用。不过,最好别选择尼龙袜和丝袜,这种材料不吸汗,容易使脚产生异味。以单色为宜,没有任何图案的袜子,更为合适。不要穿过分"扎眼"的彩袜、花袜,或者其他浅色的袜子。在正式商务场合,男士穿发光、发亮的袜子会显得不伦不类。

(2)袜子的穿着。

商界男士在穿袜子时,要求要干净、完整、成双、合脚。袜子务必要做到一天一换、洗涤干净,避免有破洞、跳丝。一般而言,袜子的长度,不宜低于自己的踝骨。注意使西裤、皮鞋和袜子三者的颜色相同或接近,使腿和脚成为完整的一体。例如,穿藏蓝西装和黑皮鞋,袜子应该选深蓝或黑色的。常见的一个错误是一位男士坐着的时候,从西裤的裤腿和西装皮鞋之间露出来一截雪白的棉袜,这是不和谐的。白色和浅色的纯棉袜是属于便装一类的,是用来配休闲风格的衣裤和便鞋的。

(五)西装的整体搭配

为体现商务男士优雅的风范,在西装穿着时注意整体装扮,讲究搭配合理、色调和谐,强调整体美。

1. 遵循"三色原则"

"三色原则"要求男士的西装、衬衣、领带、腰带、鞋袜的颜色不应超过 3 种色系。这是因为从视觉上讲,服装的色彩在 3 种以内较好搭配,一旦超过 3 种色系,就会显得杂乱无章。

2. 遵守"三一定律"

要求男士使用的公文包、鞋子与腰带保持一种颜色。黑色通常为首选,既适合各种衣物和场合,又可以很好地表现职业男士的气质。使用腰带要注意,腰带上不挂任何物件。如果将手机、打火机、钥匙串等别在腰带上,穿上西服后腰部会显得鼓鼓囊囊、线条不美观。

3. 同类型的图案不相配

例如,格子的西装不要配格子的衬衣和格子的领带,如果男士穿了件暗格子的西装,配素色的衬衣和条纹的领带就很漂亮。再如,格子的衬衣配斜纹的领带,直纹的衬衣配方格图案的领带,虽然都是直线条,但却有纹路方向的变化,不会单调呆板。

4. 慎穿羊毛衫

商界人士要打算将一套西装穿得有"型"有"味",那么除了衬衫与背心之外,在西装上衣之内,最好就不要再穿其他任何衣物。在冬季寒冷难忍时,只宜暂作变通,穿上一件薄型"V"领的单色羊毛衫或羊绒衫。这样既不会显得过于花哨,也不会妨碍打领带。千万不要一下子同时穿上多件羊毛、羊绒的毛衫、背心,甚至再加上一件手工编织的毛衣。那样一眼望去,其领口之处少不了会层次分明,犹如不规则的"梯田",而且还会致使西装鼓胀不堪,变形走样。

三、女士套裙礼仪

"云想衣裳花想容",相对偏于稳重的男士着装,商界女士的着装则亮丽丰富得多。得体的穿着,不仅可以使职业女性显得更加美丽,还可以体现出职业女性良好的修养和独到的品位。女士在较为宽松的职业环境,可选择造型感稳定、线条感明快、富有质感和挺感的服饰,以较好地表现女性的婉约美。而在商务场合中,女性应选正式的职业套裙,显示端庄、持重的气质和风度。

(一) 套裙

套裙,是西装套裙的简称。其上身为一件女式西装,下身是一条半截式的裙子。穿着套裙,可以马上让一位职业妇女显得与众不同,并且能够恰如其分地展示她的认真的工作态度与温婉的女性美。因此,在所有适合商界女士在正式场合所穿着的裙式服装之中,套裙是名列首位的选择。平时,商界女士所穿着的套裙,大致上可以分成两种基本类型。一种是用女式西装上衣同随便的一条裙子所进行的自由搭配与组合,它被叫作"随意型";另外一种女式西装上衣是和与之同时穿着的裙子为成套设计、制作而成的,被称为"成套型"或"标准型"。

1. 套裙的选择

正式的西服套裙,首先应注重面料,最佳面料是高品质的毛纺和亚麻,注重平整、挺括、贴身,可用较少的饰物和花边进行点缀。女士选择套裙的较为普遍的色彩是黑色、灰色、棕色、米色、宝蓝等单一色彩。以体现着装者的典雅、端庄和稳重。

在正式的商务场合中,无论什么季节,正式的商务套装都必须是长袖的。套裙的上衣最短可以齐腰,上衣的袖长要盖住手腕。衣袖如果过长,甚至在垂手而立时挡住大半个手掌,往往会使着装者看上去矮小而无神;衣袖如果过短,动不动就使着装者"捉襟见肘",甚至将其手腕完全暴露,则显得滑稽而随便。

裙子要以窄裙为主,并且裙长要到膝或过膝。裙子最长可以达到小腿中部。如果裙子缩上后离膝盖的长度超过10厘米,就表示这条裙子过短或过窄。商界女士切勿穿黑色皮裙,在国际社会里,此乃"风尘女子"之标志。

2. 套裙的穿着

要让套裙烘托出职业女性的庄重、优雅,穿着时要注意以下几点:

(1)穿着到位。商界女士在正式场合穿套裙时,上衣的领子要完全翻好,衣袋的盖子要拉出来盖住衣袋;不允许将上衣披在身上,或者搭在身上;上衣的衣扣只能一律全部系上,不允许将其部分或全部解开,更不允许当着别人的面随便将上衣脱下来。裙子要穿得端端正正,上下对齐之处务必好好对齐。商界女士在正式场合露面之前,一定要抽出一点时间仔细地检查一下自己所穿的衣裙的纽扣是否系好、拉锁是否拉好。在大庭广众之下,如果上衣的衣扣系得有所遗漏,或者裙子的拉锁忘记拉上、稍稍滑开一些,都会令着装者无地自容。

(2) 协调妆饰。高层次的穿着打扮,讲究的是着装、化妆与佩饰风格统一、相辅相成。因此,在穿着套裙时,商界女士必须具有全局意识,将其与化妆、佩饰一道通盘考虑。商界女士在工作岗位化妆的色彩应与套裙色彩协调。商界女士在穿套裙时,佩饰少而精致,不允许佩戴有可能过度地张扬"女人味"的首饰。

(3) 兼顾举止。套裙最能够体现女性的柔美曲线,这就要求商界女士举止优雅、注意个人的仪态等。当穿上套裙后,要站得又稳又正,不可以双腿叉开或东倒西歪。就座以后,务必注意姿态,不要双腿分开过大,或是翘起一条腿来,抖动脚尖;更不可以脚尖挑鞋直晃,甚至当众脱下鞋来。走路时,不要大步地奔跑,步子要轻而稳。

(二) 衬衫

在严谨、格式化的套装限制下,衬衣自然成了白领丽人体现个性和展示女人味的最佳选择。

1. 衬衣的选择

与职业套裙搭配的衬衣从面料上讲,主要要求轻薄而柔软,故此真丝、麻纱、府绸、罗布、花瑶、涤棉等,都可以用作其面料。颜色要求则主要是雅致而端庄,并且不失女性的妩媚。除了作为"基本型"的白色之外,其他各种色彩,包括流行色在内,只要不是过于鲜艳,并且与同时所穿的套裙的色彩不相互排斥,均可用作衬衫的色彩。图案可以有一些简单的线条、细格或是圆点。要注意,应使衬衫的色彩与同时所穿的套裙的色彩互相般配,可以外深内浅或外浅内深,形成两者之间的深浅对比。

与套裙配套穿的衬衫不必过于精美,领形等细节上也不宜十分新奇夸张。衬衫的款式要裁剪简洁,不要有过多的花边和皱褶。

2. 衬衣的穿着

衬衣穿着时,下摆必须掖入裙腰之内,不得任其悬垂于外,或是将其在腰间打结。纽扣要一一系好,除最上端一粒纽扣按惯例允许不系外,其他纽扣均不得随意解开,以免在他人面前显示不雅之态。专门搭配套裙的衬衫在公共场合不宜直接外穿,尤其是身穿紧身而透明的衬衫时,特别须牢记这一点。

(三) 鞋、袜

鞋、袜,被称为商界女士的"腿部景致"。鞋、袜是人们对你的成就、社会背景、教养等方面的一个检验标准。鞋、袜穿着得体与否,还与穿鞋者的可信度成正比。因此,每一位爱惜自身形象的女士切不可对其马虎大意。

1. 鞋子

(1) 鞋子的选择。商界女士所穿的用以与套裙配套的鞋子,宜为皮鞋,并且以牛皮鞋、羊皮鞋为上品。应该是高跟、半高跟的船式皮鞋。系带式皮鞋、丁字式皮鞋、皮靴、皮凉鞋等,都不宜在正式场合搭配套裙,露出脚趾和脚后跟的凉鞋和皮拖鞋更不适合商务场合。黑色的高跟或半高跟船鞋是职场女性必备的基本款式,几乎可以搭配任何颜色和款式的套装。也可使鞋子的颜色与手袋保持一致,并且要与衣服的颜色相协调。鞋子的图案与装饰均不宜过多,免得"喧宾夺主"。加了网眼、镂空、拼皮、珠饰、吊带、链扣、流苏、花穗的鞋子,或印有时尚图案的鞋子,只能给人以肤浅之感。越是正式场合,鞋子的款式也越要求简洁和传统。

(2) 鞋子的穿着。鞋子应当大小相宜、完好无损。鞋子如果开线、裂缝、掉漆、破残,应立即更换。皮鞋要上油擦亮,不留灰尘和污迹。鞋子不可当众脱下,有些女士喜欢有空便脱下鞋子,或是处于半脱鞋状态,是极其有失身份的。

2. 袜子

(1) 袜子的选择。袜口,即袜子的上端,不可暴露于外。将其暴露在外,是一种公认的既缺乏服饰品位,又失礼的表现。商界女士不仅穿套裙时应自觉避免这种情形的发生,而且还应当在穿开衩裙时注意,即使在走动之时,也不应当让袜口偶尔现于裙衩之处。因此,高统袜和连裤袜,是和套裙的标准搭配,而中统袜、低统袜,不宜与套裙同时穿着。

穿套裙时所穿的袜子,丝袜最适用的颜色是透明的素色。素色的好处在于低调,且品位上乘,易于与服饰颜色搭配,可有肉色、黑色、浅灰、浅棕等几种常规选择。多色袜、彩色袜,以及白色、红色、蓝色、绿色、紫色等色彩的袜子,都是不适宜的。穿套裙时,需有意识地注意一下鞋、袜、裙三者之间的色彩是否协调。鞋、裙的色彩必须深于或略同于袜子的色彩。若是一位女士在穿白色套裙、白色皮鞋时穿上一双黑袜子,就只会给人以长着一双"乌鸦腿"之感了。

(2) 袜子的穿着。丝袜容易划破,如果有破洞、跳丝,要立即更换,不要打了补丁再穿。可以在办公室或手袋里预备好一两双袜子,以备替换。袜子不可随意乱穿,不能把健美裤、羊毛裤当成长筒袜来穿。

四、饰物礼仪

饰物,又称饰品,是指与服装搭配、对服装起修饰作用的其他物品。在全身的穿戴中,饰物往往是面积最少,但却是最有个性、最引人注意的物品。别致、新颖、富有内涵的饰物能丰富服装的表达能力,提高服装的品质,也体现着商务人士的审美品位与搭配水平。

(一) 饰物佩戴的类型

饰物用在人体不同的部位,有特定的装饰作用和对整体美的强调与协调作用。饰物的用法,总体上说有两种类型。

1. 以服装为主,饰品为辅

这类用法是"锦上添花"式。是以服装的款式、质地、图案和色彩为主体,配以相应的饰品,饰品的角色为"辅助"和"配合"。这类方式中,不宜突出饰品,喧宾夺主,而应掌握"宁缺毋滥"、"宁少毋多"的基本原理。

2. 以饰品为主,服装为辅

这种搭配是"画龙点睛"式。这种方式以精美、内涵、别致、新颖的饰品为主体,服饰的色彩和款式力求简洁和单一,服饰为基础和衬托。这种搭配方式中,饰品如同文章的标题,具有较强的凝聚和提炼主题的作用。这种方式以胸部和腰部饰品表现力最为强烈,如胸饰、挂件、腰带、项链,而且还应以一件饰品为核心,不宜分散主题。大多数有经验的知识人士更乐于选择和运用这种搭配方式,这种方式以点代面,更能表达智慧、情趣、鉴赏力和创造力。

（二）饰物佩戴的原则

1. 场合原则

一般来说,在较为隆重、正规的场合,选用的饰品都应当档次高一些。如果用于公共场合,则不应过于鲜艳新潮,应精致而传统,以显示信誉。在商务场合,色彩鲜艳亮丽、造型新潮夸张的饰物,容易给人产生不信任感;而保守传统、做工精细的高档次饰物,则会给人稳重的印象。

2. 材质原则

商务人士佩戴的首饰,尽量保持同一材质,如商务人士佩戴铂金项链,应配铂金戒指。商界人士在自身经济状况许可的范围内,选择质地上乘、做工精良、精致细巧的首饰,可增添气度、提高品位。切忌佩戴粗制滥造的假首饰及造型夸张、奇异的首饰,佩戴首饰宁缺毋滥。

3. 数量原则

商务人士佩戴的首饰,符合身份,数量以少为佳,一般全身不超过3种,每种不超过一件。有的女士一次佩戴太多的首饰,项链、耳坠、戒指、手链,甚至再加上一枚胸针,整个人看起来既累赘又缺乏品位,也会分散对方的注意力。

4. 色彩原则

戴饰品时,应力求同色,若同时佩戴两件或两件以上饰品,应使色彩一致或与主色调一致,千万不要打扮得色彩斑斓,像棵"圣诞树"。商界人士佩戴的眼镜、戒指若为银色,手表也应选择银色,皮包的金属标志最好也选银色。

5. 性别原则

饰物对于男士,象征着权贵,要求少而精,佩戴一枚戒指和一块手表就足够了。女士可佩戴各种饰物,饰物对于女士而言则是点缀,是审美品位和生活质量的聚集点。

6. 体形原则

脖子粗短者,不宜戴多串式项链,而应戴长项链;相反,脖子较瘦细者,可以戴多串式项链,以缩短脖子长度。宽脸、圆脸形和戴眼镜的女士,不要戴大耳环和圆形耳环。

7. 季节原则

例如,首饰也有它自己的季节走向,春、夏季可戴轻巧精致的,以配合衣裙和缤纷的季节;秋、冬季可戴庄重和典雅的,可以衬出毛绒衣物的温暖与精致。若一条项链戴过春夏秋冬,会显得单调和缺乏韵律。再如,女性的手提包夏天适合选择色彩淡雅的,而冬天适合选择深色的。

8. 协调原则

佩戴饰品的关键就是将其与整体服饰搭配统一起来。佩戴饰品的风格与服装的风格相协调。例如,一般领口较低的袒肩服饰必须配项链,而竖领上装可以不戴项链。再如,穿着套裙,宜佩戴珍珠项链,木质挂件、石头坠饰则不相配。

(三)饰物的具体佩戴

饰物在着装中起着画龙点睛、增添色彩、协调整体的作用,增强一个人外在的节奏感和层次感。饰物包括首饰、提包、配饰等。具体饰物的选择、佩戴不可随心所欲,以免弄巧成拙。商界人士对首饰礼仪不可一无所知,要遵循规范,以下就商务人士常用的饰物予以介绍。

1. 首饰

(1)项链。项链是视觉中装饰效果最强的装饰佩件,是受到女性青睐的主要首饰之一。商务男士应尽量不戴项链,若非戴不可,注意不要外露,以免他人误解为暴发户。项链佩戴的位置很抢眼,直接激昂人们的视线引到脸部或胸部,因此选择项链需要考虑脸形因素和颈部特征。

例如,长脸形宜选择短粗的项链,避免选择长项链佩戴,有意识地使脸形"缩短";圆脸女士不要选择卡脖式项链,它会使圆脸更显夸张,因而要适当使脸"拉长",最好选择链节式带挂件的项链。再如,脖子长的人要选择粗而短的项链,使其在脖子上占据一定的位置,在视觉上能减少脖子的长度;脖子短的人,则要选择细致而长的项链等。

此外,佩戴项链应和年龄协调。例如,年轻的女士佩戴仿丝链,更显青春娇美;而马鞭链粗实成熟,适合年龄较大的女性选用。

最后,佩戴项链应和服装相呼应。例如,身着柔软、飘逸的丝绸衣衫裙时,宜佩戴精致、细巧的项链,显得妩媚动人;穿单色或素色服装时,宜佩戴色泽鲜明的项链,这样,在首饰的点缀下,服装色彩可显得丰富、活跃。

(2)耳饰。耳饰有耳环、耳链、耳钉、耳坠等款式,一般仅限女性所用。耳饰讲究成对使用,也就是说每只耳朵上均佩戴一只。在工作场合,严禁在一只耳朵上戴多只耳环。职业女性希望表现的是她们的聪明才智、能力和经验,所以要佩戴简单耳环,不要选择夸张、奇异的、摇摆晃动发出声音的耳环,耳饰中的耳钉小巧而含蓄,是体现专业形象的最佳选择。

(3)手镯、手链。手镯主要用来强调手腕和手臂的美丽,一般只戴一只,通常应在左手。若是同时戴两只手镯,一手戴一只,手镯必须成对。佩戴手链,宜单不宜双,应戴在左手上。手链不能与手镯同时佩戴。戴手链或手镯时,也不宜戴手表,左手金表、右手银链,或是左手钢表、右手玉镯恐怕不伦不类。

(4)戒指。商务人士佩戴戒指一般是戴在左手,而且最好仅戴一枚。因为手上戴几个戒指,有炫耀财富之嫌。戒指的佩戴可以说是表达一种沉默的语言,往往暗示佩戴者的婚姻和择偶状况,商务人士需了解戒指不同戴法的不同含义。如果把戒指戴在食指上,表示无偶或求婚;戒指戴在中指上,表示已有了意中人,正处在恋爱之中;戴在无名指上,表示已订婚或结婚;戴在小手指上,则暗示自己是一位独身者。

(5)脚链。脚链可以吸引别人对佩戴者腿部和步态的注意,是当前比较流行的一种饰物,多受年轻女士的青睐。佩戴脚链,一般只戴一条。如果戴脚链时穿丝袜,就要把脚链戴在袜子外面,使脚链醒目。脚链主要适合在非正式场合,而商界女性在工作中则不宜佩戴。

2. 提包

(1) 公文包。被称为商界男士的"移动式办公桌"。对穿西装的商界男士而言，外出办事时手中若是少了一只公文包，未免会使其神采和风度大受损害，而且其身份往往也会令人置疑。商界男士所选择的公文包，有许多特定的讲究。面料以真皮为宜，并以牛皮、羊皮制品为最佳。一般来讲，棉、麻、丝、毛、革，以及塑料、尼龙制作的公文包，难登大雅之堂。色彩以深色、单色为好，浅色、多色，甚至艳色的公文包，均不适用于商界男士。在常规情况下，黑色、棕色的公文包，是最正统的选择。除商标之外，商界男士所用的公文包在外表上不宜再带有任何图案、文字，否则是有失自己的身份的。最标准的公文包，是手提式的长方形公文包。箱式、夹式、挎式、背式等其他类型的皮包，均不可充当公文包之用。

(2) 手提包。手提包是女性最为实用的饰品，也是个性和审美情趣最富有张力的表现语言。职业女性宜选择轮廓分明的方形或长形、款式简洁大方、质量上乘、做工精致的手提包。避免选择体积过于庞大或装饰图案过于花哨的手提包，以强化职业女性的严谨和端庄。社交手袋应突出女性或华丽高贵、或妩媚多情、或恬淡飘逸、或成熟风韵的不同风采。女性手提包颜色选择范围较大，与服装搭配时可根据以下几点进行选择：① 手提包与服装呈对比色，这样两者都醒目，如穿白衣，配黑包；② 如果服装为多色彩，手提包应与服装的主色调相同；③ 手提包与服饰中的某一种使用同一色彩，以做到上下呼应，增加整体和谐，如装饰腰带为褐色，手提包也为褐色。

商务人员在用包之前，须先行拆去所附的真皮标志，以免在他人面前，显示自己用包的名贵高档。外出之前，放在包里的物品尽量装在包里的既定之处，有条不紊地摆放整齐。进入室内，应将公文包放在自己就座之处附近的地板上，或主人指定之处，而切勿将其乱放在桌、椅之上。

3. 配饰

(1) 眼镜。商务人士佩戴眼镜不仅保护视力，还能显得儒雅、文静，提高自身权威感。在正式的商务场合，镜框的造型避免怪异，镜框颜色尽量与手表或首饰相协调。同时，选择眼镜时应考虑脸形，增加美感。例如，圆脸形，不适合戴宽边圆形眼镜，应以方破圆，选择水平距离宽、垂直距离窄的方框眼镜。

(2) 墨镜。也称太阳镜，原本是用作抵挡阳光保护眼睛的，现已成为装饰五官的一种饰品。戴上墨镜，会平添几分神秘感和魅力，给人以严肃、神气、深沉之感。商务人士墨镜佩戴时，要注意以下要点：① 参加室内活动与人交谈，不要戴墨镜；② 在室外，参加隆重的礼仪活动，也不应戴墨镜；③ 若有眼疾需要戴时，要向对方表示歉意。

(3) 胸针。胸针通常是女性礼仪性饰品。胸针应戴在左侧第一、第二粒纽扣之间的平行位置上，给整体形象赋予了光芒四射、交相辉映的视觉效果。

胸针是对品质要求最高的一种饰品，它的质地各异，有珠宝、金银、金属、绢丝等。选择时，需要和服饰品质、社会阶层、年龄和出席的场合相匹配。华丽的晚礼服应配以较为夸张而精美，或质小而华贵夺目的胸针；正统和严谨的套裙应配以简洁明快、轮廓清晰分明的胸针；多情浪漫的服装应配以柔和别致的胸针。应注意的是，胸针不宜用在图案和款式过于复杂的服饰之上,这会与其装饰特性产生冲突,遮掩了本应醒目的装饰特点。

(4) 领针。领针专门用来别在西式上装左侧领上,男女都可以用。佩戴领针时,戴一只就行了,而且不要和胸针、纪念章、奖章、企业徽记等同时使用。在正式场合,不要佩戴有广告作用的别针,不宜将领针别在右侧衣领、帽子、围巾、腰带等不恰当的位置。

(5) 手表。商务人士佩戴手表,通常意味着时间观念强、作风严谨。在正规场合,手表的价值除了实用,还体现身份地位。对于平时只有戒指一种首饰可戴的男士来说,尤其备受重视。在正式场合所戴的手表,在造型方面应当庄重、保守。除数字、商标、厂名、品牌外,手表上没有必要出现其他没有任何作用的图案。倘若手表上图案稀奇古怪、多种多样,不仅不利于使用,反而降低档次,有失佩戴者的身份。应注意的是,女性穿华丽的晚宴装,最好不要戴手表。此外,佩戴手表时的行为举止要注意,若是在正规场合他人发言时,给手表上弦或频频看表,就显得对他人不耐烦或是没兴趣。

第三节 实 践 指 导

一、实践任务

要求学生掌握职场专业形象,每位学生为自己设计商务场合的着装,并演示出来。要求女士掌握商务场合服饰的选择及妆容,男士掌握西装的穿着要领和领带的打法。

二、实践步骤

(1) 老师讲解要点,并示范,让学生获得正式场合着装要领的初步认识。
(2) 由学生自己动手实际练习。
(3) 教师进行评价,努力使每位同学都能掌握基本的服饰、仪容礼仪。

三、实践要求

(1) 男士要求:
1) 根据场合选择合适的着装。在目前商务活动中,西装是男士最佳的着装选择,注意西装、衬衫、领带、皮带、皮鞋、袜子、公文包、手表的搭配。
2) 掌握打领带的技巧。领带打完后注意整理。领带应打得端正、挺括,外观上呈倒三角形。收紧领结时,有意在其下压出一个窝或一条沟来,使其看起来美观、自然。

(2) 女士要求:
1) 根据场合选择合适的着装。女士最佳服装是西服裙装,其中尤以长裙和半长裙为主。重点掌握套裙、衬衫、皮鞋、袜子、胸针的搭配。

2) 掌握化职业妆的技巧。化妆后既体现端庄稳重的气质,又要自然淡雅,尽量达到妆成却似无的境界。

四、实践内容

1. 女士实践内容

(1) 商务场合女士着装及配饰选择:

1) 出席商务场合,女士要选择服装,哪一套最适合你呢?

2) 出席商务场合,脚上的鞋子也一定要配好,哪一款最适合你呢?

3) 选择一款随身的皮包吧,哪种合适呢?

4) 商务场合,女士带一副礼仪金丝眼镜、一枚金戒指,应选择哪款胸针?

(2) 职业女性化妆步骤,如下图所示。

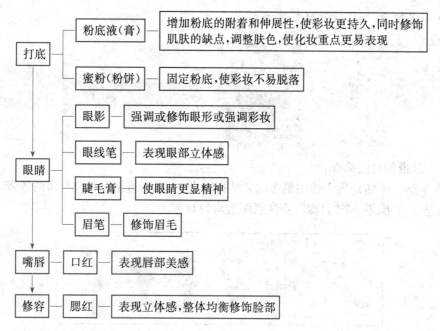

2. 男士实践内容

（1）商务场合男士着装及配饰选择：

1）出席商务场合，男士要选择服装，哪一套最适合你呢？

2）出席商务场合，脚上的鞋子也一定要好，哪一款式最适合你呢？

3）选择一款随身的手提包吧，哪种合适呢？

4）商务场合,男士应选择哪款手表?

（2）领带的打法简介：

1）平结。平结是男士选用最多的领结打法之一,几乎适用于各种材质的领带。平结会在领结下方形成一个"酒窝",要注意两边均匀对称。

2）交叉结。这是对于单色素雅面料,且较薄领带适合选用的领结。对于喜欢展现流行感的男士不妨多使用"交叉结"。

3）双环结。一条质地细致的领带再搭配上双环结颇能营造时尚感,适合年轻的上班族选用。该领结完成的特色就是第一圈会稍露出于第二圈之外,可别刻意给盖住了。

4）温莎结。温莎结适合用于宽领形的衬衫,该领结应多往横向发展,应避免材质过厚的领带,领结也勿打得过大。

5）双交叉结。双交叉结给人一种高雅且隆重的感觉，适合正式活动场合选用。该领结应多运用在素色丝质领带上，搭配大翻领的衬衫不但适合，且有种尊贵感。

五、实践范例

职业着装任务训练

部分图片摘自天津对外经济贸易职业技术学院网站
（资料来源：http://218.68.0.220./etiquette/xingxiang/x-z-tqps.html）

 前沿研究

西装的造型

西装的造型，又称西装的版型，它所指的是西装的外观形状。目前，世界上的西装主要有欧式、英式、美式、日式等四种主要的造型。

欧式西装的主要特征是：上衣呈倒梯形，多为双排两粒扣式或双排6粒扣式，而且纽扣的位置较低。它的衣领较宽，强调肩部与后摆，不甚重视腰部，垫肩与袖笼较高，腰身中等，后摆无开衩。其代表品牌有"杰尼亚"、"阿玛尼"、"费雷"、"伊夫圣洛朗"、"瓦伦蒂诺"、"皮尔·卡丹"、"津达"、"杉杉"等。

英式西装的主要特征是：不刻意强调肩宽，而讲究穿在身上自然、贴身。它多为单排扣式，衣领是"V"形，且较窄，腰部略收、垫肩较薄、后摆两侧开衩。商界男士十分推崇的"登喜路"牌西装，就是典型的英式西装。

美式西装的主要特征是：外观上方方正正、宽松舒适，较欧式西装稍短一些。肩部不加衬垫,因而被称为"肩部自然"式西装。其领形为宽度适中的"V"形,腰部宽大,后摆中间开衩,多为单排扣式。美式西装的知名品牌有"麦克斯"、"拉尔夫·劳伦"、"卡尔文·克莱恩"等。

日式西装的主要特征是:上衣的外形呈现为"H"形,即不过分强调肩部与腰部。垫肩不高,领子较短、较窄,不过分地收腰,后摆也不开衩,多为单排扣式。国内常见的日式西装的品牌有:"高"、"斯丽爱姆"、"仁奇"、"顺美"、"雷蒙"。

上述四种造型的西装,各有自己的特点:欧式西装洒脱大气,英式西装剪裁得体,美式西装宽大飘逸,日式西装则贴身凝重。商界男士在具体选择时,可以听其自便。不过一般来说,欧式西服要求穿着者高大魁梧,美式西装穿起来稍显散漫,中国人在选择时宜三思而后行。比较而言,英式西装与日式西装似乎更适合中国人穿着。

(资料来源:金正昆著:《商务礼仪教程》,中国人民大学出版社,2005年版)

案例

小李的形象

小李的口头表达能力不错,对公司产品的介绍也得体,人既朴实又勤快,在业务人员中学历又最高,老总对他抱有很大期望。可做销售代表半年多了,业绩总上不去。原来,他是个不爱修边幅的人,双手拇指和食指喜欢留着长指甲,里面经常藏着很多"东西"。脖子上的白衣领经常是酱黑色,有时候手上还记着电话号码。他喜欢吃大饼卷大葱,吃完后,不知道去除异味的必要性。在大多数情况下,根本没有机会见到想见的客户。

有客户反映小李说话太快,经常没听懂或没听完客户的意见就着急发表看法,有时说话急促,风风火火的,好像每天都忙忙碌碌的,少有停下来的时候。

(资料来源:http://www.gz007.net/ww/html/5686/)

案例思考题

1. 你认为小李在哪些方面要提高?
2. 结合所学商务仪表礼仪知识,谈谈小李如何改进?

练习与思考

一、名词解释

仪表　西装　套裙　饰品

二、填空题

1. "TPO"原则要求人们的穿着、化妆和佩带首饰均应兼顾＿＿＿＿　＿＿＿＿　＿＿＿＿,而不能毫无章法。
2. 穿西装时,衬衫的袖长长短要适度,最美观的做法是＿＿＿＿。

3. 女士在商务交往中的首饰佩戴,原则是"符合身份,_____",不能比顾客戴得多,不能喧宾夺主。

4. _____被称为商界男士的"移动式办公桌",是商界男士必不可少的。

5. 所有适合于商界女士在正式场合所穿着的裙式服装中,_____是名列首位的选择。

6. 男士穿西装时,一定要注意"_____",即身上的颜色总体控制在三种之内。

三、单项选择题

1. 穿西装时,应穿(　　)。
   A. 旅游鞋　　　　B. 皮鞋　　　　C. 布鞋　　　　D. 凉鞋

2. 穿西服套裙时,应(　　)。
   A. 穿短袜　　　　　　　　　　B. 穿彩色丝袜
   C. 光腿　　　　　　　　　　　D. 穿肉色长筒丝袜

3. 佩戴首饰原则上不应超过(　　)件。
   A. 5　　　　　　B. 4　　　　　　C. 3　　　　　　D. 两

4. 商务人员着装时,全身服装的色彩不应超过(　　)种。
   A. 两　　　　　　B. 三　　　　　　C. 四　　　　　　D. 五

5. 穿西服时,最理想的衬衫颜色是(　　)。
   A. 蓝色　　　　　B. 白色　　　　　C. 灰色　　　　　D. 咖啡色

6. 一位女士拥有5枚戒指、3条手链、4条项链、两副耳环,则她应该(　　)。
   A. 全部佩戴　　　　　　　　　　B. 各佩带一件
   C. 佩带某一类的全部　　　　　　D. 佩带总共不超过3件

7. 领带的下端应(　　)。
   A. 在皮带上缘处　　　　　　　　B. 在皮带上下缘之间
   C. 在皮带下缘处　　　　　　　　D. 比皮带下缘略长一点

8. 女士切勿穿(　　),在国际社会里,此乃"风尘女子"之标志。
   A. 百褶裙　　　　　　　　　　　B. 颜色过于艳丽的裙子
   C. 黑色皮裙　　　　　　　　　　D. 牛仔裙

9. 与西装最配套的鞋子是(　　)。
   A. 猪皮鞋　　　　B. 牛皮鞋　　　　C. 羊皮鞋　　　　D. 驼色皮鞋

10. 商界男士所穿皮鞋的款式应是(　　)。
    A. 系带皮鞋　　　B. 无带皮鞋　　　C. 盖式皮鞋　　　D. 拉锁皮鞋

11. 穿着西装,纽扣的扣法很有讲究,穿(　　)西装,不管在什么场合,一般都要将扣子全部扣上,否则会被认为轻浮不稳重。
    A. 两粒扣　　　　B. 三粒扣　　　　C. 单排扣　　　　D. 双排扣

四、多项选择题

1. 香水涂抹的适当部位包括(　　)。
   A. 手腕　　　　　B. 脸上　　　　　C. 耳垂　　　　　D. 腹部

2. 在正规的商务应酬中,白色衬衫是商界男士的唯一选择。除此之外,(　　)有时亦可加以考虑。
A. 灰色　　　　B. 蓝色　　　　C. 黑色　　　　D. 黄色
E. 绿色　　　　F. 紫色
3. 穿深色西装时,袜子应选(　　)色。
A. 白色　　　　B. 黑色　　　　C. 藏青色　　　D. 天蓝色
E. 棕色
4. 最好的领带是由(　　)制成的。
A. 真丝　　　　B. 皮　　　　　C. 棉　　　　　D. 羊毛
E. 麻

五、简答题
1. 化妆时,应遵守的礼仪规范是什么?
2. 商界男士在穿着西装时,务必特别注意的穿法有哪些?

六、论述题
谈谈商务女性如何穿着套裙。

第三章

商务语言仪态礼仪

 学习目标

学完本章,你应该能够:
1. 了解语言交际的基本要求和基本原则
2. 掌握商务交谈的技巧和方法
3. 掌握商务演讲的基本内容和要求
4. 掌握商务交往场合中正确的举止仪态礼仪

 基本概念

交谈礼仪　商务演讲　举止仪态

在现代社会中,随着商务活动的日益频繁,人们之间的社会交往也日益密切。在商务交往活动中,尤其是初期阶段,留给别人的第一印象是至关重要的。一个具有良好修养的人往往会显得文质彬彬、风度翩翩,成为商务活动中备受欢迎的人。而人们判断一个人的内在修养,一般是通过对其言行的观察得出的。因此,具备良好的仪态和语言习惯是商务交往成功的前提和基础。

第一节　商务语言礼仪

语言是人们相互间进行思想交际的手段或工具,语言交际是人们在日常生活、学习和工作中,以语言为工具所进行的一种交流信息和思想感情的活动。在交际活动中,语言的表达作用集中体现在语言活动的整个过程中。人们在商务交往过程中的心理活动,往往是通过语言活动过程反映出来的,那么,语言对于展现交际心理过程就显得至关重要了。"良言一句三冬暖,恶语伤人六月寒"。交际双方的信息和情感交流是成功,还是失败,在很大程度上决定于言谈艺术。

一、语言交际的基本要求

作为一名商务人员,要有积极、主动的沟通意识,经常主动地和同事、客户进行积极

沟通。要用礼貌性的语言向他人表示意愿、交流思想、沟通信息,是对他人表示友好和尊敬的重要方式。在与他人的语言交际过程中,要遵循以下的基本要求。

1. 有诚意

在语言交际中,要充分表现出诚意。无论是需要向对方表示感谢,还是歉意必须诚心诚意,并让对方充分感受,才能起到良好的效果。

2. 有礼节

在交际中,习惯于使用常见的礼节语言,来表达人际中的问候、致谢、致歉、告别、回敬等礼貌。例如,"您好"、"再见"、"谢谢"、"对不起",以及"没关系"、"不要紧"、"不碍事"之类。

3. 有教养

说话有分寸、讲礼节,内容富于学识、词语雅致,是言语有教养的表现。尊重和谅解别人,是有教养的人的重要表现。尊重别人符合道德和法规的私生活、衣着、摆设、爱好,在别人的确有了缺点时委婉而善意地指出,在别人不讲礼貌时要视情况加以适当处理。

4. 有学识

在高度文明的社会里,富有学识的人将会受到社会和他人的敬重,而无知无识、不学无术的浅鄙的人将会受到社会和他人的鄙视。

二、商务礼貌用语的基本形式

言谈作为一门艺术,也是个人礼仪的一个重要组成部分。礼貌用语的运用,不仅表现一个人的语言修养、文化程度、思想品德,而且反映整个社会的文化程度。礼貌用语主要表现在敬语、谦语、雅语等的使用中。

1. 敬语

敬语是表示尊敬、恭敬的习惯用语。使用敬语的最大特点是要彬彬有礼,热情而庄重。注意要用"您"来称呼客人,常常以"请"字开头,以"谢谢"收尾。而"对不起"、"您好"、"再见"等礼貌用语常挂在嘴边。

(1) 敬语的运用场合:

1) 比较正规的社交场合。

2) 与师长或身份、地位较高的人的交谈。

3) 与人初次打交道或会见不太熟悉的人。

4) 会议、谈判等公务场合等①。

(2) 常用敬语:

1) 问候语,代表性用语是"您好",根据问候时间不同还可以使用"您早!"、"早上好"、"下午好"、"晚上好"等。不论是接待来宾、路遇他人,还是接听电话,都应该主动问候他人,否则便会显得傲慢无礼、目中无人。

2) 请求语,代表性用语是"请"。要求他人帮助、托付他人代劳,或者恳求他人协助时,应当使用这一专用语。缺少了它,便会给人以命令之感,使人难于接受。

3) 感谢语,代表性用语是"谢谢"。使用感谢语,意在向交往对象表达本人的感激之

---

① 罗树宁主编:《商务礼仪与实训》[M],化学工业出版社,2008年版。

意。获得帮助、得到支持、赢得理解、感到善意,或者婉拒他人时,使用此语向交往对象主动致谢。例如,得到别人帮助时,诚恳地表示感谢:"谢谢您!"、"非常感谢"、"麻烦您了";在接受别人的礼物或款待时,说:"谢谢!我非常喜欢"、"谢谢您的热情款待"等。

4)道歉语,它的代表性用语是"抱歉"或"对不起"。在工作中,由于某种原因而带给他人不便,或妨碍、打扰对方,以及未能充分满足对方的需求时,一般均应及时运用此语向交往对象表示自己由衷的歉意,以求得到对方的谅解。

5)道别语。它的代表性用语是"再见"。与他人告别时主动说:"晚安"、"再见"、"一路平安"等,既是一种交际惯例,同时也是对交往对象尊重与惜别之意的一种常规性表示。

2. 谦语

谦语亦称"谦辞",它是与"敬语"相对,是向人表示谦恭和自谦的一种词语。在使用敬语的同时,在自我称呼、自我判断、自我评价、自我要求时,适于用谦语进行表达。

谦语的具体操作:

谦语最常见的用法是在别人面前谦称自己和自己的亲属。例如,称自己为"愚","家严、家慈、家兄、家嫂"等。自谦和敬人,是一个不可分割的统一体。尽管日常生活中谦语使用不多,但其精神无处不在。只要你在日常用语中表现出你的谦虚和恳切,人们自然会尊重你。

3. 雅语

雅语又称为婉辞或委婉语,是敬语的一种,是指一些比较文雅的词语,是一种比较含蓄、委婉的表达方式。雅语常常在一些正规的场合,以及一些有长辈和女性在场的情况下,被用来替代那些比较随便,甚至粗俗的话语。多使用雅语,能体现出一个人的文化素养,以及尊重他人的个人素质。例如,对一位有文化的老人使用雅语"敬请赐教"来代替"有什么意见请提",效果会更好。

雅语的具体操作:

初次见面说"久仰",请人勿送说"留步",求人给方便说"借光",
请人指点用"赐教",赞美见解用"高见",老人年龄叫"高寿",
欢迎购买称"光顾",麻烦别人说"打扰",托人办事用"拜托",
请人解答用"请问",好久不见说"久违",看望别人用"拜访",
请人帮忙说"劳驾",归还原物叫"奉还",请人指导说"请教",
赠送作品用"斧正",等候客人用"恭候",客人到来用"光临",
求人原谅说"包涵",表示感激用"多谢",赠送礼品用"笑纳",
与人道别用"告辞"。

三、商务交谈礼仪

交谈是指交际双方采用面对面或非面对面的方式,用语言作为主要手段相互交流的过程。交谈是人们传递信息和情感,沟通工作、建立良好人际关系的重要手段。对商务人员而言,交谈就是与人沟通的桥梁。俗话说:"良言一句三冬暖,恶语伤人六月寒",如果不注意交谈的礼仪规范,或选错话题等都会影响人际关系。因此,在交谈中必须遵从一定的礼仪规范,才能达到双方交流信息、沟通思想的目的。

(一) 交谈的基本原则

1. 态度真诚

交谈时的态度会影响交谈的效果。要以真诚友善的态度让交谈的双方感到亲切、自然,以健康、平等、宽容的态度对待谈话对方,使谈话能够在轻松愉快的氛围中进行,从而获得真实而丰富的信息。交谈中,若虚情假意、言不由衷,会造成对方的反感和信息失真。

2. 语言准确

在交谈时,如果词不达意、前言不搭后语,很容易被人误解,达不到交际的目的。因此,交谈时要发音准确、语速适中、口气谦和、内容简明。为了要让人听懂,还要注意讲对方听得懂的语言,土语要少用,外语要慎用,如在国内交流最好讲普通话,全国人民都能听懂。另外,非专业场合不要用过分专业的词汇,避免让人感到理解困难,不利于互动。

3. 语言礼貌

交谈时,语气要柔和,语音要甜美,音调要适中。交谈中要常用礼貌用语,如"您好"、"请"、"对不起"、"谢谢"、"打扰了"、"抱歉"、"再见"等。要掌握在不同时间、不同场合针对不同的交谈对象,使用一些敬语、谦语、雅语。交谈中还要常用商讨的语言,如"可以吗?"、"好吗?"等;而尽量避免使用命令性的语言,如"必须"、"赶快"等。

4. 把握分寸

谈话内容可以包罗万象,但不能随心所欲,要把握分寸,尽量不要造成对方难堪和不愉快。谈话时不要唱"独角戏"、搞一言堂,甚至不让别人有说话的机会;而要注意互动。说话还要察言观色,注意对方情绪,对方不爱听的话少讲。应回避或婉转表达涉及他人隐私或隐痛的话题;如果谈到令对方反感的话题,应当立即表示歉意,或转移话题。谈话中,还应避免故意卖弄自己的特长和学识,避免出言不逊和恶语伤人,一般不要随便开女性、长辈、领导的玩笑。

5. 举止得体

交谈时,应神情专注、面带微笑、表情自然、姿态端庄、手势适当,切忌心不在焉、东张西望,以及出现打哈欠、伸懒腰、不断看表等不礼貌的动作。

(二) 交谈中话题的选择

话题就是指交谈的中心内容。话题选择得好,可以使双方找到共同的语言,促进谈话的成功。在人际交往中,学会选择话题,就能使谈话有个良好的开端。

1. 适合选择的话题

(1) 双方拟定的话题。在商务活动中,交谈显然具有一定的目的性,交谈双方一般都有一个或若干事先预定要商讨的事项,这就成为交谈中自然的话题。正式场合所谈论的话题,往往就是双方拟定的话题。谈话时,也往往是就事论事,谈话的具体内容围绕着交谈双方所拟议的问题进行。

(2) 高雅的话题。交谈的过程是谈话双方了解彼此格调、素养的过程,交谈的具体内容反映着交谈者的思想品德与精神境界。所以,应选择内容文明、格调高雅的话题,如文学、艺术、哲学、历史、地理、建筑等,这类话题适合各类交谈,也能够体现自己的见识、阅历、修养和品位。

(3) 轻松愉快的话题。增进双方感情也是交谈的一个重要目的,因此,要允许谈话各方各抒己见、任意发挥。应力戒深奥枯燥、故弄玄虚的主题,主动谈论一些轻松、愉快的内容,不仅可以令交谈者感到轻松,往往还可以令众人开心一笑,有利于充分地活跃现场的气氛。主要包括:文艺演出、流行时尚、时装、美容美发、体育比赛、电影电视、休闲娱乐、旅游观光、名胜古迹、风土人情、名人轶事、烹饪小吃、天气状况,等等。

(4) 对方感兴趣或擅长的话题。闻道有先后,术业有专攻。向对方请教他所擅长的话题,可以显示你的修养和对对方的尊重。另外,不同年龄、性别、职业的人所喜欢的话题是不一样的。例如,青年人对于足球、通俗歌曲、电影电视的话题较多关注,而老年人对于健身运动、饮食文化之类的话题较为熟悉;公职人员关注的多是时事政治、国家大事,而普通市民则更关注家庭生活、个人收入等;男人多关心事业、个人的专业,而女性对家庭、物价、孩子、化妆、时装等更容易津津乐道。

(5) 流行、时尚的话题。即以此时此刻正在流行的事物作为谈论的中心,比较容易引起谈话的兴趣。比如,时下的政治、经济的热点问题,近期国内外发生的重大事件等,都可以作为谈话的题目。

2. 忌谈的话题

(1) 倾向性错误的话题。不能非议自己的祖国、党和政府、现存的社会规范。客观地讲,我们与自己的祖国存在着一种"一荣俱荣,一损俱损"的关系。倘若在外人面前贬低自己的国家、民族、政党或政府,实际上无异于贬低自己。因此,我们在交谈中,不仅不能对自己的国家、民族、政党或政府加以非议,而且还对维护自己祖国、民族、政党和政府的声誉负有义不容辞的责任。法律的规范、道德伦理的规范等,都不允许任意加以非议。

(2) 个人隐私,是指不愿被他人干扰窥视的私人生活,主要包括年龄、收入、婚恋、健康、个人经历等。交谈中,应尽量避免涉及这类内容;否则,会令交谈出现不愉快的气氛,也会给人留下浅薄无聊的印象。在涉外商务活动中,还应该注意不要询问对方的政治见解和宗教信仰,不要询问对方正在做的事情和家庭住址等问题。

(3) 国家、行业、单位机密。在商务交往中,我们都有维护国家安全与国家利益的义务。在任何情况下,对于自己所掌握的国家机密与行业秘密都必须守口如瓶,不得随意进行泄露;否则不仅属于严重的失职行为,而且也是一种犯罪。也不要随意向对方打听国家机密和行业机密。信口开河,会给别人留下不能被信任的感觉。

(4) 干涉交谈对象的内部事务。在商务交往中,要坚持相互尊重、互不干涉内部事务的原则。在进行商务交谈时,没有必要随意对对方的内部事务予以评论;即使有此必要,也应谨慎、客观、全面,切勿随心所欲地对对方的内部事务说三道四、指手画脚。对交谈对象的内部事务随意干涉,实际上就意味着对对方的不尊重。

（5）背后议论领导、同行、同事。常言说得好,"家丑不可外扬",在外人面前说到自己的老师、自己的同事、自己的同学、自己的朋友时,要维护他们,这是一个做人的教养。随随便便地对自己的领导、同事、同行或同胞加以非议,则是十分不明智的,这么做的直接结果是会给交谈对象留下心术不正、搬弄是非的印象。

（6）格调不高的话题。在商务交往中,凶杀、惨案、灾祸、死亡、色情、男女关系,以及小道消息等话题均被视为庸俗、低级、格调不高的话题。主动涉及此类话题者,不是被视为心理不健康,就是被看作缺乏教养。所以在交谈中,应该主动对这些话题加以回避,而且在他人涉及这些话题时也绝对不要随声附和。

（三）交谈的技巧

1. 表达意思要委婉

在交谈中,避免使用主观武断的词语,如"只有"、"一定"、"唯一"、"就要"等不带余地的词语,要尽量采用与人商量的口气。在指出对方错误的时候,要先肯定后否定,学会使用"是的……但是……"这个句式。把批评的话语放在表扬之后,就显得委婉一些。提醒他人的错误或拒绝他人也要根据场合,尽量使用间接的方式,避免使对方感到尴尬和难堪。

2. 少说多听

交谈不仅仅是讲话,它是双方交流互动的过程,适宜的讲话和聆听有利于信息交流的畅通无阻和交谈气氛的和谐愉悦。国外有"用10秒钟的时间讲,用10分钟的时间听"的谚语,这都说明了聆听在生活中的重要作用。

认真聆听对方的谈话,一方面可以给对方一个说话的宽松的环境,是对说者的尊重,也能增进双方的感情。另一方面,聆听别人的讲话可以更多地获得信息,可以冷静地分析对方的需要、态度、期望,同时还可以理顺自己的思想,更完善地表达自己的意见,给人留下深刻的印象。

少说多听的注意事项：

一是聆听时,应神情专注,用表情、动作和简短的语言呼应对方,同时还可以简洁地表明自己的态度;没有听懂的地方也可恰当地向对方提问,表明自己认真聆听并虚心请教,同时还能满足对方的自尊心。二是当对方的观点与自己的有所不同时,应首先以宽容平和的心态认真聆听,然后再与对方交换意见,避免因此发生争执和口角。

3. 善于提问

双方交谈时,不仅要善于聆听,还要善于提问。恰当、有效的提问能引导交谈的方向,能获得自己想了解的内容,甚至可以打破冷场,避免尴尬局面。

提问时,应用尊敬的语气正面提问,根据对方的身份地位及文化程度的不同,提问的内容要恰当,问题尽量不要超过对方认识水平和学识水平,避免提问令对方伤心的事情和个人隐私的事情。

4. 学会赞美

赞美是能引起对方好感的交谈方式,是人际交往的"润滑剂"。它能缓解矛盾,协调彼此的关系,使人自信,创造出积极、友好的交谈氛围。真诚恰当的赞美能赢得对方的欢心,能激人上进。赞美时,要因人而异、注意场合、讲究效果,应符合实际、恰到好处,不能虚假客套和违背事实①。

5. 适度表现幽默

莎士比亚曾说:"幽默风趣是智慧的闪现。"幽默的优势在于它是一种曲折地表达思想的方式,避开了矛盾的锋芒,比较容易被别人接受。当交谈过程中出现不和谐的地方,若交谈者随机应变,适度幽默可以化解尴尬局面、增强语言的感染力。同时,幽默可以引发笑声,创造一种轻松、欢快的氛围。因此,适度幽默可以显示一个人的聪明、智慧,以及随机应变的能力。但需要注意的是,幽默不是卖关子、耍嘴皮,幽默要在入情入理之中,引人发笑、给人启迪。

6. 注意交谈禁忌

在交谈中,要注意摆正双方的位置,在形式上尽量避免一些禁忌。比如,别人讲话时不打断对方,注意礼让,不要抢话说;在不涉及原则问题的情况下,不随意补充对方;不随意对对方的是非进行判断,不质疑对方讲话的内容;不使用尖酸刻薄的话挖苦对方,讥笑、嘲弄别人。

四、商务演讲礼仪

演讲是指一个人针对某件事物,以听众为对象发表谈话的沟通行为,是在较短的时间内向听众灌输大量信息的一种有效方式。商务演讲包含了各类的会议、商务电话、业务简报、客户服务电话、争取新业务及新客户时的口头推销,甚至还包含应征工作时的面试。当今社会是繁忙的社会,具有商务演讲才能的人,必定是现代社会中的活跃人物,令人尊重、让人难忘。商务演讲才能是一种技术,也是一种艺术。成功的商务人士必须要具备这种技术或艺术。

在内容上,商务演讲要求短小精悍、言之有物、切合主题,演讲内容是根据不同的交际目的,侧重点各不相同。由于商务演讲多为当众的即席演讲,对演讲者语言的组织和表达能力要求更为严格。在语言上更注重真诚、朴实,应当尽量生动、形象、幽默、风趣。在时间上,商务演讲强调点到为止、短小精悍,一般 3 分钟左右即可,不要超过 5 分钟,不能长篇大论、废话连篇,既浪费他人时间,也达不到应有的效果。

商务演讲按照目的的不同可以分为:

为了表达自己在某方面的认识,并与听众分享这项知识,如学术演说;

为了让听众了解某种资讯或现象,如资讯展说明;

为了特殊目的,企图改变听众的心意或说服对方的观念,如推销、新产品发布会;

---

① 袁平主编:《现代社交礼仪》,科学出版社,2007 年版。

为了改变对方的行为或想法,如理念大会、公司制度宣传;

为了使听众感动或高兴,如婚丧喜庆升迁致词;

为了建立人际关系,并加深自己在对方心目中的印象,如自我介绍。

下面,我们介绍几种常见的商务演讲形式。

(一) 商务演讲的常见形式

1. 欢迎时的演讲

在商务活动中,遇到来宾参观访问,或是新职员加入,在见面之初,往往需要致上一篇热情洋溢的欢迎词。欢迎时的演讲重点在"欢迎",在内容上应郑重地表达欢迎之意,并突出双方之间的友好、合作关系。内容上,应包括自我介绍、郑重表示的欢迎之意、对被欢迎者的建议与希望等。

2. 欢送时的演讲

每逢同事离职或是来访的同行、客户告辞之际,为了表示对他们的尊重,于情于理商务人员都应当致以临别的赠言。欢送时的演讲内容则应该体现出临别时的惜别之情,突出双方对友情的珍重,对被欢送者的祝福。内容一般包括:对被欢送者的高度评价;对既往与之相处的时光的温馨回忆,自己真心实意的惜别之情;对被欢送者的美好祝福。

3. 祝贺时的演讲

在商务活动中,不要轻易地放过每一个可以向自己的交往对象表示好感、敬意与尊重的时机,在他人适逢喜庆之时,予以正式的祝贺,就是一种有助于双向沟通的方式。祝贺词就是一种广泛接受的做法。同事或同行立功、受奖、晋职、晋级,协作单位成立、开业、周年庆典等等都可以致词祝贺。准备贺词,要以"恭喜"为首要内容,要加入对对方称颂、赞扬、肯定的内容,认真、诚恳地表达致词者的良好祝福。同时,如果具体场合允许,应借机表示致词者对被祝贺者的敬重与谢意。在贺词的字里行间,要自始至终充满热烈、喜悦、愉快、激动的气息,要使自己所讲的话中满怀着热情。

4. 答谢时的演讲

商界人士在商务交往中,需要即时答谢的场合很多。例如,过生日、结婚、获得奖励、被授予荣誉称号、本单位举行庆典、事业上取得了重大成就的时刻,都应当向来宾或在场者致词答谢。准备感谢词,要力戒套话、废话,内容包括自己此刻的感触、对他人的感激,以及今后自己继续努力的方向等。在答谢词里,对自己评价要中肯;在致答谢词时,叙事要清楚,对他人的感谢要不厌其烦地——说清楚、道明白;最后,要找出一些自己的不足,以及今后努力的方向,借以请求各位继续关照自己。

5. 介绍时的演讲

当商务人员应聘新职、联系工作、结识新同事、参加社交聚会时,必然要恰如其分地通过简介去"推销"自己。介绍自己,既要谦虚、诚实,又要注意扬长避短,争取给人以好感。在内容上,简介应包括个人姓氏、单位、职务、专长、业绩等,还可加上籍贯、兴趣、家人等较为轻松、易于由此"发现"朋友的个人资料。

介绍他人时,应将其姓名、职衔、学位、单位等个人资料,其特殊专长、突出成绩等不同凡响之处,以及其为人处世的长处等都包括进去。介绍单位时,重点应是其与众不同之处,还可提及其知名度等。总而言之,介绍重在突出特点。人的特点、事的特点、物的特点等,在不同类型的简介中,都占据着首位。

6. 解说时的演讲

解说,就是应他人的要求,或是为了满足他人的需求,而就某一事件或物品所进行的专门的解释与说明。在新产品与新技术的陈列会、展示会、发布会,以及日常的推销、促销工作中,商务人员经常需要发表解说词。准备解说词,一定要有针对性,要突出"被解说者"的特征、长处与优势。而且,要尽可能地设想一下,听众会提出哪些问题,对此应如何回答。

（二）商务演讲的基本要求

1. 内容切合主题

内容是演讲的生命。好的商务演讲,应当是切合交际情境的内容与良好的表达技巧相结合。单纯追求技巧而内容空洞无物的演讲,不会给人留下深刻印象。

2. 表达流畅生动

发表商务演讲应当使用准确、规范的口语,用语要通俗流畅,杜绝专业术语和华丽辞藻的堆砌,语言朴实而又不失生动形象。根据会场的大小和人员的多少,演讲人的声音要响亮,抑扬顿挫、变化适度,而不能结结巴巴、语无伦次。

3. 感情朴实真诚

商务演讲实质上是人与人之间的互相交流,是为商务活动服务的。因此,商务演讲应当是感情交流的过程,而只有朴实真诚的情感才能打动他人。在感情上,应当给人以自然、真诚之感,而不应矫揉造作、絮叨烦人。

4. 态势自然得体

演讲是由"演"和"讲"两方面构成的,其中的"演"主要是指态势,包括仪表举止、手势表情等,这些都应该是自然流露出来的,与口语相互补充、配合的。在态度上,演讲者应当充满自信、面带微笑,要跟听众有眼神的交流,遵守"等距离原则",而不应只与上司、嘉宾互动,冷落其他人。在表情和动作上,应当根据情境当喜则喜、当悲则悲,恰当运用微笑和目光,而不应面无表情、冷漠以对。可以辅以适当的手势,但必须符合礼仪规范。演讲的态势要服从表达的需要,做到自然得体、体现个性。

（三）商务演讲的语言要求

商务演讲往往是一种即席发言。即席发言是一种在特定情景下事先没有准备的临场说话的口语样式,其特点是即境而发、随机而发、短小精悍,要求人们必须具备迅速组织自己的心中所想,并且能够流利地进行口头表达。但是要想使自己的发言起到影响他人、左右全局的作用,他的话语就必须在众人之言中显得特别有分量。因此,商务演讲的语言表达有以下几方面要求。

1. 口语化

商务演讲并非是要做长篇大论的报告,因此,首先要把不适合演讲的书面语改为口语化的语言;其次,要注意选择那些有利于口语表达的词语和句式。

2. 个性化

要用自己的语言,而不是别人的语言或现成的语言。套话或是从报刊、书籍上摘抄下来硬拼在一起的话,其实内容干瘪,缺乏生活的真实性。用自己的话讲,可能看起来很朴素、很普通，但却更真实、更富有吸引力。

3. 形象化

好的商务演讲，语言应该是切合实际的，应该是生动感人的。要用形象化的语言，用幽默风趣的语言。即或在事例的叙述时，也切忌平淡干巴、枯燥无味，否则便很难吸引听众。

4. 韵律强

要使演讲富有强烈的语言艺术魅力，需要掌握一定的表达技巧，形成语言的轻重缓急、一抑一扬的语势，使语句显得起伏跌宕，给演讲带来鲜明的节奏韵律感。在演讲过程中，要注意语句的停顿，要有节奏感；注意演讲时语气的轻、重变化；要结合演讲的内容和自己的情绪，控制语调的高低与快慢[1]。

（四）商务演讲礼仪

1. 精心准备

发言内容要有必要的准备。当你去参加某项集会或活动时，最好能先做好心理准备：如果现在被请起来讲话，到底要讲些什么，熟悉的、最适合的题材有哪些。准备好了，才容易有很好的发挥。要在平时就积累材料，关注经典案例、经典的语言、叙事方式和演讲的基本要求，以备不时之用。

可能的情况下，要做必要的案头准备，准备好演讲的文稿或提纲。要确立中心，明确自己的观点和态度，决定演说的主题。并且，从实际出发，为发言寻找切入点。例如，举出实例说明问题，既吸引听众的注意，也增强了说服力。还要有切合特定商务情境的开头和结尾。开头最好干净利落，直接入题，可以借当时的场景、情景、会议的主旨等作为开场白；结尾则要强化发言的主要内容。

另外，演讲前要注意修饰仪表。服饰、化妆等要符合演讲的场合，以示对别人的尊重。在重要的演讲之前，可进行预演，模拟现场可能出现的情况，便于提前做好准备。

2. 临阵不慌

临阵不慌，善于应变。在讲演时，大方者大受欢迎。越是临阵不慌，就越容易有更好的表现。这与准备充分有关。

尽管做了必备的准备，有时还免不了会紧张，这时可以采用一些调节方法。比如，做深呼吸；暗暗使劲收紧身体各个部位，从足部开始，再逐一放松，紧张情绪将会因此得到缓解。要加强自信心，即使自己没有做充分准备，也要理直气壮地讲，信心和口才总是如影随形。

另外，演讲时实际上听众不可能都是配合的、顺从的，发生异议也是常有的事。面对这些情况，就要善于应变。但不要跟对方兵来将挡、水来土掩，没必要直接对着干。

3. 善于互动

演讲者要善于和听众互动。要注意主题互动，演讲主题要适应听众，选用的案例要形象生动。除了学术性会议，要避免满口名词术语的话，用案例去说明问题会使演讲显得生动形象。同时，神态要温和自然，要善于调动听众。演讲时，可以把最有趣、最能引

---

[1] 罗树宁主编：《商务礼仪与实训》[M]，化学工业出版社，2008年版。

起听众积极性的案例放在最前面①。

4. 仪态得体

演讲时,要求不卑不亢、雍容大方、彬彬有礼、不失身份。听众对演讲者傲慢的态度、轻佻的作风、随便的举止是极为反感的。

演讲者应该在主持人介绍后,向主持人点头微笑致意,然后稳健地走到讲坛前,自然地面对听众站好,行注目礼及鞠躬礼,而后以亲切的目光环视听众,以示招呼。演讲过程中,手及头部动作不要太多,走动也不宜过多;弯腰驼背、双手撑着讲坛或插入衣兜内都不合适;手势动作要和演讲内容一致,和演讲者的身份、职业、年龄一致;演讲时眼睛不能总看讲稿,照本宣科,而应与听众有所交流。演讲结束后,走下讲坛时应该向听众点头示意或行鞠躬礼,然后含笑退场。如听众鼓掌应表示感谢,态度应真诚、谦逊。

第二节 仪态礼仪

一、仪态概述

仪态指人在社交活动中的姿势和风度,它包括人的神态表情、举止动作和相对静止的体态。仪态是映现一个人涵养的一面镜子,也是构成一个人外在美的主要因素。在人际交往中,人们除了用语言表达思想感情以外,还常常用身体姿态表现内心活动。用优美的姿态表达礼仪,比用语言更让受礼者感到真实、美好和生动。

二、各种仪态的基本要求

(一) 站姿

站立是生活中最基本的一种举止。正确、规范的站姿能够给人留下挺拔笔直、舒展俊美、精力充沛、积极进取、充满自信的良好印象。在人际交往中,站姿是一个人全部仪态的核心,"站有站相"是对一个人礼仪修养的基本要求,良好的站姿能衬托出美好的气质和风度。如果站姿不够标准,其他姿势就谈不上优美。

1. 站姿的基本规范

站立时,应注意两脚跟相靠,脚尖开度为45~60度,身体重心主要落于脚掌、脚弓上;两脚并拢立直,髋部上提;腹肌、臀大肌微收缩并向上挺,臀、腹部前后相夹,髋部两侧略向中间用力;脊椎、后背挺直,胸略向前上方挺起;两肩放松,气下沉,自然呼吸;两手臂放松,自然下垂于体侧,虎口向前,手指自然弯曲;脖颈挺直,头顶上悬,下颌微收,双目平视前方。

2. 男性站姿

男性的站姿要稳健,所谓"站如松",以显出男性刚健、强壮、英武、潇洒的风采。男性通常可采取双手相握,叠放于腹前的前腹式站姿;或将双手背于身后,然后相握的后背式

---

① 金正昆著:《商务礼仪》,陕西师范大学出版社,2007年版。

站姿。双脚可稍许叉开,与肩部同宽为限。

3. 女性站姿

女性的站姿要柔美,所谓"亭亭玉立",以体现女性轻盈、妩媚、娴静、典雅的韵味。女性的主要站姿为前腹式,但双腿要基本并拢,脚位应与服装相适应。穿紧身短裙,脚跟靠紧,脚掌分开呈"V"状或"Y"状(即"丁字步");穿礼服或旗袍,可双脚微分。

4. 禁忌的站姿

在站姿中,应避免身体僵直、胸部过分凸起、弯腰驼背、腹部鼓起。不论男女,站姿切忌歪头、缩颈、耸肩、含胸、塌腰、撅臀;腿位不雅(双腿叉开过宽、双腿扭在一起、双腿弯曲、一腿高抬);双手叉腰或交叉抱于胸前;双手插入衣袋中或身体晃动,耸肩驼背、脚打拍子;身体东倒西歪,或倚靠在某一物体上;等等。也不要下意识地做小动作,如摆弄打火机、香烟盒,玩弄衣带、发辫,咬手指甲等。这些不但显得拘谨,给人以缺乏自信和教养的感觉,也有失仪表的庄重。

5. 规范站姿的训练方法

(1) 贴墙法:使后脑、双肩、臀部、小腿肚、双脚跟部紧贴墙壁。

(2) 贴背法:两人背对背相贴,部位同上,在肩背部放置纸板,纸板不掉下。

(3) 顶书法:头顶书本,使颈梗直,收下颏、挺上身至书不掉为宜。

日常生活中,各种场合的站姿应依时间、地点、场合的不同而有所变化。但改变的只是脚部姿势或角度,身体仍须保持挺直,使站姿自然、轻松、优美。

(二) 坐姿

坐姿是人们在社交应酬中采用最多的姿势,规范的坐姿能够展现出自信练达、积极热情、尊重他人的良好的个人风范。

1. 坐姿的基本规范

(1) 基本要求:端庄、大方、文雅、得体;上体正直,头部端正;双目平视,两肩齐平;下颏微收,双手自然搭放。

(2) 入座时礼仪:在社交中讲究顺序,礼让尊长。若与他人一起入座时,应礼貌地邀请对方首先就座,或与对方同时就座。入座时,要注意方位,分清座次的尊卑,主动把上座让给尊长。

入座时,应以轻盈和缓的步履,从容自如地走到座位前,然后转身轻而稳地落座,并坐在椅子的2/3处,将右脚与左脚并排自然摆放。上体自然坐直,双肩放松,两腿自然弯曲,双脚平落地上并拢或交叠,双膝自然并拢,两手分别放在膝上(女士双手可叠放在左或右膝上),双目平视,下颌微收,面带微笑。坐定后,男士双膝并拢或微微分开,两脚自然着地。女士入座时,若着裙装,应用手将裙子稍微拢一下,不要等坐下后,再重新站起来整理衣裙。入座后,双腿并拢不留缝隙。无论是入座还是离座,一般都要求左进左出,即从椅子的左边入座,从椅子的左边离座。

(3) 男女坐姿:

1) 女士坐姿。

标准式:坐正,双膝并拢,手放膝上,坐满椅子的2/3处。

丁字式:在标准式的基础上,右脚往后移,与左脚呈15度角。

侧点式：坐正，双膝并拢，两小腿向左（右）斜伸出，左（右）脚掌内侧着地，右（左）脚脚尖着地，手放膝盖所指方向的腿上。

侧坐式：身体向左或右侧，双脚并拢或呈丁字式。

侧坐开关式（曲直式）：侧坐，双膝并拢，两小腿前后分开，并在一条线上，两手放在前伸腿上。

2）男式坐姿。

标准式：坐正，双膝并拢，手放膝上，坐满椅子的 2/3 处；或两腿略微分开，两手放在两腿或扶手上。

前伸式：在标准式的基础上，左脚再向前半脚，右脚往后半脚。

后点式：在标准式的基础上，两小腿后缩，两脚掌着地。

开关式（曲直式）：侧坐，双膝并拢，两小腿前后分开，并在一条线上，两手放在腿上。

2. 禁忌的坐姿

禁忌的坐姿有：入座时猛起猛坐，弄得坐椅乱响；坐定后，弯腰弓背，身体左右晃动；两膝分开，脚尖朝内，脚跟朝外呈"八"字形；双腿过度叉开，伸得很远；双膝并拢，小腿分开超过肩宽，形成"人"字形；把脚架在椅子或沙发扶手上，或藏在坐椅下；"架二郎腿"或"4"字形腿；前俯后仰、躺靠椅背、晃动膝盖等；上身前倾后仰，或弯腰曲背；双手或端臂，或抱膝盖，或抱小腿，或置于臀部下面；坐时，随意挪动椅子。

（三）走姿

步调稳健、轻松敏捷的走姿会给人动态之美，表现出朝气蓬勃、积极向上的良好精神状态。

1. 走姿的基本规范

正确的走姿应以端正的站姿为基础，挺胸、抬头、颈直、收腹、立腰，双目前视、下颌微收，表情自然平和；迈步时，应注意脚尖向前方伸直，脚跟先着地，然后脚掌着地。男士两臂摆动要有力，双肩平整，走出的轨迹应在不超过肩宽的两条平行线上，以显示自信、稳重；女士走路时，应尽量保持一种轻盈的体态，要用腰力把身体重量提起，步幅不宜过大，要有韵律感，走出的两条平行轨迹间的距离应尽量缩小，以显示优雅。

2. 注意要点

（1）步幅适中。所谓步幅，是指行进时前、后两脚之间的距离。两脚交替前进时，步幅的大小通常因性别、身高、着装等不同而有所差异，一般应该以前脚的脚后跟与后脚的脚尖相距一脚长为宜；男士走路时，步幅可稍大一些。通常情况下，男性的步度约 25 厘米，女性的步度约 20 厘米。

（2）步速适中。要保持步态的优美，行进的速度应保持均匀、平稳，在正常情况下，应自然舒缓，显得成熟、自信。男、女在步速上有一定差别，一般来说男性矫健、稳重、刚毅、洒脱，具有阳刚之美，步伐频率每分钟约 100 步；女性步伐轻盈、柔软、玲珑、贤淑，具有阴柔之美，步伐频率每分钟约 90 步，如穿裙装或旗袍，步速则快一些，可达 110 步左右。

（3）身体协调。行进时，膝盖和脚腕要富于弹性，腰部应成为身体重心移动的轴线，双手的摆动应以肩关节为轴，上臂带动前臂，前后自然摆动，摆幅以 30~35 度为宜，保持身体各部位之间动作的和谐，保持一定的韵律，显得自然优美。

(4) 造型优美。做到昂首挺胸，步伐轻松而矫健。行走时，应面对前方、两眼平视、挺胸收腹、直起腰背、伸直腿部，使自己的全身从正面看犹如一条直线。

3. 禁忌的走姿

在走姿中，应避免双臂大甩手、摇头晃肩、扭腰摆臀、左顾右盼、方向不定、忽左忽右；迈着"外八字步"和"内八字步"，上颠下跛的走姿；双手插入裤袋，或倒背而行；步幅太大或太小；体位失当，摇头、晃肩、扭臀；上、下楼梯时，弯腰驼背、手撑大腿，或一步踏两三级楼梯。

（四）蹲姿

蹲姿不像站姿、坐姿、走姿那样使用频繁，只是在比较特殊的情况下所采用的一种暂时性体态，是由站立姿势转变为两腿弯曲和身体高度下降的姿势。

1. 蹲姿的基本规范

蹲姿的基本规范是：屈膝并腿，一脚在前、一脚在后向下蹲去；两腿紧靠，前脚全着地，后脚脚掌着地；以前脚为身体的主要支点；臀部向下，上身向前微倾，高腿向人。男士使用蹲姿时，两腿之间可以有适当的距离。

2. 正确的蹲姿

（1）高低式。下蹲时，左脚在前、右脚靠后。左脚完全着地，右脚脚跟提起，右膝低于左膝，右腿左侧可靠于左小腿内侧；右侧时，则姿势相反。

（2）交叉式。主要适用于女性，尤其是适合身穿短裙的女性在公共场合采用。要求：在下蹲时，右脚在前，左脚居后；右小腿垂直于地面，全脚着地；右腿在上、左腿在下交叉重叠，左膝从后下方伸向右侧，左脚跟抬脚尖着地；两腿前后靠紧，合力支撑身体；上身微向前倾，臀部朝下。

（3）半蹲式。半蹲式蹲姿多为人们在行进之中临时采用。主要要求是在蹲下之时，上身稍许下弯，但不与下肢构成直角或锐角；臀部务必向下，双膝可微微弯曲，其度可根据实际需要有所变化，但一般应为钝角；身体的重心应放在一条腿上，而双腿之间却不宜过度地分开。

（4）半跪式蹲姿。又叫做单蹲姿，与半蹲式蹲姿一样，也属于一种非正式的蹲姿，多适用于下蹲时间较长时。其主要要求是下蹲以后，改用一腿单膝点地，而令臀部坐在脚跟上。另外，一条腿应当全脚着地，小腿垂直于地面，双膝必须同时向外，双腿则宜尽力靠拢。

无论采用哪种蹲姿，女士都要注意将两腿靠紧，臀部向下，头、胸、膝关节不在同一个角度上，以塑造典雅优美的蹲姿。

3. 禁忌的蹲姿

在公共场合使用蹲姿时，应避免过度地弯曲上身和翘起臀部，否则容易露出内衣；下蹲时，速度切勿过快；与他人同时下蹲时，不可忽视双方的距离，以防双方迎头相撞；女士使用蹲姿时，不可将双腿敞开。

（五）手势

手势，是运用手指、手掌、拳头和手臂的动作变化，表达思想感情的一种态势语言。手势在传递信息、表达意图和情感方面发挥着重要作用，手势的"词汇"量十分丰富，据语言专家统计表示手势含义的词汇就有近两百个。生动的有声语言再配合准确、精彩的手势动作,必然能使交往的语言更富有感染力、说服力和影响力。商务人员正确使用手势,能令人感觉到你对他人的尊重与敬意;反之,则令人感到厌恶。

1. 手势的活动范围

手势的使用范围一般有3个区域:上、中、下。肩部以上称为上区,多用来表示理想、希望、宏大、激昂等情感,表达积极肯定的意思;肩部至腰部称为中区,多表示比较平静的思想,一般不带有浓厚的感情色彩;腰部以下称为下区,多表示不屑、厌烦、反对、失望等,表达消极否定的意思。根据手势的活动范围,我们往往可以称之为高位手势、中位手势、低位手势。

手势若运用不当会适得其反,因此在运用手势时要注意几个原则。首先要简约明快,不可过于繁多,以免喧宾夺主;其次要文雅自然,拘束低劣的手势会有损于交际者的形象;第三要协调一致,即手势与身体协调、手势与情感协调、手势与语言协调;最后要因人而异,不可千篇一律地对每个人都做一样的手势。

2. 手势的种类

按照所表达的意思不同手势一般可分为四种:

(1)情意性手势。主要用于表达带有强烈感情色彩的内容。

(2)象征性手势。主要用于表达一些比较复杂的感情和抽象的概念,从而引起对方的思考和联想。例如,把大军乘胜追击的场面,用右手五指并齐、手臂前伸这个手势来表达,象征着奋勇进发的大军就能引起听众的联想。

(3)指示性手势。主要用于指示具体事物或数量。例如,当讲到自己时,用指向自己的手势;谈到对方时,用指向对方的手势。

(4)形象性手势。主要用于模拟事物的形状,以引起对方的联想,给人一种具体明确的印象。例如,说到高山,做向上伸的手势;讲到大海,做平伸外展的手势。

3. 常见的手势

(1)指示性手势中的引领手势。在各种社交场合中,经常要遇到使用引领手势的情况,如为客人开门、请客人进门、请客人入座等都需要运用到引领手势。使用引领手势时,应注意身体各种体态的协调,引领手势主要有以下几种方式:

1)横摆式。以右手为例:将五指伸直并拢,手心不要凹陷,手与地面呈45度角,手心向斜上方,腕关节微屈低于肘关节,手从腹前抬起至横膈膜处;然后以肘关节为轴向右摆动,在身体右侧稍前的地方停住,同时左手自然下垂,目视引领对象,面带微笑。这是在门的入口处常用的表示谦让的手势。

2)曲臂式。当一只手扶着电梯门或房门,同时要做出"请"的手势时,可采用曲臂式引领手势。以右手为例:五指伸直并拢,从身体的侧前方向上抬起,至上臂离开身体的高度;然后以肘关节为轴,手臂由体侧向体前摆动,摆到手与身体相距20厘米处停止,面带微笑向右侧注视引领对象。

3)直臂式。手与肩同高或略高,肘关节伸直,常表示"请往前走"、"请往这边看"。

4)斜下式。当请客人入座时,手势要斜向下方,首先用双手将椅子向后拉开;然后,一只手曲臂由前抬起,再以肘关节为轴,前臂由上向下摆动,使手臂向下呈一斜线,并微笑点头示意。

5) 双手前伸式。表示恭敬,用于接收或递交物品。

(2) 其他常见的手势:

1) "OK"的手势。拇指和食指合成一个圆圈,其余三指自然伸张。这种手势在不同国家其含义有所不同。例如,在美国表示"赞扬"、"允许"、"了不起"、"顺利"、"好";在法国表示"零"或"无";在印度表示"正确";在中国表示"零"或"三"两个数字;在日本、缅甸、韩国表示"金钱";在巴西表示"引诱女人"或"侮辱男人";在地中海的一些国家,则表示"孔"或"洞",并常用此来暗示、影射同性恋。

2) 伸出大拇指手势。在我国,伸出大拇指手势向上表示赞同、一流的,向下则表示蔑视。在英语国家大拇指向上多表示"OK"或是打车,但如果用力挺直,则含有骂人的意思;若大拇指向下,则多表示坏人、下等人。

3) 伸出食指手势。在我国,以及亚洲一些国家表示"一"、"一个"、"一次"等;在法国、缅甸等国家,则表示"请求"、"拜托"之意。使用这一手势时,要注意不能用食指指人,更不能在面对面时用食指指着对方的面部,这种不礼貌的动作极易激怒对方。

4) "V"字形手势。伸出食指或中指,掌心向外的手势,其含义主要表示胜利(英文victory的第一个字母);若掌心向内,在西欧则表示侮辱、下贱之意。另外,这种手势在大多数国家还时常用来表示数字"二"。

(六) 表情礼仪

人与人在交往的时候,内心情感在面部上的表现,即为表情。面部表情是仪态的重要组成部分,主要包括笑容与眼神两大部分。作为商务人员,要体现出尊重为本、以诚待人的职业特点,就必须正确掌握表情礼仪。学习表情礼仪,总的要求是要理解表情、把握表情,不论是在社交、公务或公共场合,都要呈现出热情、友好、轻松、自然的表情。

1. 微笑

在工作中,微笑是礼貌待人的基本要求。微笑是人们对某种事物给予肯定,是人们对美好事物表达愉悦情感的心灵外露。微笑可以表现出对他人的理解、关心和爱,使人自然放松、缓解紧张,消除误会、疑虑和不安,是礼貌与修养的外在表现和谦恭、友善、含蓄、自信的反映。微笑可以表现出温馨、亲切的表情,能有效地缩短沟通双方的距离,给对方留下美好的心理感受,从而形成融洽的交往氛围。微笑是人际交往中的润滑剂,是广交朋友、化解矛盾的有效手段。微笑的功能是巨大的,但要笑得恰到好处,也是不容易的,所以微笑是一门学问,又是一门艺术。

商务人员在工作中往往运用的微笑,有一度微笑、二度微笑、三度微笑之分。

一度微笑:只动嘴角肌。

二度微笑:嘴角肌、颧骨肌同时运动。

三度微笑:嘴角肌、颧骨肌与括纹肌同时运动。

微笑的基本规范:微笑的基本规范是真诚、文雅、适度、亲切自然,一般应做到三个结合:一是口眼结合。要口到、眼到,笑眼传神,微笑才能扣人心弦。二是微笑与神、情、气质相结合。微笑与神的结合就是笑得有情入神,笑出自己的神情、神色、神态,做到情绪饱满,神采奕奕;微笑与情的结合就是要笑出感情,笑得亲切、甜美,反映美好的心灵;微笑与气质的结合,就是要笑出谦逊、稳重、大方,表现出良好的气质。三是微笑与语言相结合。微笑和语言都是传播信息的重要符号,只有注意微笑与语言的结合,才能声情并茂、相得益彰。

微笑的注意事项:

禁忌的微笑有以下几种:

虚伪的微笑;

阴沉的微笑;

不自然的微笑;

强作欢颜的"皮笑肉不笑"、"苦笑"等;

含有怒意、讽刺、不满、不屑一顾、不以为然等容易使人产生敌意的冷笑;

有意讨好别人的媚笑;

害羞、怯场,不敢与他人交流视线的怯笑;

洋洋自得或幸灾乐祸的窃笑;

面容凶恶的狞笑。

微笑可通过训练达到好的效果。可以自己对着镜子练习,观察自己微笑的表现形式;同时可想象对方是自己的兄弟姐妹,是自己多年不见的朋友;还可以在多人中间,讲一段话,讲话时自己注意显现出笑容,并请同伴给以评议,帮助矫正。

2. 眼神

俗话说:"眼睛是心灵的窗户",眼睛是人体传递信息最有效的器官,能够表达最细微、最精妙的差异,传递最明显、最准确的交际信号。信息的交流要以目光的交流为起点,正确地运用目光,能恰当地表现出内心的情感。泰戈尔曾说过:"一旦学会了眼睛的语言,表情的变化将是无穷无尽的。"因此,眼神是传递信息十分有效的途径和方式。

(1) 眼神的基本规范,主要包括注视时间、注视区域、注视角度、注视方式的要求。

1) 注视时间:注视时间的长短往往能表达一定的意义。当使用眼神时,必须根据所看到的对象和场合把握好注视的时间。一般情况下,在与他人交谈时眼睛有30%~60%的时间注视对方,另外的时间应注视对方眼部以外的5~10厘米处,自始至终地注视对方是不礼貌的。

眼神的具体操作:

向对方表示友好时,应不时注视对方,注视对方的时间约占全部时间的三分之一左右;向对方表示特别关注,应常常把目光投向对方,注视对方的时间约占全部时间的三分之二左右;当注视对方的时间占全部相处时间的三分之二以上时,目光柔和亲切表示对对方很感兴趣,而目光专注而严厉被视为敌意;如果目光常游离对方,注视对方的时间不到全部相处时间的三分之一,就意味着轻视。

另外,在社交场合与朋友会面或被介绍认识时,可注视对方稍久一些,这既表示自信,也表示对对方的尊重。

无意间与别人的目光相遇时,不要将自己的目光马上移开,应自然对视1~2秒钟后再慢慢移开。

当与异性第一次见面时,注视的时间一般不超过4秒钟,否则会引起对方的误会。

主人送别客人时,要一直注视着客人,等客人走出一段路再回头张望时,才能转移送客人的视线,以示尊重。

2) 注视区域:使用眼神时,将目光使用在对方哪些区域,要根据所要传达的信息、使用的场合、注视的对象、希望营造什么样的气氛而定。用目光注视对方,应自然、稳重、柔和,既不能死盯对方某部位,也不能不停地在对方身上上下打量,一般来讲目光的使用区域可以分为3个。

第一个区域是商务注视区域。这一区域范围主要是指对方两眼以上的额头部位,注视这一区域表示严肃、认真、公事公办,会使被注视者产生受尊重的感觉。它主要使用于商务谈判、下级拜见上级等,适用于极为正规的公务活动。

第二个区域是社交注视区域。这一区域范围主要是指对方两眼以下、下颌以上所形成的倒三角区域,注视这一区域能让谈话者感到轻松、自然,容易形成平等感,能够比较自由地把他们的观点、见解发表出来创造良好的社交氛围。它主要使用于茶话会、舞会、酒会、联欢会,以及其他一般社交场合。

第三个区域是亲密注视区域。这一区域范围主要是指对方眼睛、嘴部和胸部,适用于亲人之间、恋人之间、家庭成员之间。

3) 注视角度:即注视别人时,目光从眼睛发出的方向,往往可以表示与交往对象的亲疏、远近。

平视:也叫正视,视线处于水平状态,令人感觉平等亲切。常用于普通场合与身份地位平等的人进行交往。

侧视:面部侧向平视对方,是平视的特殊情况。用于与位于自己左右方向的人交往,但不能斜视,否则会失礼。

俯视:即向下注视他人,可表示对晚辈的宽容怜爱,也可以表示对他人轻慢歧视。俯视往往令人倍感压力,与人交往应慎重使用。

仰视:即主动处于低处,抬头向上注视他人,表示尊重或敬畏,适用于晚辈面对尊长时。但眼神要从容,包含敬意,不能过于畏缩,否则会令人轻视。

4) 注视方式:在日常交往中,我们不能死盯着对方,也不要躲躲闪闪、飘忽不定或眉来眼去,更应避免瞪眼、斜视、逼视、白眼、窃视等不礼貌的眼神。在社交场合注视他人可有多种方式,最常见的几种方式如下:

直视:表示认真、尊重。若直视双眼,称为对视,表明大方、坦诚或是关注对方,是人际交往中常用的一种方式。

凝视:是直视中的一种。即全神贯注地注视,表示专注、恭敬,适用于演讲、授课或比较熟悉的人群之间。

盯视:目不转睛地长时间凝视,往往表示出神或挑衅,不宜多用。

环视：即有节奏地注视不同的人或事物,适用于同时与多人打交道,表示对所有人都抱着认真、重视、一视同仁的态度。

(2) 禁忌的眼神有：

直视对方眼睛；

左顾右盼、眼神冷漠傲慢、轻视；

对方缄默无语时,不要再看对方；

对方说错话时,应转移视线；

目光无神或不敢正视对方。

第三节 实 践 指 导

一、实践任务

要求学生通过实训和模拟练习,掌握正确的微笑礼仪和眼神礼仪,体会运用微笑和眼神进行交流的好处,并且熟练运用各种手势变化。

要求学生通过理解课堂讲授中掌握的知识,结合教师示范,具体掌握站、坐、行姿的技术要求。塑造体态美,培养良好的仪表修养,进一步增强职业素质和美的意识。

二、实践步骤

(1) 通过教师现场演示和讲解,向学生展示交谈礼仪、演讲礼仪和仪态礼仪的正确方法。

(2) 组织学生单独或分组练习,要求在设定的特定情景下分角色扮演,完成指定的实训内容,并达到考核标准。

(3) 对每个学生的实训结果进行评价。

三、实践要求

(1) 教师对学生进行现场示范和指导,对学生练习过程中出现的错误及时进行纠正。

(2) 学生应对语言礼仪和仪态礼仪的实践应用价值给予充分认识,调动开展情景模拟训练的积极性。

(3) 学生按照实训步骤完成要求的实训内容,以个人或小组为单位分别完成语言礼仪和仪态礼仪的练习过程。

(4) 教师要列出统一的评价标准,向学生说明操作的要点,并进行统一评分。

四、实践内容

(1) 交谈礼仪的训练,商务演讲礼仪的训练。

(2) 正确的站姿、坐姿、行姿、蹲姿的练习。

(3) 眼神礼仪的练习,微笑礼仪的练习。

五、实践范例

实训项目：站姿训练

[训练目标]

通过理解教学所掌握的知识，结合教师示范，引导学生具体掌握站、坐、行姿的技术要求。

1. 熟练掌握各种站姿，并能灵活运用。
2. 塑造体态美，培养良好的仪表修养，进一步增强学生的职业素质和美的意识。

[训练内容]

1. 站姿基本要求要领：头正、颈直、肩平、胸挺、腹收、腰立、提髋、收臀、腿直、脚靠、手垂。

2. 常见的几种站姿：

（1）垂手式；

（2）握手式；

（3）背手式。

3. 训练中需要注意的问题：

（1）是否有歪头、斜眼、缩脖、耸肩、蹋腰、挺腹、屈腿的现象；

（2）是否有叉腰、两手抱胸或插入衣袋的现象；

（3）是否有身体倚靠物体站立的现象；

（4）是否有身体歪斜、晃动或脚抖动的现象；

（5）是否面无表情、精神委靡；

（6）是否身体僵硬、重心下沉等。

[考核标准]

考核项目	考核内容		分值	自评	小组评	实得分
站姿	1. 身体各部位的正确姿态	头部、颈部、面部	8			
		两肩、胸部	8			
		腰部、臀部	8			
		手 位	8			
		两 脚	8			
	2. 不同站姿的展示	垂手式	15			
		握手式	15			
		背手式	15			
	3. 靠墙顶书训练效果(持续3分钟)		15			

（资料来源：http：//www.sik.cn/swly/swly/practice/contents.asp?id=188）

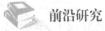 **前沿研究**

中外礼俗七不同

《礼记·曲礼上》说:"入境而问禁,入国而问俗,入门而问讳"。随着国际交往的频繁和普遍,这就要求商务人士了解,并得体运用国际商务礼仪,才能友好、真诚地进行交流、沟通和合作。

我国和西方国家商务交往最多,由于文化背景的不同,导致在具体礼仪上有很多截然不同的地方。具体来说有七个方面,必须首先有所了解。

1. 对待赞美

我们和西方人在对待赞美的态度上大不相同。别人赞美的时候,尽管内心十分喜悦,但表面上总是表现得不敢苟同,对别人的赞美予以礼貌的否定,以示谦虚:"还不行!"、"马马虎虎吧!"、"哪能与你相比啊!"、"过奖了!"等。

而西方人对待赞美的态度可谓是"喜形于色",总是用"Thank you"来应对别人的赞美。

2. 待客和做客

我们和人相处的时候,总是习惯从自己的角度去为别人着想。这表现在待客和做客上,尽责的客人总是尽量不去麻烦主人,不让主人破费,因而对于主人的招待总是要礼貌地加以谢绝。比如,主人问客人想喝点什么,客人一般会说"我不渴"或"不用麻烦了";主人在餐桌上为客人斟酒,客人总要加以推辞,说"够了,够了",而事实上,客人并不一定是不想喝,往往只是客气而已。所以,称职的主人不会直接问客人想要什么,而是主动揣摩客人的需求,并积极地给予满足。在餐桌上,殷勤好客的主人总是不停地给客人倒酒、劝菜。因此,中国人的待客和做客场面往往气氛热烈:一方不停地劝,另一方则不停地推辞。

而外国人特别是西方人,无论是主人还是客人,大家都非常直率,无需客套。当客人上门了,主人会直截了当地问对方"想喝点什么";如果客人想喝点什么,可以直接反问对方"你有什么饮料",并选择一种自己喜欢的饮料;如果客人确实不想喝,客人会说"谢谢!我不想喝"。在餐桌上,主人会问客人还要不要再来点,如果客人说够了,主人一般不会再向客人劝吃请喝。

3. 谦虚和自我肯定

我们一直视谦虚为美德,不论是对于自己的能力还是成绩,总是喜欢自谦。如果不这样可能会被指责为"不谦虚"、"狂妄自大"。比如,中国学者在作演讲前,通常会说:"我学问不深,准备也不充分,请各位多指教";在宴会上,好客的主人面对满桌子的菜却说:"没有什么菜,请随便吃";当上司委以重任,通常会谦虚地说:"我恐怕难以胜任。"

而外国人特别是西方人没有自谦的习惯。他们认为,一个人要得到别人的承认,首先必须自我肯定。所以,他们对于自己的能力和成绩总是实事求是地加以评价。宴请的时候,主人会详尽地向客人介绍所点菜的特色,并希望客人喜欢;而被上司委以重任的时候,他们会感谢上司,并表示自己肯定能干好。

4. 劝告和建议

无论是中国人,还是西方人,都喜欢向自己的亲朋好友提一些友好的建议和劝告,以示关心和爱护。但中西方人在提劝告和建议的方式上却有很大区别。

中国人向朋友提建议和劝告的时候,往往都非常直接,常用"应该"、"不应该"、"要"、"不要"这些带有命令口气的词。比如,"天气很冷,要多穿点衣服,别感冒了!""路上很滑,走路要小心!""你要多注意身体!""你该刮胡子了!""你该去上班了!"等等。

西方人在向亲朋好友提劝告和建议的时候,措词非常婉转。比如,"今天天气很冷,我要是你的话,我会加件毛衣。""你最好还是把胡子刮了吧。"一般来说,双方关系越接近,说话的语气越直接。但即使是最亲密的人之间,也不会使用像我们那样的命令语气。否则,会被认为不够尊重自己独立的人格。

5. 个人隐私权

西方人非常注重个人隐私权。在日常交谈中,大家一般不会涉及对方的"私人问题"。这些私人问题包括:年龄、婚姻状况、收入、工作、住所、经历、宗教信仰、选举等。同时,人们还特别注重个人的私人生活空间。别人房间里的壁橱、桌子、抽屉,以及桌子上的信件、文件和其他文稿都不应随便乱动、乱翻(如果需要借用别人物品,必须得到对方的许可)。假如别人在阅读或写作,也不能从背后去看对方阅读和写作的内容,即使对方只是在阅读报纸或杂志。

空间距离上也很在意。即使在公共场所,大家都十分自觉地为对方留出一定私人空间。比如,排队的时候他们总是习惯和别人保持1米以上的距离。

我们的个人隐私观念比较淡薄。特别是在亲朋好友之间,大家喜欢不分你我,共同分享对方的私人生活。另外,长者往往可以随意问及晚辈的私人生活,以显示关心。

6. 时间安排

西方人大多时间观念很强,日程安排得很紧凑。如果要拜会或是宴请西方人,一定要提前预约,预约时间通常在一周以上。如果你没有预约而突然拜访,或是临时约请对方,对方一般会拒绝你。而且,对于工作时间和个人时间有严格的区分。如果是工作交往,应选择在对方的工作时间里进行;如果是私人交往,就要选择在对方下班的时间里进行。

另外,时间上,忌讳日期13和星期五。特别既是13号又是星期五的日子,往往不安排任何外出事宜。

而我们很多人的时间观念不是太强。没有预约的突然造访和临时约请都相当普遍,即使提前预约也往往在一周以内。

另外,职业人在时间分配上往往公私不分,下班以后谈公事或是上班时间谈私事都是寻常之事。

7. 礼尚往来

西方人(除拉美人)不是很重视礼尚往来,尽管他们也常常在节日、生日和拜访时向亲朋好友赠送礼物。但是他们一般不看重礼品的价值(因而喜欢赠送一些小礼物),认为向朋友赠送礼物不是为了满足朋友的某种需求,而只是为了表达感情。而中国人大多比较看重礼品的价值,礼品的价值一定程度上代表了送礼人的情意。

另外,在送礼的方式上,东西方也存在明显的差异。西方人在收到礼物的时候,一般要当着送礼人的面打开礼物包装,并对礼物表示赞赏。如果不当面打开礼物包装,送礼人会以为对方不喜欢他(她)送的礼物。

而我们大多不会当着送礼人的面打开礼物包装,除非送礼人要求对方这么做。这么做的目的是为了表示自己看重的是相互间的情谊,而不是物质利益,如果当着送礼人的面打开礼物包装,就有重利轻义的嫌疑。

(资料来源:http://www.chinaliyi.cn/2-liyiyushijian-11.htm)

案例　落地的筷子

某高级饭店,众多的宾客在恭维台湾吴老先生来大陆投资,吴老先生神采飞扬,高兴地应承着这些祝贺的话。宾主频频碰杯,服务小姐忙进忙出,热情服务。

不料,过于周到的服务小姐偶一不慎,将桌上的一双筷子拂落在地。"对不起!"小姐忙道歉,随手从邻桌上拿过一双筷子,褪去纸包,搁在吴老先生的台上。

吴老先生的脸上顿时多云转阴,煞是难看,默默地注视着服务小姐的一连贯动作,刚举起的酒杯一直停留在胸前。众人看到这里,纷纷帮腔,指责服务小姐。

小姐很窘,一时不知所措。

吴老先生终于从牙缝里挤出了话:"晦气,"顿了顿:"唉,你怎么这么不当心,你知道吗?这筷子落地意味着什么吗?"边说边瞪大眼睛:"落地即落第,考试落第,名落孙山,倒霉呀,我第一次在大陆投资,就这么讨个不吉利。"

服务小姐一听更慌了。"对不起!对不起!",手足无措中,又将桌上的小碗打碎在地。

服务小姐尴尬万分,虚汗浸背,不知如何是好,一桌人也有的目瞪口呆,有的吵吵嚷嚷地恼火,有的……

就在这时,一位女领班款款来到客人面前,拿起桌上的筷子,双手递上去,嘴里发出一阵欢快的笑声:"啊,吴老先生。筷子落地哪有倒霉之理,筷子落地,筷落,就是快乐,就是快快乐乐。"

"这碗么,"领班一边思索,同时瞥了一眼服务小姐,示意打扫碎碗。服务员顿时领悟,连忙收拾碎碗片。"碗碎了,这也是好事成双,我们中国不是有一句老话吗——岁岁平安,这是吉祥的兆头,应该恭喜您才是呢。您老这次回大陆投资,一定快乐,一定平安。"

刚才还阴郁满面的吴老先生听到这话,顿时转怒为喜,马上向服务小姐要了一瓶葡萄酒,亲自为女领班和自己各斟了满满一杯。站起来笑着说:"小姐,你说得真好!借你的吉言和口彩,我们大家快乐、平安,为我的投资成功,来干一杯!"

(资料来源:罗树宁主编:《商务礼仪与实训》[M],化学工业出版社,2008年版)

案例思考题

为什么说"语言能力即交际能力"?

练习与思考

一、名词解释

语言交际　交谈　商务演讲　仪态

二、填空题

1. 在别人面前称呼自己的父母,可以用_____,对别人的父母,则可用_____。
2. 在较为正式的场合,通常坐下之后应占据座位的_____比例。
3. 一般来讲,目光的使用区域可以分为_____、_____、_____3个区域。
4. 行进时,双手的摆动应以肩关节为轴,上臂带动前臂,前后自然摆动,摆幅以_____度为宜。
5. 站立时,应注意两脚跟相靠,脚尖开度为_____度。

三、单项选择题

1. 下面是某商场营业员对顾客的问询,最能让顾客接受的是( )。
   A. 你要什么　　　　　　　　　B. 你要干什么
   C. 你要买什么　　　　　　　　D. 你要看点什么
2. 作为交谈一方的听众,最入耳的一句话是( )。
   A. 你懂不懂呀　　　　　　　　B. 你听懂没有
   C. 你听明白没有　　　　　　　D. 我说清楚了吗
3. 在比较重要的场合,( )才能得到别人的尊重。
   A. 见人就谈个人问题　　　　　B. 谈话格调不高
   C. 背后说领导同事同行　　　　D. 不随便非议交往对象
4. 入座和离座的时候,一般要求是( )。
   A. 左进右出　　　　　　　　　B. 左进左出
   C. 右进右出　　　　　　　　　D. 右进左出
5. "OK"的手势在美国表示为( )。
   A. "赞扬"、"了不起"、"好"　　B. "零"或"无"
   C. 正确　　　　　　　　　　　D. 金钱

四、多项选择题

1. 在社会活动的各种交谈中,涉及应当忌谈的主题是( )。
   A. 个人隐私的　　　　　　　　B. 捉弄对方的
   C. 非议他人的　　　　　　　　D. 倾向错误的
   E. 令人反感的
2. 有客人来访,与客人说话时应注意( )。
   A. 不要当客人面与家人争执　　B. 不要边谈话边忙着做其他事
   C. 不要谈自己感兴趣的新闻　　D. 不要谈自己的工作
   E. 不要谈客人家里的事

3. 交谈中的拒绝艺术,体现在(　　)。
   A. 该说"不"时就说"不"　　　　B. 巧言诱导,委婉拒绝
   C. 道名原委,互相理解　　　　D. 善意谎言,回避问题
   E. 直接拒绝
4. 根据商务仪态礼仪的要求,错误的坐姿有(　　)。
   A. 两膝分开,脚尖朝内,脚跟朝外呈"八"字形
   B. 双膝并拢,小腿分开超过肩宽,形成"人"字形
   C. 把脚架在椅子或沙发扶手上或藏在坐椅下
   D. 架"二郎腿"
   E. 双手抱膝盖,或置于臀部下面
5. 眼神的基本规范主要包括(　　)的要求。
   A. 注视时间　　　　　　　　　B. 注视区域
   C. 注视角度　　　　　　　　　D. 注视方式
   E. 注视范围

五、简答题
1. 如何使用交谈技巧?
2. 商务演讲的常见形式有哪些?
3. 请简要说明得体的行姿有哪些要求?
4. "三度"微笑的要求分别是什么?

六、论述题
如何在社交活动中正确使用表情和手势?

第四章 商务见面礼仪

 学习目标

学完本章,你应该能够:
1. 根据场合正确地对他人进行称呼
2. 正确地自我介绍和为他人作介绍
3. 掌握握手、致意与鞠躬礼仪
4. 正确地使用名片
5. 掌握商务见面的实践运用

 基本概念

称呼 自我介绍 致意

商务见面礼仪主要表现为称呼、相互介绍、问候、递送名片、握手、致意等礼仪,它是商务人员基本的礼仪规范,是衡量商务人员基本素质的最重要指标。掌握正确的商务见面礼仪,能使商务人员展现自身的修养,增强沟通能力,从而能有效地推动商务活动的顺利进展。

第一节 称呼与介绍

一、称呼

称是指名称、称谓。呼是指叫、呼唤,即对人的叫法。称呼指的是人们在日常交往应酬之中,所采用的彼此之间的称谓语,包括表示彼此关系的名称,对方姓名、职务、身份的名称等。称呼是一种友好的问候,是人际交往的"开路先锋"。正确、适当的称呼如同人际关系的润滑剂,将有利于进一步的沟通交往。同时,它反映出好恶、亲疏等情感,是一个人的修养、见识的完全表现,甚至还体现着双方关系发展所达到的程度和社会风尚。在工作岗位上,商务人员彼此之间的称呼是有其特殊性的,总的要求是要庄重、正式、规范。

合适的称呼是交往中的一种礼节。每个人都希望被他人尊重,所以合乎礼节的称呼,一方面表达出对他人的尊重,另一方面也表现出自己的教养和礼貌。

(一)称呼的类型

称呼可分为职务性称呼、职称性称呼、行业性称呼、性别性称呼、姓名性称呼等。商务人员应视不同的情况,对他人进行正确的称呼。

1. 职务性称呼

这种情况多用于工作单位之中谈论公事之用,而在日常生活或其他场所可以用别的称谓。

(1)以交往对象的职务相称,如"部长"、"经理"、"主任"等,以示身份有别、敬意有加,这是一种最常见的称呼。

(2)在称呼职务前加上姓氏,如"隋处长"、"马委员",显示了说话人对对方身份的熟知和地位的肯定。

(3)在职务前加上姓名,如"薄熙来市长",这仅适用极其正式的场合。

2. 职称性称呼

对于具有职称者,尤其是具有高级、中级职称者,在工作中直接以其职称相称。以职称相称,也有下列三种情况较为常见。

(1)仅称职称,如"教授"、"律师"、"工程师"等。

(2)在职称前加上姓氏,如"钱编审"、"孙研究员"。有时,这种称呼也可加以约定俗成的简化,如可将"吴工程师"简称为"吴工"。但使用简称应以不发生误会、歧义为限,如简称"范局长"为"范局",易使人理解成"饭局"。

(3)在职称前加上姓名,它适用于十分正式的场合,如"安文教授"、"杜锦华主任医师"、"郭雷主任编辑"等。

3. 学衔性称呼

在工作中,以学衔作为称呼,可增加被称呼者的权威性,有助于增强现场的学术气氛。称呼学衔,也有四种情况使用最多。它们分别是:

(1)仅称学衔,如"博士"。

(2)在学衔前加上姓氏,如"杨博士"。

(3)在学衔前加上姓名,如"劳静博士"。

(4)将学衔具体化,说明其所属学科,并在其后加上姓名,如"史学博士周燕"、"法学学士李丽珍"等。此种称呼最为正式。

4. 行业性称呼

在工作中,有时可按行业进行称呼。它具体又分为两种情况:

(1)称呼职业,即直接以被称呼者的职业作为称呼。例如,将教员称为"老师",将专业辩护人员称为"律师",将会计师称为"会计",等等。在一般情况下,在此类称呼前,均可加上姓氏或姓名。

(2)称呼"小姐"、"女士"、"先生"。对商界、服务业从业人员,一般约定俗成地按性别的不同分别称呼为"小姐"、"女士"或"先生"。其中,"小姐"、"女士"两者的区别在于:未婚者称"小姐",已婚者或不明确其婚否者则称"女士"。在公司、外企、宾馆、商店、餐馆、歌厅、酒吧、寻呼台、交通行业,此种称呼极其通行。

5. 姓名性称呼

在工作岗位上称呼姓名,一般限于同事、熟人之间。对于地位、身份、辈分高者不适用。其具体方法有三种:

(1) 直呼姓名。

(2) 只呼其姓,不称其名,但要在它前面加上"老"、"大"、"小"。

(3) 只称其名,不呼其姓,通常限于同性之间,尤其是上司称呼下级、长辈称呼晚辈之时。在亲友、同学、邻里之间,也可使用这种称呼。

(二) 称呼的原则

1. 使用敬称

(1) 商务人员要有称呼他人的意识。逢人就叫"喂",对他人不使用称呼,这是极度不尊重他人的无理表现。

(2) 商务人员对称呼交往的对象要尊敬。对年长者、知名人士要用尊称,如正式的礼仪场合可称"您老"。对上级领导者或其他单位负责人,可称其职务。对职务低于自己的,也要选择有敬重含义的称呼,一般不宜直呼其名。在职务、职称的称呼中,对于副职的称呼尤其要注意,一般情况,称呼他人就高不就低。例如,对方为副教授,称呼其教授。对方为副处长,称呼为处长。对方为副经理,称呼为经理。

(3) 商务场合,不使用庸俗低级的称呼。例如,"哥们儿"、"姐们儿"、"瓷器"、"死党"等一类的称呼,就显得庸俗低级,档次不高;逢人便称"老板",也显得不伦不类。

2. 核实身份

称呼他人前,要清楚他人的身份,切莫张冠李戴。不要使用错误的称呼。这主要是由于粗心大意、用心不专造成的。常见的错误称呼有两种:

(1) 误读,一般表现为念错被称呼者的姓名。

(2) 误会,主要指对被称呼者的年纪、辈分、婚否,以及与其他人的关系作出了错误判断。比如,将未婚妇女称为"夫人",就属于误会。

3. 注意顺序

商务人员若同时需要对多人进行称呼时,一般来说应遵循先长后幼、先上后下、先疏后亲的顺序。

4. 注意场合

根据社交场合和实效对象的具体情况,考虑称谓的使用。比如,在正式商务、社交场合,即使对方与自己有一些间接的亲属关系,一般也不用亲属称谓,而是用职业或职务称谓。同一个称呼,在有些场合中使用就合适,换一个场合就不合适。比如,在一般场合叫"奶奶"、"妈妈",自然而亲切,叫"祖母"、"母亲",就生硬别扭;如果在一些比较庄重的场合,则以后者为宜。又如,一个人兼有几种身份,对他的称呼也要因时、因地而定。

5. 注意表情、语气

准确称呼别人时,带有感情色彩也是非常重要的。特别是称呼地位比较高的人时,眼神、表情、语音的高低及腔调等都非常关键。如果声音比较低沉、语气比较平静,对方以及在场的人士会觉得你要么没礼貌,不懂得尊重别人,不是性格内向、表现拘谨,就是不够大方。称呼任何人时,都要注意自己的表情和声音,让在场的人感觉到你既热情大方,又不卑不亢。

称呼的注意事项:

(1) 称呼随时代而变化。有些称呼带有时代的烙印,改革开放以后,对年轻女孩称呼"小姐"的外国习惯也流传到了内地,而从事餐厅服务员的又以年轻女性为多,所以人们把年轻的女服务员也开始称作"小姐"。但后来由于"小姐"一词特殊的含义,助理、秘书等职场女性,而更愿意被称其职务,而不愿被称为"小姐"。

(2) 不使用绰号作为称呼。称呼别人的绰号,有时有亲切感,然而对于关系一般者,切勿自作主张给对方起绰号,不要随便拿别人的姓名乱开玩笑,更不能随意以道听途说来的对方的绰号去称呼对方。严禁以他人生理缺陷为绰号,这是对他人人格的侮辱,是缺乏教养的表现。因此,为避免"祸从口出",尽量不以绰号称呼对方。

(3) 不使用引起他人误解的称呼语句。例如,对方姓王,称呼时就不能说"你是老王吧(八)?"对方姓刘,见面时不能问"老刘忙(流氓)吗?"

二、介绍

现代职业人士要生存、发展,就需要与他人进行必要的沟通,以寻求理解、帮助和支持。商务活动是与人交往的艺术,介绍是人际交往中与他人进行沟通、增进了解、建立联系的一种最基本、最常规的方式,是人与人进行相互沟通的出发点。在商务、社交场合,如能正确地利用介绍,不仅可以扩大自己的交际圈、广交朋友,而且有助于自我展示、自我宣传,在交往中消除误会、减少麻烦。

(一) 自我介绍

自我介绍,即将本人介绍给他人。在社交活动中,如欲结识某些人或某个人,而又无人引见,如有可能,即可向对方自报家门,自己将自己介绍给对方。自我介绍是推销、展示自身形象和价值的一种必要的社交手段和方法。良好的自我介绍有利于更好地打开自己的知名度,形成广阔的人际网络。

1. 自我介绍的场合

何时需要进行自我介绍?这是最关键,而往往被人忽视的问题。在下面场合,有必要进行适当的自我介绍。

(1) 在商务或社交场合,与不相识者相处时,对方表现出对自己感兴趣,而可作自我介绍时。

(2) 在公共聚会上,与身边的陌生人组成了交际圈,并打算介入此交际圈时。

(3) 交往对象因为健忘而记不清自己,或担心这种情况可能出现时,不要做出提醒式的询问,最佳的方式是直截了当地再自我介绍一次。

(4) 有求于人,而对方对自己不甚了解,或一无所知时。
(5) 拜访熟人遇到不相识者挡驾,或是对方不在,而需要请不相识者代为转告时。
(6) 前往陌生单位,进行业务联系时。
(7) 在出差、旅行途中,与他人不期而遇,并且有必要与之建立临时接触时。
(8) 因业务需要,在公共场合进行业务推广时。
(9) 初次利用大众传媒向社会公众进行自我推荐、自我宣传时。

2. 自我介绍的形式

自我介绍的内容,可根据实际的需要、所处的场合而定,要有鲜明的针对性。

(1) 应酬式。适用于某些公共场所和一般性社交场合,自己并无与对方深入交往的愿望,作自我介绍只是向对方表明自己的身份。这种自我介绍最为简洁,往往只包括姓名一项即可,如"你好,我叫张强"、"你好,我是李波"。

(2) 工作式。如因商务、工作需要与人交往,作自我介绍就应稍详细些。它包括本人姓名、供职单位及其部门、职务或从事的具体工作等,如"你好,我叫张强,是金洪恩电脑公司的销售经理"、"我叫李波,我在北京大学中文系教外国文学"。

(3) 交流式。适用于社交活动中,希望与交往对象进一步交流与沟通,自我介绍就需更详细些。它大体应包括介绍者的姓名、工作、籍贯、学历、兴趣及与交往对象的某些熟人的关系,如"你好,我叫张强,我在金洪恩电脑公司工作,我是李波的老乡,都是北京人"、"我叫王朝,是李波的同事,也在北京大学中文系,我教中国古代汉语",还应该在介绍完时表示"请多多指教"。另外,重要的是使对方记住自己的名字,因此要对自己姓名的字,尤其是生僻字,加以必要的解说。

(4) 礼仪式。适用于讲座、报告、演出、庆典、仪式等一些正规而隆重的场合。包括姓名、单位、职务等,同时还应加入一些适当的谦辞、敬辞,如"各位来宾,大家好!我叫张强,我是金洪恩电脑公司的销售经理,我代表本公司热烈欢迎大家光临我们的展览会,希望大家……"

(5) 问答式。适用于应试、应聘和公务交往。问答式的自我介绍,应该是有问必答,问什么就答什么。主考官问:"请问您贵姓?"应聘者答:"先生您好!我叫张强。"主考官问:"请介绍一下你的基本情况。"应聘者答:"各位好!我叫李波,现年26岁,河北石家庄市人,汉族,……"

3. 自我介绍原则

作自我介绍的目的是为了使他人知晓你、了解你,为了使自我介绍达到满意的效果。因此,介绍时应遵循以下原则,这样可以避免不必要的尴尬。

(1) 注意时机。自我介绍要抓住时机,在适当的场合进行,应在对方有空闲,且情绪较好,又有兴趣时进行,这样就不会打扰对方。当对方无兴趣、无要求、心情不好,或正在休息、用餐、忙于处理事务时,切忌去打扰,以免尴尬。不要中止别人的谈话而介绍自己,要等待适当的时机,否则将引起对方不快,反而不利于进一步沟通。此外,如果有介绍人在场,自我介绍则被视为不礼貌的,显得对介绍人不够尊重。

(2) 讲究态度。态度一定要自然、友善、亲切、随和,应镇定自信、落落大方、彬彬有礼,要表示自己渴望认识对方的真诚情感。自我介绍的第一句寒暄话通常是:"你好!",应当先问好,再介绍,语气要自然、语速要正常、语音要清晰。在自我介绍时,镇定自若、潇洒大方,有助于给人以好感。相反,如果流露出畏怯和紧张,结结巴巴、目光不定、面红耳赤、手忙脚乱,则会为他人所轻视,彼此间的沟通便有了阻隔。态度不要轻浮或过分夸张,要尊重对方,如大力握手或热情拍打对方手背的动作,可能会使对方感到诧异和反感。无论男女都希望别人尊重自己,因此在自我介绍时,表情一定要庄重。

(3)注意时间。自我介绍时要简洁、言简意赅,尽可能地节省时间,以半分钟左右为佳。不宜超过一分钟,而且愈短愈好。话说得多了,不仅显得啰嗦,而且交往对象也未必记得住。为了节省时间,作自我介绍时,还可利用名片、介绍信加以辅助。

(4)注意内容。自我介绍的内容包括三项基本要素:本人的姓名、所在的单位,以及具体部门、担任的职务和所从事的具体工作。这三项要素,在自我介绍时,应一口气连续报出,这样既有助于给人以完整的印象,又可以节省时间,不说废话。要真实诚恳、实事求是,不可自吹自擂、夸大其词。

(5)注意方法。进行自我介绍,应先向对方点头致意,得到回应后再向对方介绍自己。应善于用眼神表达自己的友善,表达关心及沟通的渴望。如果你想认识某人,最好预先获得一些有关他的资料或情况,诸如性格、特长及兴趣爱好。这样在自我介绍后,便很容易融洽交谈。在获得对方的姓名之后,不妨口头加重语气重复一次,因为每个人最乐意听到自己的名字。

(二)介绍他人

介绍又被称为"穿针引线"或"搭起友谊之桥"。介绍他人是作为第三方为彼此不相识的双方引见、介绍的一种方式。在一般情况下,介绍他人是双向的,即第三者对被介绍的双方都作一番介绍。有些情况下,也可只将被介绍者中的一方向另一方介绍。但前提是前者已知道、了解后者的身份,而后者不了解前者。

为他人作介绍的介绍者,通常是由商务、社交活动中的东道主,商务交往中的礼仪专职人员,或者正式活动中地位、身份较高的人士担任。如熟悉被介绍的双方,又应一方或双方的要求,也可充当介绍人。为使被介绍双方愉快地结识,介绍者之前要事先酝酿,准确了解双方各自的身份、地位等基本情况,并了解介绍他人的规范和程序,认真做好介绍。

1. 介绍的顺序

(1)为双方作介绍。为他人作介绍时,必须遵守"尊者有优先知情权"的规则。即应把年轻者介绍给年长者,把职务低者介绍给职务高者,把男士介绍给女士,把家人介绍给同事、朋友,把未婚者介绍给已婚者,把后来者介绍给先到者。若所要介绍的双方符合其中两个或两个以上顺序时,我国一般以先职位再年龄,先年龄再性别的顺序做介绍。例如,要为一位年长的职位低的女士和一位年轻的职位高的男士作介绍时,应该将这位女士先介绍给这位男士。而在西方社会奉行的惯例,则是"女士优先",即应将这位男士先介绍给这位女士。

(2)为集体作介绍,注意把贵宾由职位高到低依次介绍。在一般没有明显高低长幼客人的社交场合,也可淡化高低次序,而是按位置顺序一一介绍。

2. 介绍的礼仪

(1) 征求同意。介绍者为被介绍者介绍之前,一定要征求一下被介绍双方的意见,切勿上去开口即讲,显得很唐突,让被介绍者感到措手不及。绝不能用命令口气,如"小王,来见见张小姐"。被介绍者在介绍者询问自己是否有意认识某人时,一般不应拒绝,而应欣然应允。实在不愿意时,则应说明理由。

(2) 动作文雅。为他人作介绍时,手势动作应文雅,无论介绍哪一方,都应手心朝上、手背朝下、四指并拢、拇指张开,指向被介绍的一方,并向另一方点头微笑、顺序介绍。必要时,可以说明被介绍的一方与自己的关系,以便新结识的朋友之间相互了解和信任。介绍具体人时,要有礼貌地用手掌示意,不能用手指指人。

(3) 语言清晰、友善。介绍时不要含糊其辞,应准确、清晰、完整地介绍被介绍者的身份和姓名。例如,介绍第一遍称呼对方"××是作协的",别人会误认为是"做鞋的",应该准确地说是"中国作家协会的"。此外,介绍时语言应友善、平等,切勿把介绍的双方弄得感情不平衡,如称一方为"我的朋友",另一方为"我的好朋友"。

(4) 态度热情。介绍人和被介绍人都应起立,以示尊重和礼貌。在介绍时除女士和长者之外,其余的人都应当站立起来。在宴会、会议桌、谈判桌上,介绍人和被介绍人若不方便起立,则应点头微笑致意。如果被介绍双方相隔较远,中间又有障碍物,可举起右手致意,或点头微笑致意。

待介绍人介绍完毕后,被介绍的一方应当表现出结识对方的热情,双方都要正面地面对着对方,微笑点头示意或握手致意。并且彼此问候对方,问候语如"你好!很高兴认识你"、"久仰大名"、"幸会幸会"等。必要时,还可以更深入地作自我介绍。

第二节 握手、致意与鞠躬

常言道:礼多人不怪。与陌生人初次相识,或与熟人见面,都少不了礼节。在商务交往中,商务人员经常通过握手、致意、鞠躬等形式来表达对他人的善意与敬意。正是这些优雅的举手投足,为他们获得尊重、增加魅力、赢得友谊。

一、握手

在商务、社交等场合中,握手是十分重要的一个部分。通常,和人初次见面、熟人久别重逢、告辞或送行都可以握手表示自己的善意。握手除是见面的一个礼节外,还是一种祝贺、感谢或相互鼓励的表示。例如,对方取得某些成绩与进步时;对方赠送礼品时;以及发放奖品、奖状、发表贺词讲话后等,均可以握手来表示祝贺、感谢、鼓励等。有些特殊场合,双方交谈中出现了令人满意的共同点时,或双方原先的矛盾出现了某种良好的转机或彻底和解时,习惯上也以握手为礼。

美国著名盲聋女作家海伦·凯勒说:"我接触过的手有拒人千里之外的;也有些人的手充满阳光,你会感到很温暖……"握手的力量、姿势、时间的长短等往往能够表达出对对方的不同礼遇与态度,显露出自己的个性,给人留下不同印象。商务人士也可通过握手了解对方的个性,从而赢得交际的主动。

1. 握手的顺序

(1) 两人握手的先后顺序为:男女之间,男方要等女方先伸手后才能握手,如女方不伸手,无握手之意,可用点头或鞠躬致意;长幼之间,年幼的要等年长的先伸手;上下级之间,下级要等上级先伸手,以示尊重。当然,握手的顺序也并非绝对,在公务场合,握手时伸手的先后次序主要取决于职位、身份;在社交、休闲场合,它主要取决于年龄、性别、婚否。

(2) 如果需要和多人握手,握手时要讲究先后次序,由尊而卑,多人同时握手切忌交叉,要等别人握完后再伸手。交际时,如果人数较多,可以只跟相近的几个人握手,向其他人点头示意,或微微鞠躬就行。

(3) 在接待来访者时,握手这一问题变得特殊一些:当客人抵达时,应由主人首先伸出手来与客人相握,表示"欢迎"。而在客人告辞时,就应由客人首先伸出手来与主人相握,表示"再见",否则有逐客的嫌疑。

值得注意的是,握手时的先后次序不必处处苛求于人。如果自己是尊者或长者、上级,而位卑者、年轻者或下级抢先伸手时,最得体的就是立即伸出自己的手,进行配合,而不要置之不理,使对方当场出丑。

2. 握手的礼仪

(1) 握手的姿势。在商务场合握手的标准方式,是行礼时行至距握手对象约1米处,双腿立正,上身略向前倾,伸出右手,四指并拢,拇指张开与对方相握,握手时用力适度,上下稍晃动3~4次,随即松开手,恢复原状。握手时,双方神态要专注、热情、自然、面含笑容,目视对方双眼,同时向对方问候。但切忌左顾右盼、心不在焉、用眼睛寻找他人,而冷落对方。握手时,双目要注视对方,不要看着他处或和其他人说话,否则对别人很不尊重。

商务人员应当避免倨傲式握手,即在握手时掌心向下,表现出一种支配和驾驭感,这是不礼貌的。特别是对待上级或长辈,这种握手方式易引起反感。

(2) 握手的时机。握手之前要审时度势,听其言观其行,留意握手信号,选择恰当时机。尽量避免出手过早,造成对方慌乱,也避免几次伸手相握均不成功的尴尬局面。为了避免尴尬场面发生,在主动和人握手之前,应想一想自己是否受对方欢迎,如果已经察觉对方没有要握手的意思,点头致意或微鞠躬就行了。

(3) 握手的时间。握手时间长短的控制可根据双方的亲密程度灵活掌握。关系亲近的人可以长久地把手握在一起。初次见面者,握两三下即可,时间一般控制在三五秒钟以内。握手时间过短,握手时两手一碰就分开,漫不经心地用手指尖"蜻蜓点水"式去点一下,会被人认为傲慢冷淡、敷衍了事,好像在走过场,又像是对对方怀有戒意。而握手时间过久,特别是拉住异性或初次见面者的手长久不放,显得有些虚情假意,甚至会被怀疑为"想占便宜",应避免此种"马拉松式"的握手。

(4) 握手的力度。握手时,为表示热情友好,应当稍许用力,力度一般不超过2公斤,以不握痛对方的手为限度。切记不可用力过猛,甚至握得对方感到疼痛,即"野蛮式握手"。男子与初识的女士握手,不能握得太紧,轻轻握一下即可。握手时,用力需适度,避免死鱼式握手,即完全不用力或柔软无力地同人握手,会给人造成缺乏热忱或敷衍之感。

握手的注意事项:

(1) 一般情况下,不要拒绝和别人握手,有手疾或汗湿、弄脏了,要和对方说一下"对不起,我的手现在不方便",以免造成不必要的误会。忌用左手同他人握手,除非右手有疾。在这种特殊情况下,应向对方说明原因并道歉。握手时,另外一只手不要插在口袋里或拿着东西。商务人士时刻保持手部的清洁、温暖,避免留又尖又长的指甲。

(2) 握手时,应先脱下手套,摘掉帽子和墨镜。在社交场合中,女士戴薄纱手套或网眼手套可以不摘而握手。另外,在极其寒冷的室外握手时,为了体现"尊重女性的原则",女士可不必摘手套,而男士则一定要摘下手套,以示对对方的尊重。

(3) 与客人见面或告辞时,不能跨门握手,要么进屋,要么在门外与客人握手。

(4) 除非是年老体弱或有残疾的人,一般要求站立而不能坐着握手。

(5) 不可在与他人握手之后,立即擦拭自己的手掌,有嫌他人手脏之意。

二、致意

致意,又被称作"袖珍招呼",人们见面之后通过点头、微笑、挥手等传达问候之意,向对方表示友好和尊重,通常用于相识的人之间在各种场合打招呼。

一般情况下,致意的顺序为"位卑者先向尊者致意"。即下级先向上级致意,年轻者先向年长者致意,男士应先向女士致意,学生先向老师致意。若想多人致意,则应按先长后幼、先女后男、先疏后亲的顺序。

1. 致意的形式

致意形式多样,具体有起立致意、举手致意、点头致意、欠身致意、脱帽致意等。在同一时间里,对同一人施礼,可只选择一种,也可数种兼用,如微笑、点头、欠身,可一气呵成,关键看对方是谁及致意人向对方表达友善之意想达到何种程度。

(1) 起立致意:常用于集会时,对报告人到场或重要来宾莅临时致敬。平时坐着的下级、晚辈看到刚进屋的上级、长辈,也应起立表示自己的敬意。

(2) 举手致意:一般不必出声,只将右臂微屈,掌心朝向对方,轻轻摆一下手即可,不要反复摇动。举手致意,适于向距离较远的熟人打招呼。

(3) 点头致意:适于不宜交谈的场合。例如,在会议、会谈的进行中,与相识者在同一地点多次见面,仅有一面之交者在社交场合相逢,忘记对方姓名或只觉得对方面熟时都可以点头为礼。点头致意的方法:头微微向下一动,不必幅度太大。

(4) 欠身致意:即全身或身体的一部分微微向前一躬,它作为一种致意方式,表示对他人的恭敬,其适用的范围较广。

(5) 脱帽致意:朋友、熟人见面若戴着有檐的帽子,则以脱帽致意最为适宜。其方法是：微微欠身，用距对方稍远的一只手脱下帽子，将其置于大约与肩平行的位置，同时与对方交换目光。若自己一只手拿着东西，则应以另一只空着的手去脱帽。若是熟人、朋友迎面而过，可以只轻掀一下帽子致意即可。脱帽的同时别忘了问好。戴的是无檐帽，就不必脱帽，只需欠身致意即可。

2. 致意的礼仪

（1）致意的动作不可以马虎，或满不在乎。必须是认认真真的，以充分显示对对方的尊重。

（2）致意时要文雅，一般不要在致意的同时，向对方高声叫喊，以免妨碍他人。

（3）致意时要面带微笑，这是对人的礼貌，不可面无表情。

（4）遇到身份较高者较忙，不应立即起身去向对方致意，而应在对方的应酬告一段落之后，再上前致意。

（5）在餐厅等场合，若男女双方不十分熟悉，一般男士不必起身走到跟前去致意，在自己座位上欠身致意即可。

（6）如果对方先向自己致意，应该报以同样的致意形式，毫无反应是失礼的。

（7）不宜叼着香烟或手插在口袋里与人致意。

三、鞠躬

鞠躬主要表达"弯身行礼，以示恭敬"的意思。鞠躬礼是表达对别人恭敬的一种礼节，适用于庄严肃穆、喜庆欢乐的仪式。在商务、社交场合，鞠躬常用于下级对上级、晚辈对长辈、学生对老师表达由衷的敬意。有时，鞠躬还用于向他人表达深深的感激之情。鞠躬在东南亚一些国家较为盛行，也是日本、韩国、朝鲜等国家传统的、普遍使用的一种礼节。因此，商务人员在接待这些国家的客户时，可以行鞠躬礼。

1. 鞠躬的顺序

在商务、社交场合，地位较低的人要先鞠躬，受鞠躬后应还以鞠躬礼，地位较低的人鞠躬要相对深一些。

2. 鞠躬的姿势

鞠躬是对他人的极其尊重的一种礼节，行鞠躬礼时要掌握以下要领：首先，呈立正姿势，两腿并拢，保持身体的端正；面带笑容，目视受礼者；男士双手自然下垂，贴放于身体两侧裤线处；女士的双手下垂，搭放在腹前（右手搭在左手上）。然后，以腰部为轴，上身前倾弯腰，目光向下，脖子不可伸得太长，不可挺出下颏，耳和肩在同一高度，低头比抬头慢。

3. 鞠躬的幅度

下弯的幅度可根据施礼对象和场合决定鞠躬的度数。与客户交错而过时，面带微笑，行15度鞠躬礼。接送重要客户时，行30度鞠躬礼。初见或郑重地感谢客户时，行45度鞠躬礼。

4. 鞠躬的目光

鞠躬时目光应该向下看，表示一种谦恭的态度，不可以一面鞠躬一面翻起眼睛看着对方。鞠躬礼毕直起身时，双眼应该有礼貌地注视着对方，如果视线移向别处，即使行了鞠躬礼，也不会让人感到是诚心诚意的。

　　5. 鞠躬的仪态

　　一般情况下，鞠躬时必须脱下帽子，因戴帽鞠躬是不礼貌的。鞠躬时，嘴里不能吃东西或叼着香烟。若是迎面相遇，在鞠躬后，向右边跨出一步，给对方让开路。

第三节　名片礼仪

　　中国有句俗话叫"人过留名，雁过留声"。在商务、社交等场合，与他人初次相识，往往要互呈名片。名片除了记录彼此的联络方法，免除对方的动手之苦，也是开始商务活动的敲门砖和伏笔。名片已成为当前人们社交活动的重要工具，使用已经非常普及。

一、名片的用途

　　在当代社会生活中，名片是商务人士最重要的书面介绍材料，是自我介绍信和商业社交活动的联谊卡。名片具有介绍、沟通、留存纪念等多种功能，运用十分广泛，具体包括下列用途。

　　1. 常规用途

　　（1）自我介绍。见面时，名片是最重要的自我介绍辅助工具。初次与交往对象见面时，除了必要的口头自我介绍外，还可以名片作为辅助的介绍工具。这样不仅能向对方明确身份，而且还可以节省时间，强化效果。

　　（2）结交他人。在社交活动中如欲结识某人，往往可以本人名片表示结交之意。主动递交名片给初识之人，既意味着信任友好，又暗含"可以交个朋友吗？"之意。在这种情况下，对方一般会"礼尚往来"，从而完成双方结识交往的第一步。

　　（3）保持联系。大多名片都将一般的联络方式印在其上，可以时刻提醒持有人知道你是谁，如何与你联系。同时，利用他人在名片上提供的联络方式，即可与对方取得并保持联系，促进交往。

　　（4）通报变更。一般人如果变换了单位、调整了职务、改动了电话号码或乔迁至新址后，都会重新制作自己的名片。向惯常的交往对象递交新名片，就能把本人的最新情况通报对方，以一种更简单的方式避免联系上的失误。

　　2. 特殊用途

　　（1）充当礼单。以私人身份向他人馈送礼品时，可将本人的社交名片充当礼单，置于礼物包装之内，或装入一个不封口的信封中，再将该信封固定于礼品外包装的上方，说明"此乃何人所赠"。

　　（2）介绍他人。如欲向自己相识之人介绍某人，亦可使用名片。具体做法是：在自己名片的左下角写上"p. p."，然后在后面附上被介绍人的名片，并由被介绍人交给对方，或直接邮寄给对方。在把名片交给被介绍人之后，介绍者应当先用电话告诉对方，避免产生尴尬。

　　（3）简短留言。如拜访某人不遇，或需要向某人传达某事而对方不在时，可留下自己的名片,并在名片上简单写上具体事由,然后委托他人转交。这样做,会使对方"如闻其声,如见其人",不至于误事。

(4)拜会他人。在初次前往他人工作单位或私人居所进行正式拜访时,可先把本人名片交于对方的门卫、秘书或家人,然后由其转交给拜访之人,意即"我是×××,我可以拜访您吗?"对方确认了拜访者的实际身份后,再决定双方是否见面。这种做法比较正规,可避免冒昧造访。

二、名片的内容

名片是"第二身份证",名片是商务人士身份的象征。名片就像一个人的履历表,递送名片的同时,也是在告诉交往对象自己是谁、在何处任职及如何联络。商务人士在商务、社交活动中,可根据交往对象的不同,而有选择地提供个人信息。

1. 社交名片内容

社交名片,亦称私用名片,指在工作之余,以私人身份在社交场合进行交际应酬时所使用的名片。社交名片只用于社交场合,通常与工作无关,因此一般不印有工作单位及职务,以示"公私有别"。

社交名片的基本内容包括两个部分:一是本人姓名,姓名之后无需添加任何头衔。二是联络方式,以较小字体印在名片右下方。如果本人不喜欢被外界打扰,则可根据具体情况对自己的联络方式的内容有所删减。必要时,可以不印任何联络方式,而仅留姓名一项内容。

2. 工作名片内容

一张标准的工作名片,其内容按惯例应由具体归属、本人称呼、联络方式等三项基本内容构成。

(1)具体归属。它由供职单位、所在部门等内容组成,两者均应采用正式的全称。一张名片上所列的单位或部门不宜多于两个。如果确实有两个以上的供职单位和部门,或同时承担着不同的社会职务,则应分别印制不同的名片,并根据交往对象、交际内容的不同分发不同的名片。具体归属一般印于名片的左上角位置。

(2)本人称呼。它应由本人姓名、行政职务、技术职务、学术头衔等几个部分所构成。本人称呼一般印于名片正中央位置。从商务角度来看,名片的内容宁可印得实一些,不要太虚,太虚反而得不到别人的尊重。因此,名片上所列的行政职务一般不宜多于两个,且应与同一名片上的具体归属相对应。

(3)联络方式。它通常由单位地址、邮政编码、办公电话等内容构成,家庭住址、住宅电话则不宜列出。至于传真号码、手机号码、互联网址等内容,则应根据具体情况决定是否印于其上。单位的联络方式同样应与同一名片上所列的具体归属相对应,一般印于名片的右下角位置。

三、名片的使用

商务活动中,交换名片成为不可缺少的一部分,有了名片的交换,双方的结识就迈出了第一步。名片的使用决不是简单的动作,该在什么时候、什么地点、向什么人、怎样递上名片是一门学问。因此,商务人士必须注意名片使用过程中的礼仪,这样才能给他人留下更好的第一印象。

1. 准备工作

平时商务人员应多留意自己的名片是否够用,身上要随身携带一定数量的名片,不够时应及时补充名片数量。名片的质量非常重要,名片要保持干净整洁,切不可出现折皱、破烂、肮脏、污损、涂改的情况。

名片的放置位置应方便拿取。最好使用专用的名片夹来放置名片,也可以放在公文包或上衣口袋内。在办公室,可选择放在名片架内。切不可随便放置在钱包、裤袋内,以免在找名片的时候手忙脚乱、一通寻找,这样给别人的印象非常不好,会显得做事没有条理。

2. 递交名片

(1) 观察意愿。除非自己想主动与人结识,否则名片务必要在交往双方均有结识对方,并欲建立联系的意愿的前提下发送。这种愿望往往会通过"幸会"、"认识你很高兴"等一类谦语,以及表情、体姿等非语言符号体现出来。

(2) 把握时机。发送名片要掌握适宜时机,只有在确有必要时发送名片,才会令名片发挥功效。发送名片一般应选择初识之际或分别之时,不宜过早或过迟。

(3) 讲究顺序。名片递送的顺序为:"先客后主,先低后高"。即职务低者、身份低者、拜访者、辈分低者、年纪轻者、男性、未婚者,应当先把自己的名片递给他人。若向多人递送名片,应依照职位高低的顺序,或是由近及远依次进行,切勿跳跃式地进行,以免对方误认为有厚此薄彼之感。

(4) 招呼在前。递上名片前,应当先向接受名片者打个招呼,令对方有所准备。既可先作一下自我介绍,也可以说声"对不起,请稍候,这是我的名片"、"这是我的名片,请笑纳"、"我的名片,请你收下"之类的提示语。

(5) 表现谦恭。对于递交名片这一过程,应当表现得郑重其事。向对方递名片时,要起身站立主动走向对方,面含微笑,眼睛应注视对方,为了使对方便于阅读,将名片正面面朝对方。递送时,用双手的拇指和食指分别持握名片上端的两角,上体前倾15度左右,举至胸前递送给对方,大方地说:"请多多关照"、"敬请指教"、"希望今后保持联络"等礼节性用语。如果是坐着的,递交名片应当起立或欠身递送。总之,递交名片的整个过程应当谦逊有礼、郑重大方。

3. 接受名片

(1) 接受名片的姿势。接受他人名片时,商务人士不论有多忙,都要暂停手中一切事情,并起身站立相迎,面含微笑,双手接过名片。若是两人同时递接名片,应当右手递,左手接,接过名片后双手持握名片。

(2) 认真阅读。接过名片后,先向对方致谢,然后将其从头至尾默读一遍,将对方姓名记在心中。遇有显示对方荣耀的职务、头衔不妨轻读出声,以示尊重和敬佩。若对方名片上的内容有所不明,可当场请教对方。随手把别人的名片放到袋中,之后又询问人家姓什名谁,是最糟糕、最拙劣、最不礼貌的做法。而放进口袋之后又拿出来观看,也会令对方有被忘记的不快,这些都是应当避免的。

(3) 精心存放。名片如脸面,不尊重他人的名片,如同不尊重他人一样,是缺乏教养的体现。接到他人名片后,避免拿在手里玩耍、涂改、做笔记,或乱丢乱放、乱揉乱折,而应将其谨慎地置于名片夹、公文包、办公桌或上衣口袋之内,以示尊重和珍视,且他人名片应与本人名片区别放置。

(4) 有来有往。接受了他人的名片后,一般应当即刻回送给对方一张自己的名片。没有名片、名片用完了或忘了带名片时,应向对方作出合理解释,并致以歉意,切莫毫无反应。

4. 索取名片

(1) 一般情况下,不要主动向别人讨名片,必须索要名片时,语气一定要委婉。例如,向尊长索取名片,可以这样说:"今后如何向您老请教。"向平辈或晚辈索要名片,则说:"如果方便的话,能否给我一张名片,以便日后联系。"

(2) 当他人索取本人名片,而自己没有名片时,千万不能说:"我们是个小公司,没有名片给你。"或"我在我们公司里只是个小人物,没有名片。"这样说既有损公司形象,同时也贬低自己,不可取。可以说:"对不起,我忘了带名片。"或者说:"抱歉,我的名片用完了。"如果自己名片真的没有带或是用完了,自然也可以这么说,不过不要忘了加上一句"改日一定补上",并且一定要言出必行、付诸行动。否则,会被对方理解为自己没有名片,或成心不想给对方名片。

名片的注意事项:

(1) 名片总的要求是"整洁、有序、明了"。对于职务,不应该罗列过多、本末倒置,样式、颜色设置上不应该过分夸张。个人照片、企业宣传口号、广告词是不适合印在名片上的。

(2) 在商业社交活动中,要有选择地提供名片,名片的递送应在介绍之后,在尚未弄清对方身份时不应急于递送名片,更不要把名片视同传单随便散发,这会让人误以为你想推销什么物品,反而不受重视。

(3) 不要在用餐、跳舞之时发送名片,因为在这些场合,对方的手不方便拿。若硬要将名片发给对方,反而会引起对方的反感。

(4) 未经名片主人的许可,也不要当着对方的面把名片给他人传看。

第四节 实践指导

一、实践任务

通过本章学习,要求学生将所学理论知识融会贯通,运用于商务交流实践,并能够把学到的"商务见面礼仪"理论运用到实践中去,提高具体操作的能力。

二、实践步骤

(1) 将学生进行分组,每组 6~8 人。

(2) 各组设计拟定商务洽谈中初次见面的情景,情景围绕自我介绍或为他人作介绍展开,其中包含称呼、使用名片、握手、致意等内容。

(3) 学生在商务场景中,小组成员进行角色定位,根据角色进行表演。

(4) 教师点评其知识掌握程度,若有不足,给予指正。

三、实践要求

(1) 应态度认真、积极。每一位学生都需要贡献自己的智慧,乐于参与讨论与情景演练。

(2) 模拟场景要与具体行业相结合。任何一个学生必须参与其中,担负起对模拟情景进行认真讨论的责任。各组推荐一名撰稿人,由他负责模拟情景的撰写与定稿工作。

(3) 在模拟情景演练中,教师是"导演",学生是"演员"。学生需感受情景,进行角色进入、角色扮演,真正成为课堂的主人。

(4) 自我介绍、介绍他人、称呼、使用名片、握手、致意时,应符合商务见面礼仪理论要求。

(5) 进行情景演练时,时刻注意自身表情、举止仪态,体现出商务人士优雅的风度与涵养。

四、实践内容

商务见面礼仪模拟情景演练包含以下实践内容。

(1) 称呼:

1) 使用敬称。

2) 能够根据场景,对交往对象进行称呼的正确选择(职务性称呼、职称性称呼、行业性称呼、性别性称呼、姓名性称呼)。

(2) 自我介绍:

1) 注意时机,在不打扰对方的情况下进行。先向对方点头致意,得到回应后再向对方介绍自己。

2) 态度镇定自信、落落大方、彬彬有礼。

3) 时间不宜超过一分钟。

4) 简要介绍本人的姓名、供职的单位,以及具体部门、担任的职务和所从事的具体工作。

(3) 介绍他人:

1) 介绍者要准确了解被介绍者的身份、地位等背景。

2) 为他人作介绍时,必须遵守"尊者有优先知情权"的规则。

3) 介绍人和被介绍人都应起立,为他人作介绍时,手势动作要文雅。

4) 介绍完毕后,被介绍的双方态度热情,适当地进行寒暄,配合微笑点头示意或握手、致意。

(4) 握手:
1) 握手的先后顺序必须遵守"尊者优先出手"的规则。
2) 采用标准式握手的姿势。
3) 握手时间控制在3秒之内。
4) 握手的力度适当。
5) 握手时,注意面部表情,应当热情友好。

(5) 名片:
1) 事先准备好名片。
2) 递上名片前,应当先向接受名片者打个招呼,令对方有所准备。
3) 递交名片注意"位卑者先递"的顺序,注意姿势,双手持握。
4) 接过名片需认真阅读、及时回送名片、精心存放。

五、实践范例

初次见面

三阳机电公司研制了一套可以将手摇病床改造为电控病床的设备,目标市场为城乡医院和敬老院。公司委派销售部经理束方权与业务代表孙越开拓天河敬老院市场。据调查,天河敬老院是南京首屈一指的大型敬老院,有500张手摇病床。业务代表孙越了解到大学同学王圆在天河敬老院工作,而负责采购的副院长张培恰巧是王圆的舅舅。业务代表孙越计划通过王圆引荐拜访副院长张培,张培引荐资产办主任朱涛。

第一幕 电话预约

旁白:电话预约

孙越:"你好,是王圆吗?"

王圆:"是啊,请问您是哪位?"

孙越:"我是你老同学孙越啊!"

王圆:"孙越,好久不见了!"

孙越:"很想念老同学啊,听说你在天河敬老院工作,现在不错嘛!"

王圆:"哪里哪里,听说你现在干得很好啊,作业务代表啦?"

孙越:"是啊,这不来找你帮忙了嘛!听说你们敬老院有500张手摇病床,我们公司可以将其改造为电控病床,还听说张副院长是你的舅舅,请你帮我引荐一下,过两天我请你吃饭。"

王圆:"孙越,咱们是老同学,不用客气了,你来吧。明天下午两点钟我舅舅应该在,在我院行政楼楼下见面吧,到时候电话联系。"

孙越:"好的,麻烦你了,我们见面再说吧!"

王圆:"不客气,再见!"

第二幕 院长办公室见面

旁白:次日下午两点,孙越和束方权准时到达。

咚…咚…咚…

张培:"请进!"

王圆:"院长,您好!"(王圆带两位进入)我来介绍一下,这位是三阳机械公司的销售经理束方权先生,这位是公司业务代表孙越先生。这位是我院的张院长。"

(张培先伸手,双方握手)

束方权(双手递上名片):"张院长,这是我的名片,请多多指教!"

张培:(双手接过名片,看了一下,很小心地收到西服内侧的口袋里)

孙越(双手递过名片):"张院长,这是我的名片,请多多指教!"

张培(双手接过名片,看了一下,也很小心地收到西服内侧的口袋里,向对方回送名片):"我们坐下来谈吧,请坐!"

束方权:"张院长,我们了解到你们敬老院有500张病床都是手摇病床。"

张培:"是这样,我们规模还可以。"

束方权:"我们公司研制了一套设备,可以将手摇病床改造为电控病床。没有陪护人员时,病人可以自己调节病床高低,减轻陪护人员的工作量,提高效率。"(微笑状,双手递过材料,张培接过材料)

孙越(进一步解说):"这是我们的材料,技术由我们公司自主研制,质量方面可以保证。"

张培(看着材料):"嗯,我们的手摇病床却是离不开护理人员的工作,你们的技术可以给我们带来便利。不过这具体要由资产办朱主任负责。王圆,请去隔壁把朱主任请来。"

王圆:"好的。"(斯文而高雅地走去请朱主任)

王圆:"朱主任,院长请你去他办公室,有两位客户在。"

朱涛:"好,我马上就到。"

(朱涛上场)

朱涛:"张院长,您有事找我?"

张培:"是的。三阳机械公司想和我们合作病床的事,你来听听。这是业务销售经理束经理。"

朱涛(向束方权先握手):"您好,您好!"

张培:"这位是公司业务代表,王圆的大学同学孙先生。"

朱涛(向孙越先握手):"您好!"

束方权:"朱主任您好,这是我的名片,请多多指教。"(双手递上)

朱涛:(双手接过,看了一下,放到西装内侧的口袋里,回送名片)

孙越:"您好,朱主任,这是我的名片,请多多指教。"(双手递上)

朱涛:(双手接过,看了一下,也很小心的放到西装内侧的口袋里,回送名片)

张培:"那大家请坐下来谈吧!"(大家各自坐下,待坐定后……)

孙越:"朱主任,这是我公司的产品材料,请您过目。"

束方权:"贵敬老院是南京首屈一指的大型敬老院,听说在评南京十佳敬老院。"

张培:"最近,在准备评审方面的工作,这事挺忙的。"

束方权:"那是,那是,张院长您十分繁忙。我们听说夕阳红敬老院也想评'南京十佳敬老院',为了提高档次和服务质量,他们已经购置了100张电控病床,花费不小。"

张培:"夕阳红敬老院准备得挺早的嘛。"

束方权:"我公司的改造设备售价仅仅是新添置一张病床的1/3。也就是说,如果贵敬老院与夕阳红敬老院采购费用相同的话,就可拥有300张电控病床。"

朱涛:"不错,技术挺先进的,不知道产品实际情况如何?"

孙越:"非常欢迎你们来我们公司实地考察、参观。"

张培:(微笑)"有机会一定去!"

束方权:"张院长,您什么时间方便,我公司派车来接您好吗?朱主任一定要一起来啊。"

张培:"那我们电话联系吧。"

束方权:"那太好了,张院长、朱主任,我们就告辞了,下星期五下午两点钟给您打电话行吗?"

张培:"可以。"

孙越:"那我们告辞了,再见,张院长!再见,朱主任!"(束方权、孙越先伸手,分别与张培、朱涛握手告别)

束方权:"张院长,您留步……"

张培:"王圆,替我送两位,两位慢走!"

王圆轻轻开门,送两位下楼离去……

(资料来源:作者自编)

 前沿研究

商务名片的设计

名片是商务交际中极其重要的工具,它常被看作是公司或个人的广告,其目的是推销自己。名片是每个人最重要的书面介绍材料。名片要设计大方、印刷清楚、注意质量,精美的名片使人印象深刻。

随着名片使用日益广泛,除所用纸张越来越好外,名片的版面设计也越来越新颖。大体上来说,名片可分为交际和商务两种类别,前者为交友和联谊之用;后者在此基础上,又增加了业务合作、贸易往来的功用。作为交际所用的名片,往往是用以纪念,因而这种名片在设计上应讲究创意,追求情调化、文化内蕴,只写联系电话和住址,尽可能地轻松悦目,甚或来一点幽默和调侃类字句,或者加印一幅漫画意味的头像。这类名片除了讲究情调,还可以用香味纸或自洒点香水,以给人愉悦感,印制上也应愈精美愈好。商务名片固然也应尽可能地讲究为好,但不必过分情调化。上面需要列明企业名称、公司地址、个人学位或职称、职务,以及电话号码、传真号码等,由于文字较多,版式上就要力求简洁,个人头衔要择要而取。业务类项点到为止,名片的背面切忌来一大堆的业务介绍。如果公司在社会上较有知名度,或公司名称和标志上已经体现业务性质,那就不必在名片上体现了。对方如对你的业务类项感兴趣,自会在交谈中进一步了解;不感兴趣,

印了徒招反感。

当前,国内最通用的名片规格为 9 cm×5.5 cm。如无特殊需要,不应将名片制作过大,甚至有意搞折叠式,免得给人以标新立异、虚张声势、有意摆谱之感。印制名片的纸张,宜选庄重朴素的白色、米色、淡蓝色、淡黄色、淡灰色,并且以一张名片一色为好。最好不要印制杂色名片,令人看得眼花缭乱。也不要用黑色、红色、粉色、紫色、绿色印制名片,它们均会给人以有失庄重的感觉。不提倡在名片上印人像、漫画、花卉、宠物,这些东西并无实用价值,却会给人以华而不实的印象。

在国内使用的名片,宜用汉语简体字,不要故弄玄虚,使用繁体汉字。切勿在一张名片上采用两种以上的文字,也不要将两种文字交错印在同一面上。制作名片,最好不要手书自制,也不要以复印、油印、影印的方法制作名片,它们均不够正规。名片上的文字同其他应用文一样,首先要合乎规范,否则就会引起误解,影响交际效果。在合乎规范的前提下,可以讲究自己的风格,表现自己的个性。名片的风格、个性,主要表现在片面布局与字体的选择设计方面。就字体而言,行、草、篆、隶及各种美术字体均可用。

除设计要求外,印刷要求也应突出强调。随着科学技术的发展和交际层次、交际要求的提高,人们对名片的要求也是在不断发展变化的。设计得体、新颖别致的名片自会令人欣赏称赞,如果印刷质量上不去,设计效果也会大打折扣。名片越来越具有象征意义,是个人身份的标志。一个人的名字再响亮、身份再高贵,假如设计、用纸、印刷质量低劣,别人就有可能会把名片价值和人本身相联系,可能暗中贬损你的价值,甚至从做事风格、信誉上低看你。这样一来,递名片的原意也就失掉了。

在职场中,得到名片的机会很多,而这些名片切不可随手一扔了之。一本厚厚的名片册是必不可少的工作帮手。得到的名片应一一放入,小心折叠和弯曲。在名片旁,不妨黏一张便条纸,写上得到的时间、此人的特征、从他身上可获得哪些帮助和资讯等,将会使日后受益无穷。

(资料来源:http://book.sina.com.cn/longbook/1098843658_manualofstaff/7.shtml)

案例

名片的失误

某公司新建的办公大楼需要添置一系列的办公用具,价值数百万元。公司的总经理已作了决定,向 A 公司购买这批办公用具。这天,A 公司的销售部负责人打电话来,要上门拜访这位总经理。总经理打算,等对方来了,就在订单上盖章,定下这笔生意。不料对方比预定的时间提前了两个小时,原来对方听说这家公司的员工宿舍也要在近期内落成,希望员工宿舍需要的家具也能向 A 公司购买。为了谈这件事,销售负责人还带来了一大堆的资料,摆满了台面。总经理没料到对方会提前到访,刚好手边又有急事,便请秘书让对方等一会儿。这位销售员等了不到半小时,就开始不耐烦了,一边收拾起资料一边说:"我还是改天再来拜访吧。"这时,总经理发现对方在收拾资料准备离开时,将自己刚才递上的名片不小心掉在了地上,对方却并没发觉,走时还无意中从名片上踩了过去。

但这个不小心的失误,却令总经理改变了初衷,A公司不仅没有机会与对方商谈员工宿舍的设备购买,连几乎到手的数百万元办公用具的生意也告吹了。

（资料来源：http：//218.85.72.118/www_jpkc/jpkc_gggx/jxnr/jxal%5C11.htm)

案例思考题

1. 你认为A公司销售部负责人为何丢失了这笔生意?
2. 结合所学商务见面礼仪知识,谈谈A公司销售部负责人如何改进?

练习与思考

一、名词解释

称呼　自我介绍　致意

二、填空题

1. 接过名片后一定要认真通读一遍,一来表示＿＿＿＿；二来有助于＿＿＿＿。

2. ＿＿＿＿,指的是人们在日常交往应酬之中,所采用的彼此之间的称谓语。

3. 在工作岗位上,人们彼此之间的称呼是有其特殊性的,总的要求是要＿＿＿＿、＿＿＿＿、＿＿＿＿。

4. 握手时,应先脱下＿＿＿＿,摘掉＿＿＿＿。

5. 为他人作介绍时,手势动作应文雅,无论介绍哪一方,都应手心＿＿＿＿,手背朝下,四指并拢,拇指张开,指向＿＿＿＿。

6. 致意形式多样,具体有起立致意、＿＿＿＿、点头致意、＿＿＿＿、脱帽致意等。

7. 接受他人名片时,商务人士不论有多忙,都要暂停手中一切事情,并起身站立相迎,面含微笑,＿＿＿＿接过名片。若是两人同时递接名片,应当＿＿＿＿递,＿＿＿＿接,接过名片后＿＿＿＿持握名片。

8. 名片的质量非常重要,名片要保持干净、整洁,切不可出现折皱、破烂、肮脏、污损、＿＿＿＿的情况。

9. 名片总的要求是"整洁、有序、＿＿＿＿"。

10. 在商务、社交场合,受鞠躬后应还以鞠躬礼,＿＿＿＿要先鞠躬,＿＿＿＿鞠躬要相对深一些。

三、单项选择题

1. 握手的全部时间应控制在（　　）秒钟以内。
   A. 1秒钟　　　B. 3秒钟　　　C. 5秒钟　　　D. 7秒钟

2. 根据礼仪规范,在握手时,由（　　）首先伸出手来"发起"握手。
   A. 年幼者　　　B. 晚辈　　　C. 下级　　　D. 尊者决定

3. 在介绍两人相识时,总的规矩是（　　）。
   A. 先卑后尊　　　B. 先尊后卑　　　C. 先女后男　　　D. 先主后宾

4. 握手的标准方式,是行礼时行至距握手对象约（　　）米处。

A. 1   B. 0.5   C. 1.5   D. <1

四、多项选择题
1. 在商务交往中,交往对象握手的原则有(　　)。
   A. 女士主动将手伸向男士   B. 男士主动将手伸向女士
   C. 年轻者主动将手伸向年长者   D. 年长者主动将手伸向年轻者
   E. 上司主动将手伸向下属   F. 下属主动将手伸向上司
2. 在现实生活中,对初遇之交,关系普通的交往对象,可酌情采取(　　)方法称呼。
   A. 同志   B. 先生/女士/小姐/夫人/太太
   C. 以职务、职称相称   D. 入乡随俗
3. 自我介绍要不失分寸,必须注意(　　)。
   A. 注意时间   B. 热情洋溢
   C. 讲究态度   D. 力求真实
4. 握手时应注意(　　)。
   A. 神态、姿态   B. 手位力度
   C. 时间   D. 地点
5. 点头礼又叫颔首礼,它所适用的情况主要有(　　)
   A. 路遇熟人   B. 在会场剧院等不宜交谈之处
   C. 同一场合多次碰面   D. 路上多人而又无法问候之时

五、简答题
1. 握手是交际场合最自然而常见的一种礼节,请谈谈握手的有关礼节。
2. 致意有哪些具体的形式?

六、论述题
名片有哪些用途?

第五章 商务往来礼仪

 学习目标

学完本章,你应该能够:
1. 掌握商务接待礼仪
2. 掌握商务拜访礼仪
3. 理解商务馈赠礼仪
4. 了解受礼礼仪
5. 掌握商务往来礼仪的实践操作

 基本概念

迎客　送别　饯别　送行

任何一个社会组织都经常要与外界打交道,与社会各界接洽往来。在商务往来中,接待、拜访、馈赠是与客户沟通的最直接的方式,这些工作是否到位直接关系到组织的形象、声誉,以及由此带来的利益。由此,在商务往来中,商务人员要依礼行事,拉近与客户的距离,给客户留下好印象,使交往趋于和谐,从而推进商务活动的顺利开展。

第一节　商务接访礼仪

拜访和接待是商务交往中必不可少的环节。商务人员通常由接待、拜访来建立、维持及改善商务关系。

一、商务迎接礼仪

商务接待工作包括对来宾的迎接、招待、送别。要做好接待工作,严格按照接待要求,规范各种礼节,让来客感受到尊重和热情。在对重要宾客的接待活动中,既要展示公司形象,又要充分尊重其需求,给对方留下美好而难忘的印象。

(一) 迎客礼仪

迎客,又称迎宾。它所指的是在商务交往中,在有约在先的情况下,由主人一方出动

专人,前往来访者知晓的某一处所,恭候对方的到来。

1. 商务迎客规范

(1) 迎接来宾前,首先了解来宾的背景资料。一定要充分掌握迎宾对象的基本状况,尤其是主宾的个人简况,如单位、姓名、性别、职务、年龄等。必要时,还需要了解其籍贯、民族、学历、职称、专业、专长、偏好、婚姻、健康状况,以及政治倾向与宗教信仰。

(2) 根据迎送规格,准备好必要的车辆和食、宿接待。

(3) 掌握抵达的时间,提前到达迎宾地点。若迎送时间有变化,应及时掌握。

(4) 迎接未见面的客人,在车站、码头、机场上有必要准备一块牌子:"欢迎×××"。牌子要正规、整洁,字迹要大而清晰。尽量不要用白纸写黑字,让人感到晦气。接站牌的具体内容,有四种主要写法:一是"热烈欢迎某某同志",二是"热烈欢迎某单位来宾的光临",三是"某单位热烈欢迎来宾莅临指导",四是"某单位来宾接待处"。

(5) 迎接那些在机场、车站、码头的贵宾,应事先准备好一篇热情洋溢、优美、简短的欢迎词。

(6) 见到来宾后,应根据来宾的身份、性别、年龄、习俗,以及来访性质等热情地与他们拥抱、握手,或向他们鞠躬、抱拳作揖、双手合十、点头、鼓掌欢迎等。

(7) 向来宾行礼后,应道辛苦并作自我介绍。为了不使对方在如何称呼你的问题上感到为难,应向对方表示:"请叫我小×(老×)"。

(8) 应主动向客人表示帮助他拿行李的意思,不过,对于来宾手中的外套、提包或是密码箱,则没有必要为之"代劳"。

(9) 如有车来接,应为他打开车门。上车后,应该将活动日程表送到客人手上,行车中可向客人介绍沿途建筑、风光、民俗、气候、特产等情况,并询问客人有何私人活动需要帮助安排。在力所能及的前提之下,应当在迎宾活动之中兼顾来宾一方的特殊要求,尽可能地对对方多加照顾。

(10) 商务接待住宿安排要根据客人的身份、人数和工作需要来酌情考虑,选择宾馆要根据接待经费预算、宾馆实际接待能力、口碑与服务质量、周边环境、交通状况等因素来考虑。到住宿处后,接待人员不要久留,让客人得到休息。分手前一定要说好下一次见面的时间、地点,并告诉客人与你联系的方法。

(11) 对应邀前来参加本单位活动的本市重要客人,应在单位大门口迎接。

2. 乘坐车辆礼仪

商务接待活动之中,迎接来宾乘坐车辆时应注意座次的尊卑。

(1) 轿车的座次:在轿车之中,座次的常规一般是右座高于左座,后座高于前座。以一辆目前在国内商务接待中最为常用的双排5人座轿车为例,车上座次的尊卑自高而低依次应为:后排右座,后排左座,后排中座,前排副驾驶座。在商务活动中,轿车上的前排副驾驶座通常被称为"随员座"。按惯例,此座应由秘书或助手就座,而不宜请客人在此就座,如图5-1所示。唯独在主人亲自驾驶轿车时,客人坐在副驾驶座上与主人"平起平坐",才是合乎礼仪的,如图5-2所示。在一般情况下,双排5人座轿车上的后排中座左右挨夹,坐在那里不很舒坦,故不宜请客人就座于此。

图5-1 司机驾驶时座位尊卑排序

图5-2 主人驾驶时座位尊卑排序

(2) 在大型商务车上,座次尊卑的一般规则是:前座高于后座,右座高于左座;距离前门越近,其座次便往往越高。在有的商务车上,座位被安排在通道两侧。碰到这种特殊情况时,一般应以面对车门的一侧为上座,而以背对车门的另一侧为下座。

(3) 在火车上,座次的常规通常为:距离火车头愈近的车厢,其位次便愈高。距离车厢中部越近的包厢、铺位或座位,其位次便愈高。皆以面对火车行进方向的一侧为上位,而以背对火车行进方向的另一侧为下位。卧铺则以下铺高于中铺,中铺高于上铺。在同一排座位之中,以临窗者为上座,以临通道者为下座。在同一行座位之中,则以右座高于左座。

3. 接待人员引导礼仪

(1) 在宾主双方并排行进时,引导者应主动在外侧行走,而请来宾行走于内侧。若3人并行时,通常中间的位次最高,内侧的位次居次,外侧的位次最低,宾主之位此时可酌情而定。

(2) 在单行行进时,循例应由引导者行走在前,而使来宾行走于其后,以便由前者为后者带路。

(3) 在出入房门时,引导者须主动替来宾开门或关门。此刻,引导者可先行一步,推开或拉开房门,待来宾首先通过,随之再轻掩房门,赶上来宾。

(4) 出入无人控制的电梯时,引导者须先入后出,以操纵电梯;而来宾则后进入,出电梯时,让来宾先出。出入有人控制的电梯时,引导者则应后入先出,这样做主要是为表示对来宾的礼貌。

(5) 上下楼梯时,上楼应该让来宾走在前面,引导者走在后面;下楼应该由引导者走在前面,来宾走在后面。上下楼梯时,引导者应该保证来宾的安全。

(6) 出入轿车。如果引导者与来宾出行,宾主不同车时,一般应引导者座车在前,来宾座车居后;宾主同车时,则大都讲究引导者后登车、先下车,来宾先登车、后下车。

(二)待客礼仪

一般而言,在商务活动之中,待客的常规地点有办公室、会客室、接待室等。接待一般的来访者,可在自己的办公室进行。接待重要的客人,可选择专门用来待客的会客室。接待身份极其尊贵的来宾,有时还可选择档次最高的会客室——贵宾室。至于接待室,则多用于接待就某些专门问题来访之人。必要时,还须设置指引客人之用的"指向标"。

1. 商务待客规范

(1) 提前打扫,力求整洁。在待客的房间内,应环境舒适,一定要保持空气清新、地面爽洁、墙壁无尘、窗明几净、用具干净。调节室内温度,以舒适为宜。

(2) 起身相迎,专门恭候。为了防止来宾来访时"吃闭门羹",负责招待对方的有关人员须至少提前10分钟抵达双方约定的地点。必要之时,还应专门在约定地点的正门之外迎候来宾。最好不要在同一时间内,在同一地点接待来自不同地方的人士。要是遇上了这种情况,可按"先来后到"的顺序接待,也可以安排其他人员分别予以接待。对突然的来访者,应起立欢迎,并让座、献茶。

(3) 盛情款待,斟茶敬烟。事先备好茶具、烟具、饮料等。一般情况下,来宾是男士,一落座马上敬烟。敬烟忌用手直接取烟,应打开烟盒弹出几支递给客人面前请客人自取,敬烟不能忘了敬火,若主人也会吸,应先客后主。冲泡茶时,首先要清洁茶具,多杯茶具应一字儿排开来回冲,每杯茶以斟杯高的2/3为宜,应双手捧上放在客人的右手上方,先敬尊长者。把茶水送给客人,随之说声:"请您用茶"或"请喝茶"。切忌用手指捏住杯口边缘往客人面前送,这样敬茶既不卫生,也不礼貌。

(4) 聚精会神,认真专注。与来宾交谈时,务必要认认真真地洗耳恭听,耐心倾听和回答,不要频频看表、打呵欠,那样做必定会得罪于人。千万不要在招待来宾时,忙于处理其他事务,如打电话、发传真、批阅文件、寻找材料,或是与其他同事交谈等。万一非得中途暂时离开一下,或是去接一下电话,事先别忘记要向来宾表示歉意。

2. 商务待客座次礼仪

商务待客中,应注意座次高低,并可视具体情况作好安排。

(1) 面门为上。采用"相对式"就座时,通常以面对房门的座位为上座,应让之于来宾;以背对房门的座位为下座,宜由主人自己在此就座。

(2) 以右为上。"并列式"排位的标准做法,是宾主双方面对正门并排就座。此时,以右侧为上,应请来宾就座;以左侧为下,应归主人自己就座。

(3) 居中为上。如果来宾较少,而东道主一方参与会见者较多之时,往往可以由东道主一方的人员以一定的方式围坐在来宾的两侧或四周,而请来宾居于中央,呈现出"众星捧月"之态。

(4) 以远为上。道理十分简单:离房门近者易受打扰,离房门较远者则受到的打扰较少。

(5) 佳座为上。长沙发优于单人沙发,沙发优于椅子,椅子优于凳子,较高的坐椅优于较低的坐椅,宽大舒适的坐椅优于狭小而不舒适的坐椅。

(6) 自由为上。有时,未及主人让座,来宾便自行选择了座位,并且已经就座,此刻主人亦应顺其自然。

(三) 送别礼仪

送别,通常是在来宾离去之际,出于礼貌,而陪着对方一同行走一段路程,或者特意前往来宾启程返还之处,与之告别,并看着对方离去。

1. 送别的形式

最为常见的送别形式有道别、话别、饯别、送行等。

(1) 道别,指的是与交往对象分手。按照常规,道别应当由来宾率先提出来,假如主人首先与来宾道别,难免会给人以厌客、逐客的感觉,所以一般是不应该的。在道别时,来宾往往会说:"就此告辞"、"后会有期"。而此刻主人则一般会讲:"一路顺风"、"旅途平安"。有时,宾主双方还会向对方互道"再见",叮嘱对方"多多保重",或者委托对方代问其同事、家人安好。

（2）话别，亦称临行话别。与来宾话别的时间，一要讲究主随客便，二要注意预先相告。最佳的话别地点，是来宾的临时下榻之处。在接待方的会客室、贵宾室里，或是在为来宾饯行而专门举行的宴会上，亦可与来宾话别。参加话别的主要人员，应为宾主双方身份、职位大致相似者，对口部门的工作人员、接待人员等。话别的主要内容有：一是表达惜别之意，二是听取来宾的意见或建议，三是了解来宾有无需要帮忙代劳之事，四是向来宾赠送纪念性礼品。

（3）饯别，又称饯行。它所指的是，在来宾离别之前，东道主一方专门为对方举行一次宴会，以便郑重其事地为对方送别。为饯别而举行的专门宴会，通常称作饯别宴会。在来宾离别之前，专门为对方举行一次饯别宴会，不仅在形式上显得热烈而隆重，而且往往还会使对方产生备受重视之感，并进而加深宾主之间的相互了解。

（4）送行，在此特指东道主在异地来访的重要客人离开本地之时，特地委派专人前往来宾的启程返还之处，与客人亲切告别，并目送对方渐渐离去。

2. 商务送别礼仪

（1）热情挽留。在一般情况之下，不论宾主双方会晤的具体时间的长度有无约定，客人的告辞均须由对方首先提出。主人首先提出来送客，或是以自己的动作、表情暗示厌客之意，都是极其不礼貌的。当来宾提出告辞时，主人通常应对其加以热情挽留，可告之对方自己"不忙"，或是请对方"再坐一会儿"。

（2）起身在后。客人要走，应等客人起身后，再起身相送，不可客人一说要走，主人就站起来。主人通常在对方率先起身后方可起身相送，绝不能以动作、表情暗示厌客之意。

（3）伸手在后。与来宾握手作别时，就应由客人首先伸出手来与主人相握，表示"再见"。若主人先伸出手，则有逐客的嫌疑。

（4）相送一程。为正式来访远道而来的重要客人送行的常规地点，通常应当是来宾返还时的启程之处，如机场、码头、火车站、长途汽车站等，待对方走后，自己才能离去。亦可以来宾的临时下榻之处作为送行的地点，如宾馆、饭店、旅馆、招待所。本市的客人，应送到单位大门口。

二、商务拜访礼仪

随着市场的日趋活跃，各类商务活动不断增加。在商务活动中，合乎礼仪的拜访在很大程度上影响到商务活动的成败，这对职业人士的商务礼仪素质提出了较高的要求。

（一）拜访前的准备

1. 仪表准备

商务拜访要成功，就要选择与个性相适应的服装，以体现专业形象。通过良好的个人形象，向顾客展示品牌形象和企业形象。最好穿公司统一服装，让客户感觉公司很正规，企业文化良好。

2. 了解客户资料

假如客户是公司，商务人员应了解：① 公司概况；② 业务情况；③ 财务状况；④ 与供应商关系；⑤ 主要客户的个人情况。相关资料越多，客户的图像就越清晰，面谈的切入点就越明确,以便提供个性服务和相关商务的接触。假如客户是个人,应了解对方包含学历、经历、籍贯、年龄、兴趣、收入、专长、个性特点、个人荣誉、健康、个人嗜好、最近的活动、生日、家庭状况等相关资料,以及别人对他的评价等。为了准确把握客户的情况,必须对收集来的资料进行归类、分析,从大量的资料中寻找到可以与其沟通的突破口。

3. 根据拜访的目的携带相关资料

拜访的目的有礼节性的拜访、产品说明和演示、签单促成、收款、售后服务、抱怨处理、索取转介绍等。商务拜访应有选择地准备相关物品,主要包括:① 公司介绍;② 产品介绍;③ 宣传资料;④ 各种简报;⑤ 推销图片;⑥ 样品;⑦ 合同书;⑧ 发票;⑨ 工具;⑩ 小礼品。

4. 时间路线安排好

拜访前,应和客户事先约定,以免扑空或扰乱客户的计划。拜访时间和场所的安排应依客户的习惯、生活规律和职业等来确定,注意不要与客户的工作、生活发生冲突,以免引起客户的反感。应避免在客户用餐、午间休息、早晨未起床、晚上 10 点半以后拜访,否则不礼貌。拜访应选择适当的时间,并准时赴约,这是商务人员起码的礼仪要求。如果遇到突发事件确实不能准时到达,应设法尽快向客户说明原因,请求推迟时间,或另约时间,并致以歉意。拜访时不要过早到达,这会打乱客户的安排,甚至会使客户因未准备就绪而难堪。

选择好路线也很重要,商务人员必须事先作好规划,避免找不到目的地,浪费时间。

(二) 见面时的礼仪

(1) 按时抵达后,如无人迎候,则应按门铃或轻轻叩门,敲门讲究艺术。要用食指敲门,力度适中,间隔有序敲三下,等待回音。如无应声,可再稍加力度,再敲三下,如有应声,再侧身立于门框一侧,待门开时再向前迈半步,与客户相对。

(2) 待有回音或有人开门后,务必主动向对方问好。进入室内后,待客户安排指点后坐下。如果客户因故不能马上接待,应安静地等候。若等待时间过久,可向有关人员说明,并另定时间,不要显现出不耐烦。如果客户是重要客户,访谈前可事先关掉手机。

(3) 有抽烟习惯的人,要注意观察该场所是否有禁止吸烟的警示。如果客户没有吸烟的习惯,要克制自己的烟瘾,尽量不吸,以示对客户习惯的尊重。

(4) 拜访时,应彬彬有礼,注意交往细节。到达拜访地点后,如果与客户是第一次见面,应主动递上名片,或作自我介绍。对熟识的客户,可握手问候(详见第四章)。

(5) 与客户谈话,语言要客气。谈话时开门见山,不要海阔天空,浪费时间。当客户有不耐烦或有为难的表现时,应转换话题或口气。与客户的意见相左时,不要争论不休。对客户提供的帮助,要致以谢意。

(三) 告辞时的礼仪

(1) 控制时间,适时离去。拜访时间长短应根据拜访目的和客户意愿而定,不要因为自己停留的时间过长,从而打乱对方既定的其他日程。在一般情况下,初次商务拜访,应控制在一刻钟至半小时之内。最长的拜访,通常也不宜超过两个小时。有些重要的拜访,往往需由宾主双方提前议定拜访的时间和长度。在这种情况下,务必要严守约定,绝不单方面延长拜访时间。当客户有结束会见的表示时,应立即起身告辞。例如,当客户说出"今天我们就谈到这儿吧"或"待会我还有其他安排,以后我们再找时间谈怎么样"之类的话时,千万不要再拖延,应立即告辞,若有需要,可约定下次拜访时间。

(2)在拜访期间,若遇到其他重要的客人来访,也应知趣地告退。

(3)起身告辞时,要向客户表示:"打扰"之歉意,向对方道谢,主动伸手与其握别。主人起身相送时,应说"请回"、"请您留步,不必远送"。待主人留步后,走几步,再回首挥手致意:"再见"。

第二节 商务馈赠礼仪

中国人一向崇尚礼尚往来。《礼记·曲礼上》说:"礼尚往来,往而不来,非礼也,来而不往,亦非礼也。"在现代商务交往中,礼物仍然是商务往来的有效媒介之一,它像桥梁和纽带一样,直接明显地传递着情感和信息,无言地表达着对受礼者的关爱。因此,恰当的馈赠有助于商务活动双方进一步沟通与交往。

一、馈赠目的

任何馈赠都是有目的的,或为交结友谊,或为祝颂庆贺,或为酬宾谢客,或为其他。

1. 以交际为目的的馈赠

这是一种为达到交际目的而进行的馈赠,有以下两个特点:

(1)送礼的目的与交际的目的直接一致。无论是个人还是组织机构,在社交中为达到一定目的,针对交往中的关键人物和部门,通过赠送一定礼品,以促使交际目的的实现。

(2)礼品的内容与送礼者的形象一致。礼品的选择,一个非常重要的原则就是要使礼品能反映送礼者的寓意和思想感情的倾向,并使寓意和思想倾向与送礼者的形象有机地结合起来。

2. 以巩固和维系人际关系为目的的馈赠

这类馈赠,即为人们常说的"人情礼"。在人际交往过程中,无论是个人间的,抑或是组织机构间的,必然产生各类关系和各种感情。人之与生俱来的社会性,又要求人们必须重视这些关系和感情。因而,围绕着如何巩固和维系人际关系和感情,人们采取了许多办法,其中之一就是馈赠。这类馈赠,强调礼尚往来,以"来而不往非礼也"为基本行为准则。因此,这类馈赠,无论从礼品的种类、价值的轻重、档次的高低、包装的精美、蕴含的情义等方面都呈现多样性和复杂性。这在商务、社交中尤其具有重要的特殊作用。

3. 以酬谢为目的的馈赠

这类馈赠是为答谢他人的帮助而进行的,所以在礼品的选择上十分强调其物质价值。礼品的贵贱、厚薄,首先取决于他人帮助的性质。帮助的性质分为物质的和精神的两类。一般来说,物质的帮助往往是有形的、能估量的,而精神的帮助则是无形的、难以估量的,然而其作用又是相当大的。其次取决于帮助的目的,是慷慨无私、另有所图,还是公私兼顾。再者取决于帮助的时机。一般情况下,危难之中见真情。因此,得到帮助的时机是日后酬谢他人的最重要的衡量标准。

  4. 以公关为目的的馈赠

  这种馈赠,表面上看来不求回报,而实质上其索取的回报往往更深地隐藏在其后的交往中,或是金钱,或是权势,或是其他功利,是一种为达到某种目的而用礼品的形式进行的活动。多发生在对经济、政治利益的追求和其他利益的追逐活动中。

二、馈赠的基本原则

  馈赠作为社交活动的重要手段之一,为古今中外人士普遍肯定。大凡送礼之人,都希望自己所送礼品能寄托和表达对受礼者的敬意和祝颂,并使交往锦上添花。然而,有时所赠礼品非但达不到这种目的,反而会事与愿违造成不良后果,"赔了夫人又折兵"。因此,把握馈赠的基本原则,是馈赠活动得以顺利进行的重要前提条件。

  1. 轻重原则

  礼品有贵贱、厚薄之分,有善恶、雅俗之别。礼品的贵贱、厚薄,往往是衡量交往人的诚意和情感浓烈程度的重要标志。一般讲,礼物太轻,又意义不大,很容易让人误解为瞧不起他,尤其是对关系不算亲密的人,更是如此。商务场合,如果礼物价值太轻,而想求别人办事的难度较大,成功的可能几乎为零。但是,礼物太贵重,又会使接受礼物的人有受贿之嫌。因此,礼物的轻、重选择以对方能够愉快接受为尺度,争取做到少花钱、多办事,多花钱、办好事。

  2. 时机原则

  就馈赠的时机而言,及时、适宜是最重要的。中国人很讲究"雨中送伞"、"雪中送炭",即要注重送礼的时效性,因为只有在最需要时得到的才是最珍贵的、才是最难忘的。因此,要注意把握好馈赠的时机,包括时间的选择和机会的择定。一般说来,时间贵在及时,超前、滞后都达不到馈赠的目的。机会贵在事由和情感及其他需要的程度。"门可罗雀"时和"门庭若市"时,人们对馈赠的感受会有天壤之别。所以,若对商务交往对象处境困难时的馈赠,其所表达的情感就更显真挚和高尚。

  此外,商务馈赠可选择重要节日、喜庆、对方的某些纪念日送礼为宜,送礼的既不显得突兀虚套,受礼的收着也心安理得,会使双方感情更为融洽。

  3. 效用性原则

  同一切物品一样,当礼以物的形式出现时,礼物本身也就有了价值和实用价值。就礼品本身的实用价值而言,人们的经济状况不同、文化程度不同、追求不同,对于礼品的实用性要求也就不同。

  礼品的选择要针对不同的受礼对象区别对待。一般说来,对家贫者,以实惠为佳;礼品对富裕者,以精巧为佳;礼品对朋友,以趣味性为佳;对老人,实用为佳;对孩子,以启智新颖为佳;对外宾,以特色为佳。因此,应视受礼者的具体情况,有针对性地选择礼品。

  4. 投好避忌的原则

  由于民族、生活习惯、生活经历、宗教信仰,以及性格、爱好的不同,不同的人对同一礼品的态度是不同的,或喜爱、或忌讳、或厌恶等。因此,商务馈赠中要把握住投其所好、避其禁忌的原则。

馈赠前一定要了解受礼者的喜好,尤其是禁忌。例如,中国人普遍有"好事成双"的说法,因而凡是大贺大喜之事,所送之礼,均好双忌单;但广东人则忌讳"4"这个偶数,因为在广东话中,"4"听起来就像是"死",是不吉利的。再如,白色虽有纯洁无瑕之意,但中国人比较忌讳,因为在中国,白色常是悲哀之色和贫穷之色;同样,黑色也被视为不吉利,是凶灾之色、哀丧之色;而红色,则是喜庆、祥和、欢庆的象征,受到人们的普遍喜爱。另外,我国还常常讲究给老人不能送"钟",给朋友之间不能送"梨",因为"送钟"与"送终"、"梨"与"离"谐音,是不吉利的。

此外,注意相同的礼品在不同地区有着不同的含义。例如,我国内地送礼不送小棺材,认为很晦气;但香港人青睐红木制作的小型棺材摆件,寓意为"升官发财"。这类馈赠的注意事项,还有许多需要我们去遵循。

三、馈赠礼品的礼仪

要使交往对象愉快地接受馈赠,并不是件容易的事情。因为即便是在馈赠原则指导之下选择了礼品,如果不讲究赠礼的艺术和礼仪,也很难使馈赠成为社会交往的手段,甚至会适得其反。

1. 礼品要有意义

礼物是感情的载体。任何礼物都表示送礼人的特有心意,或酬谢、或求人、或联络感情等。所以,你选择的礼品必须与你的心意相符,并使受礼者觉得你的礼物非同寻常,倍感珍贵。实际上,最好的礼品应该是根据对方兴趣爱好选择的,富有意义、耐人寻味、品质不凡却不显山露水的礼品。因此,选择礼物时要考虑它的思想性、艺术性、趣味性、纪念性等多方面的因素,力求别出心裁、不落俗套。

2. 礼品包装要讲究

精美的包装会使礼品增添光彩,也能更好地表达送礼者的诚意,还能引起受礼人的兴趣和探究心理及好奇心理,令双方愉快。好的礼品若没有讲究包装,不仅会使礼品逊色,使其内在价值大打折扣,使人产生"人参变萝卜"的缺憾感,而且还易使受礼人轻视礼品的内在价值,而无谓地折损了由礼品所寄托的情谊。

赠礼前取掉礼物的价格标签。把标签留在礼物上,礼物就变成只能传递两个信息,一个是"我们的情谊值多少钱",另一个是"看着吧!下次得回同样价格的礼物给我"。如果价格标签很难取,则应把价目签用深色颜料涂掉。

3. 慎重考虑赠礼的场合

赠礼场合的选择,是十分重要的,尤其那些出于酬谢、应酬或有特殊目的的馈赠,更应注意赠礼场合的选择。通常情况下,当众只给一群人中的某一个人赠礼是不合适的。因为那会使受礼人有受贿和受愚弄之感,而且会使没有受礼的人有受冷落和受轻视之感。给关系密切的人送礼也不宜在公开场合进行,只有礼轻、情重的特殊礼物才适宜在大庭广众面前赠送。

最好当着受礼人的面赠礼。赠礼是为巩固和维持双方的关系,赠礼也必须是有针对对象的。因此赠礼时,应当着受礼人的面,以便于观察受礼人对礼品的感受,还可有意识地向受礼人传递你选择礼品时独具匠心的考虑,从而激发受礼人对你一片真情的感激和喜悦之情。除此之外,根据具体情况也可以选择邮寄赠送,或托人赠送。

4. 赠礼的态度要大方

赠送礼品应双手奉送,或者用右手呈交,避免用左手。赠礼者的态度平和友善、动作落落大方、言语表达得体,才会令赠受礼双方共同接受。那种悄悄将礼品置于桌下或房中某个角落的做法,不仅达不到馈赠的目的,甚至会适得其反。在我国一般习惯上,送礼时自己总会谦虚地说:"薄礼!薄礼!""只有一点小意思"。在对所赠送的礼品进行介绍时,应该强调的是自己对受赠一方所怀有的好感与情义,而不是强调礼物的实际价值,否则,就落入了重礼而轻义的地步,甚至会使对方有一种接受贿赂的感觉。

5. 赠礼选择好具体时间

礼品一般应当面赠送。一般说来,应在相见或道别时赠礼。最好的送礼时机是,进到大门,寒暄几句就奉上礼物,如此,就不会出现对方因为客套不收礼,而双方僵持在门口的情况。礼品如果错过了在门口送礼的时机,不妨坐定后,主人倒茶的时候送,此时,不仅不会打断原来谈话的兴头,反而还可增加另一个话题。

送礼的时间间隔也很有讲究,过频、过繁,或间隔过长都不合适。送礼者可能手头宽裕,或求助心切,便时常大包小包地送上门去,有人以为这样大方,一定可以博得别人的好感,细想起来,其实不然,因为过度频率送礼目的性太强。另外,礼尚往来,人家还必须还情于你。

而有时参加婚礼,也可事先送去。礼贺节日、赠送年礼,可派人送上门或邮寄。这时应随礼品附上送礼人的名片,礼品也可手写贺词,装在大小相当的信封中,信封上注明受礼人的姓名,贴在礼品包装皮的上方。

四、受礼礼仪

1. 接受礼品的礼仪

受礼和答谢是受礼人对馈赠者深情厚谊的肯定,它可以从另一方面帮助馈赠者完成送礼的任务。接受礼品看起来很简单,但其中也有一些需要注意的方面。

(1) 当他人口头宣布有礼相赠时,不管自己在做什么事,都应立即中止,起身站立、面向对方,以便有所准备。

(2) 在对方取出礼品,预备赠送时,不应伸手去抢、开口相问,或者双眼盯住不放,以求先睹为快。此时此刻,应保持风度。

(3) 在一般情况下,只要不是贿赂性礼品,一般最好不要拒收,那会很驳赠礼人面子的,可以找机会回礼即可。接受礼物时,要注意礼貌,但不要过于推辞,没完没了地说:"受之有愧,不需要!"以致伤害送礼者的感情;即使送的礼物不合您意,也应有礼貌地加以感谢。对于一件得体的礼品,受礼人应当郑重其事地收下。受礼者应在赞美和夸奖声中收下礼品,并表示感谢。一般应赞美礼品的精致、优雅或实用,夸奖赠礼者的周到和细致,并伴有感谢之辞。

（4）双手接过礼品。在赠送者递上礼品时，要尽可能地用双手前去迎接。不要一只手去接礼品，特别是不要单用左手去接礼品。在接受礼品时，勿忘面带微笑，双目注视对方。接过来的若是对方提供的礼品单，则应立即从头至尾细读一遍。正式场合下，受礼者应用左手托好礼物（大的礼物可先放下），抽出右手来与对方握手致谢。

（5）视具体情况，或拆看、或只看外包装，还可伴有请赠礼人介绍礼品功能、特性、使用方法等的邀请，以示对礼品的喜爱。一般而言，中国人在接受礼品时，一般不会当着送礼者的面把礼物打开，而是把礼物放在一边留待以后再看。这是为了表示自己看重的是对方送礼的心意，而不是所送的礼品。而西方人往往习惯于当场打开礼品，表示赞美，有时还会表示礼品正是自己期待已久的物品等。

2. 回礼礼仪

在接受他人所赠的礼品后，受礼人一般要回礼。回礼时，应该有一个恰当的理由和合适的时机，不能为了回礼而不选时间、地点单纯地回送等值的物品。

一般而言，如果是回赠礼品，应注意以下几点：

（1）接受他人的馈赠，应留心记住礼物的内容，回赠时以选择类似的物品为宜。回赠的礼品切忌重复。

（2）选择适当时机。在节日庆典时期，可以在客人走时立即回赠。在生日婚庆、晋级升迁等时候接受的礼品，应在对方有类似的情形或适当时候再回赠。回礼也可以根据自己的情况而定。例如，来客赠送礼品，主人回礼的方式可以有很多种，既可以回赠一定物品，也可以用款待对方的方式来回礼，如以酬谢为目的的馈赠，受礼者可不必回礼。

（3）选择适当的礼物。一般回礼与所收礼品价值相当。回礼的价值一般不应超过对方赠送的礼品太多，否则会给人攀比之感。

3. 拒绝礼品的礼仪

一般而言，不要拒收礼品。但当礼品的价格超过了公司规定的限度，或认为对方的礼品考虑欠妥时，可以礼貌地拒绝。符合商务礼仪的拒收礼品方法可因人因事而异。

（1）婉言相告，拒绝对方的礼品。比如，当对方向自己赠送昂贵的手机时，可告之："我已经有一台了。"或可以说："谢谢你的好意，但我不习惯用这个品牌。"

（2）直言缘由。即直截了当、所言不虚地向赠送者说明自己难以接受礼品的原因。在商务交往中拒绝礼品时，此法尤为适用。例如，拒绝他人所赠的大额现金时，可以讲："我们有规定，接受现金就是受贿。"拒绝他人所赠的贵重礼品时，可以说："按照有关规定，您送我的这件东西，必须登记上缴。"

（3）事后退还。有时没有当面打开礼品，事后才发现价值不菲；也可能当时人多，不好退还。遇到这种情况，可采用事后退还法加以处理。尽快单独将礼品物归原主，时间一般在 24 小时之内。若遇到赠送的现金、有价证券金额特别巨大及其昂贵的物品时，退还时可请地位相当、可信赖的朋友一同前往，以作见证。如果送礼人是善意的，向他解释一下将礼品退回的原因（如公司政策），并对他表示感谢。如果送礼人不怀好意（隐含附加条件），则只需告诉他礼品不合适。为了自我保护，把退还礼品时写的信复印一份，保存在卷宗里，并注明退还礼品的日期以及退还方式或报告上级。

第三节 实践指导

一、实践任务

通过本章学习,要求学生能够运用所学理论深入理解商务接待、拜访礼仪,了解馈赠礼仪。掌握商务往来礼仪的实践操作,并以此来指导商务往来工作。

多方式、多渠道收集有关资料,运用交流讨论的方式,组织学生进行课堂讨论,认识在商务活动中对往来礼仪的实践操作的重要性。

二、实践步骤

(1) 分组收集与商务往来礼仪相关的资料,作课堂交流准备工作。
(2) 组内交流讨论,制作PPT汇报文档。
(3) 小组代表发言,总结本组观点。
(4) 小组成员解答疑问。
(5) 组与组互评,教师可作适当点评。
(6) 上交PPT汇报文档。

三、实践要求

(1) 收集的资料要与商务往来礼仪的内容相关,内容要丰富,形式要多样。
(2) 小组内部交流要留有发言记录,PPT汇报文档要生动形象,符合要求。
(3) 小组代表发言陈述观点要清晰,声音要洪亮,仪态要大方。
(4) 解答疑问清楚,有问必答。
(5) 组与组互评要客观、公正。

四、实践内容

商务往来礼仪分组讨论演练的资料收集,包含以下实践内容。

(1) 商务接待礼仪:
1) 迎客礼仪;
2) 待客礼仪;
3) 送别礼仪。
(2) 商务拜访礼仪:
1) 拜访前的准备;
2) 见面时的礼仪;
3) 告辞时的礼仪。
(3) 商务馈赠礼仪:
1) 根据馈赠目的,选择恰当的礼品;

2) 慎重考虑赠礼的场合、时间；

3) 注意馈赠礼品时的态度。

(4) 受礼礼仪：

1) 接受礼品的礼仪；

2) 回礼礼仪；

3) 拒绝礼品的礼仪。

五、实践范例

1. 具体范例

骆伽的成功案例

骆伽负责山东市场，那是惠康从来没有打开局面的新市场。她听说山东的一家电信运营商要启动一个重要项目，便立即出差去济南。骆伽奔到客户办公室时，主管处长不在，她等很久也没有等到，便给处长打电话，对方说在外面开会不回办公室了。她只好在电话中约处长一起聊聊，处长却推辞说晚上有事。骆伽没有办法约到处长，转眼看见办公室里还有一个姓魏的工程师(以下简称：小魏)，他大学毕业不久，平常负责设备维护。骆伽认为此人对采购没有多大影响力，但应该对客户内部情况很了解，便请小魏出来吃饭。两人边吃边聊，将客户情况掌握得清清楚楚。

骆伽这次无功而返，只好第二天飞回北京。她放心不下这个订单，打算再去济南，便事先打电话约处长，他说最近很忙，让骆伽先别来，并表示惠康是世界知名公司，招标的时候欢迎参加。骆伽在琢磨处长是推诿，还是真的认可惠康的实力呢？她立即给小魏打电话，将处长的话复述一遍，问他应该怎么办。小魏在电话中劝骆伽，处长跟每个厂家都那么说，并劝她别做那个订单了，处长有老关系，里面水深着呢。很多销售人员去拜访处长，在办公室坐不到 15 分钟，处长就下逐客令，那个处长不好打交道。

骆伽偏不放弃，心想小魏天天和处长泡在一个办公室，便缠着他出主意，小魏果然帮她想到办法。过了几天，小魏告诉她一个消息，处长要来北京参加一年一度的通信展览会。

骆伽当即为处长订了酒店，然后找来酒店服务员，给了两百元小费，让他做了半个黑板那样大的接机牌，提前半个小时到机场将处长抢回来。几天以后，处长下飞机取了行李，在很远的距离就看到骆伽的接机牌，没有多想就将行李交给酒店服务员，上车来到酒店。直到骆伽来到房间交换名片的时候，他才意识到接他的是另有其人。处长打电话给本该接他的人，那家伙还举着小小的接机牌在机场到处找处长呢，急匆匆打车来到酒店。骆伽在酒店大堂等到他，商量能否让处长就住在这个酒店。骆伽承诺出酒店费用把处长留了下来，并保证不影响对方安排。两家公司互不竞争，对方痛快答应下来，双方皆大欢喜。

当天晚上，骆伽给处长洗尘，然后一起出去活动。她早已掌握了处长的情况，他在家里很怕老婆，6 点下班，7 点到家，一边看新闻联播一边吃晚饭，8 点出去散步，9 点上床睡觉，在家养精蓄锐，出差时没人管，每次都玩得尽兴。处长在北京 3 天，骆伽从公司请来司机专门给他用,骆伽一直全程陪同,陪处长购物、旅游、吃饭,并趁机带处长去惠康公司参观,关系处得很不错了。处长被搞定了,但是这个项目上千万,处长说话不算数,最终拍板的是主管副局长。除了局长和处长,还有其他部门参与,骆伽都不认识这些人,根本谈不上得到他们的支持。怎么办呢?骆伽将处长送到机场,骆伽在处长通过安检的最后时刻,提议去济南做个技术交流,处长当场答应。骆伽又提出顺便拜会局长,处长犹豫一下也答应了。

一周以后,骆伽带着工程师去济南,先见处长将局长的情况了解清楚,特别询问了局长的行程。骆伽第二天拜访局长的时候,局长很不客气,屁股都不抬,示意骆伽坐下,谈了几句就开始接电话。处长看出局长心不在焉,谈一会儿就要带骆伽离开,局长总算给点儿面子,起身挥手说再见。骆伽趁着这个机会顺势问道:"那什么时候再见呢?"局长没想到骆伽会这么问,愣了一下。骆伽立即说:"您经常去北京出差,我们北京见吧。"局长顺口说道:"好吧,北京见。"骆伽露出笑容说:"局长说话要算数啊。"

骆伽离开局长办公室后,转身就去客户公司的行政部门,认识了负责安排领导行程的办公室主任,不断和他保持联系。终于在局长去北京出差的时候将其请到惠康,并请惠康的总经理林振威与局长一起午餐。骆伽知道局长喜欢打网球,便在嘉里中心公寓的健身中心订了场地和教练。后来,局长每次到北京都会和她打一场网球。

此时,骆伽仍然没有掉以轻心,她小心谨慎地做下面操作层客户的工作,从底层工程师,到中层的处长,直到决策层的局长,一个都没漏下。项目决策的时候,大家异口同声都推荐惠康。局长后来乐呵呵地说,他是一点忙都没帮上,想说的话让下面的人都说了。

(资料来源:付瑶:《输赢之摧龙六式》,北京大学出版社,2008年版)

2. 讨论交流:骆伽的成功在何处

这个案例给我们的启示:

(1) 运用一系列接待拜访的技巧,将客户掌握在自己手中。例如,骆伽用半个黑板大的接机牌将处长接到酒店,从而有机会进一步沟通;在局长去北京出差的时候,将其请到惠康,并请惠康的总经理林振威与局长一起午餐。有效的接待拜访为商务活动的进展又推进了一步。

(2) 收集客户资料如同作战时收集情报,是基础工作。收集客户资料,如客户名称、联系人的名字、电话号码等。收集信息的方式有很多,如上网搜索、向同行询问、搜集客户内部的杂志等。最有效的方式莫过于发展关系好的客户做向导或内线,帮忙提供信息,可轻易掌握客户内部或竞争对手的任何信息。发展向导有个从低到高的过程,开始的时候,很难将高级别客户发展为向导,而要选择易获取的对象。骆伽就非常明智地选择了一个刚毕业,并且家在外地的魏工,他虽然对采购没有任何影响,却有足够的资料。随着销售的发展,应该始终在客户内部不断发展和培养向导,建立情报网络。处长后来也被发展成了内线,将信息源源不断地输送过来,直到对客户内部和竞争对手的任何风吹草动都了如指掌。

(3) 在商务活动的馈赠中,必须注意掌握对方的兴趣爱好,才能投其所好。骆伽知道局长喜欢打网球,便在嘉里中心公寓的健身中心订了场地和教练。这样的馈赠比较容易拉近与对方的距离,效果往往非常好。馈赠并非讲究一定是实物,形式可以多种多样。

前沿研究

国际商务交往中的馈赠常识

世界各国,由于文化上的差异,不同历史、民族、社会、宗教的影响,在馈赠问题上的观念、喜好和禁忌有所不同。只有把握好这些特色,在交往馈赠活动中才能达到目的。

一、亚洲国家的馈赠

亚洲国家虽然因社会的、民族的、宗教的情况有很大不同,但却在馈赠方面有很多相似之处。

1. 形式重于内容。对亚洲国家人士的馈赠,名牌商品或具有民族特色的手工艺品是上好的礼品。至于礼品的实用性,则屈居知识性和艺术性之后,尤其是日本人和阿拉伯人,非常重视礼品的牌子和外在形式。对日本人而言,越是形式美观,而又无实际用途的礼品,越受欢迎,因为日本人有送礼的癖好,送他这样的礼品,他好再转送他人。

2. 崇尚礼尚往来,而且更愿意以自己的慷慨大方表示对他人的恭敬。在亚洲,无论何地,人们都认为来而不往是有失尊严的,这涉及自身形象。因此,一般人都倾向于先送礼品予他人。而且,收到礼品,在回礼时则常在礼品的内在价值、外在包装上更下功夫,以呈现自己的慷慨和对他人的恭敬。

3. 讲究馈赠对象的具体指向性。选择和馈赠礼品时,十分注意馈赠对象的具体指向性,这是亚洲人的特点。一般说来,送给老人和孩子礼品常常是令人高兴的,无论送什么,人们都乐于接受。但若是送他人妻子礼品,则需考虑交往双方的关系及对方的忌讳,如阿拉伯人最忌讳对其妻子赠送礼品,这被认为是对其隐私的侵犯和对其人格的侮辱。

4. 忌讳颇多。不同国家对礼品数字、颜色、图案等有诸多忌讳。例如,日本、朝鲜等对"4"字有忌,把"4"视为预示厄运的数字,而对9、7、5、3等奇数和108等数颇为青睐,对"9"及"9"的倍数尤其偏爱(但日本人不喜欢9);阿拉伯人忌讳动物图案,特别是猪等图案的物品,而日本人则忌讳狐狸和獾等图案。

二、西方国家的馈赠

西方国家与东方国家不同,在礼品的选择喜好等方面没有太多讲究,其礼品多姿多彩。

1. 实用的内容加漂亮的形式。西方人对礼品更倾向于实用,一束鲜花、一瓶好酒、一盒巧克力、一块手表,甚至一同游览、参观等,都是上佳的礼品。当然,如果再讲究礼品的牌子和包装,就更好了。

2. 赠受双方喜欢共享礼品带来的欢快。西方人馈赠时,受赠人常常当着赠礼人的面打开包装,并表赞美后邀赠礼人一同享受或欣赏礼品。

3. 讲究赠礼的时机。一般情况下,西方人赠礼常在社交活动行将结束时,即在社交已有成果时方才赠礼,以避免行受贿之嫌。

4. 忌讳较少。除忌讳"13和星期五"这个灾难之数和一些特殊场合(如葬礼),礼品的种类颜色等有一定讲究外,大多数西方国家在礼品上的忌讳是较少的。

三、国际交往中馈赠举例

由于各国文化的差异,社会、宗教的影响和忌讳,送礼成了一种复杂的礼仪。如果运用得当,送礼能巩固双方之间的业务关系;运用不当,则会有碍于业务联系。选择适当的礼物、赠送礼物的时机,以及让收礼人作出适当的反应,都是送礼时要注意的关键问题。

(一)亚洲国家

1. 日本:日本人有送礼的癖好,因此给日本人送礼,往往采取这样的作法:即送对其本人毫无用途的物品以便收礼的人可以再转送给别人,那个人还可以再转送下去。日本人对装饰着狐狸和獾的图案的东西甚为反感。狐狸是贪婪的象征,獾则代表狡诈。到日本人家里作客,携带的菊花只能有15片花瓣,因为只有皇室徽章上才有16瓣的菊花。另外,选择礼物时,要选购"名牌"礼物,日本人认为礼品的包装同礼品本身一样重要,因此要让懂行的人把礼物包装好。

2. 韩国:韩国的商人对初次来访的客人常常会送当地出产的手工艺品,要等客人先拿出礼物来,然后再回赠他们本国产的礼品。

3. 阿拉伯国家:在初次见面时,送礼可能会被视为行贿;切勿把用旧的物品赠送他人;不能把酒作为礼品;要送在办公室里可以用得上的东西。盯住阿拉伯主人的某件物品看个不停,是很失礼的举动。因为这位阿拉伯人一定会认为你喜欢它,并一定会要你收下这件东西。阿拉伯商人给他人一般都是赠送贵重礼物,同时也希望收到同样贵重的回礼。因为阿拉伯人认为,来而不往是有失尊严的问题,不让他们表示自己的慷慨大方是不恭的,也会危害到双方的关系。他们喜欢丰富多彩的礼物,喜欢"名牌"货,而不喜欢不起眼的古董;喜欢知识性和艺术性的礼品,不喜欢纯实用性的东西。忌讳烈性酒和带有动物图案的礼品(因为这些动物可能代表着不吉祥)。送礼物给阿拉伯人的妻子,被认为是对其隐私的侵犯,然而送给孩子则总是受欢迎的。

(二)欧美国家

欧洲国家一般只有在双方关系确立后才互赠礼物。赠送礼物通常是此次交往行将结束时才进行,同时表达的方式要恰如其分。高级巧克力、一瓶特别好的葡萄酒在欧洲也都是很好的礼物。登门拜访前,则应送去鲜花(花要提前一天送去,以便主人把花布置好)。而且要送单数的花,同时附上一张手写的名片,不要用商业名片。

1. 英国:在这里应尽量避免感情的外露。因此,应送较轻的礼品,由于花费不多就不会被误认为是一种贿赂。合适的送礼时机应定在晚上,请人在上等饭馆用完晚餐或剧院看完戏之后。英国人也像其他大多数欧洲人一样喜欢高级巧克力、名酒和鲜花。对于饰有客人所属公司标记的礼品,他们大多数并不欣赏,除非主人对这种礼品事前有周密的考虑。

2. 法国:初次结识一个法国人时就送礼是很不恰当的,应该等到下次相逢时。礼品应该表达出对他的智慧的赞美,但不要显得过于亲密。法国人很浪漫,喜欢知识性、艺术性的礼物,如画片、艺术相册或小工艺品等。应邀到法国人家里用餐时,应带上几支不加捆扎的鲜花。但菊花是不能随便赠送的,在法国只是在葬礼上才用菊花。

3. 德国:"礼貌是至关重要的",故此赠送礼品的适当与否要悉心注意,包装更要尽善尽美。玫瑰是为情人准备的,绝不能送给主人。德国人喜欢应邀郊游,但主人在出发前必须作好细致、周密的安排。

4. 美国:美国人很讲究实用,故一瓶上好的葡萄酒或烈性酒、一件高雅的名牌礼物、一起在城里共度良宵都是合适的。与其他欧洲国家一样,给美国人送礼应在此次交往结束时。

(三)拉丁美洲国家

黑和紫是忌讳的颜色,这两种颜色使人联想刀四旬斋。刀剑应排除在礼品之外,因为它们暗示友情的完结。手帕也不能作为礼品,因为它与眼泪是联系在一起的。可送些小型家用电器,如一只小小的烤面包炉。在拉美国家,征税很高的物品极受欢迎,只要不是奢侈品。

(资料来源:http://lianxj520.banzhu.net/article/lianxj520-1-278369.html)

案例
高人出手挡不住

"这小子最近有笔大生意过我手上,我不打算放水,所以今儿准没好事,你讲话小心,什么都不能答应,就算帮忙也办不到,更绝对别占他便宜,他给什么都不能拿!"临下计程车,他还叮嘱老婆:"三请、四请,面子上不能不去,我可是真不愿意,所以他要开车来接,我都回了,我说'你要是来这一套,我就不去!'咱们这包礼也不轻,只得他一顿饭,两不欠嘛!好聚好散,老同学一场。"又转身捅了捅儿子:"你也听着,别拿人家东西,事关老子的操守,不是开玩笑的!"

有钱人就是有钱人,院子大得像个小公园,还带荷花池呢!池边木莲树,正开着一朵碗大的白花。

"在台北,这已经是稀有的植物。"他感慨地说:"小时候,我家院里有一棵,公家改建挖掉,十几年不见了。"

"挖起来送你,如何?"

"笑话!我哪儿有院子种?"心里一惊,他马上把脸挂了下来,回头看老婆,正在那儿赞赏女主人的衣服。

"这名家款式的衣服,只有你这高个儿穿起来漂亮!"

"这哪儿叫款式?没腰没身的,谁穿都一样,不信换给你穿穿看!"说着就把他老婆往屋拉,却被他及时吼住了。

红木大圆桌,薄胎米瓷,外加银托、银盖,菜更不用说了。

"桑岛的海鲜,寻香园的排翅,福寿齐的小点心……"主人一样样地介绍:"你坚持不上馆子,我只好出去打点了,要是再来个你老家的名产汾酒,就更妙了!对不对?哈哈哈……"

他支吾地点头,心里却在计算一桌菜的价钱。

拍！主人一击掌："您老哥这一点头，我还真想起，多年前有位高人送过这么一瓶酒，没舍得喝。"说着打开酒柜。

他赶紧冲过去阻止："已经开了一瓶XO，不要拿别的了。"

"哈哈！你慢了一步。"砰的一声，主人已经打开了瓶盖。

"不成！不成！放回去。"他涨红着脸坚持。

"已经开了嘛！老同学，不要这样嘛！你不喝，我喝行了吧！"

正巧那边儿子打翻了果汁，太太急着拿餐巾擦桌子。

"桌子没关系，应该先照顾小孩儿嘛！"倒是女主人掏出白手帕，跪在地上为孩子擦拭，跟着自己进去换了衣服，想必身上也被弄脏了。

"都16岁，明年考大学了，还跟小孩子一样冒冒失失的。"他皱着眉对孩子说："快点吃完，自己坐车去补习。"

"我们送他。"

"不用！他认得路，每次到附近打电玩，都自己坐公车。"

"打电玩？"

"可不是吗？非要玩那种叫什么'火鸟'的进口机器，动不动就是几十块钱！"老婆拍着儿子，还笑呢！

餐后4个大人坐在荷花池边聊天，木莲的香让他有些陶然，却又不得不随时提高警觉，所幸男主人居然没再提那笔生意。

告辞已是近黄昏了，女主人提个小袋子出来，拉着他的老婆的手：

"你老公说什么礼也不准送，我们女人例外，而且是旧的，我原来穿的那件，刚才已经叫佣人送出去改过，下襟剪短，一定正合适！"

他老婆吓了一跳，近乎尖叫地喊："不行！不行！"声音直发抖。"唉！剪都剪了，我也不能穿了，又不是新衣服，你怎么这样呢？"

老婆回头看他，两眼惶恐。他点了头。

"这才对嘛！"男主人拍拍老同学的肩膀："你不准我送东西，一根小树枝总成吧！"举手便折下那朵木莲花，递到他手上："童年！童年！回忆一下。"

他的脸又涨红了，倒退着往大门移动，竖直食指：

"君子一诺啊！不准开车送。"

"当然！当然！"男主人举起双手作成投降的样子："而且车子送令郎去上课了，等在补习班门口，说不定正送令郎回家呢！"

7天之后，他的孩子再不用老远到天堂打"火鸟"了，因为有人运了一台到门口。他一生不曾见过孩子那副兴奋的样子，东西又没处退，只好留了下来。

10天之后，他又看到那个案子。犹豫了一整天，临下班，批了"可"。

（资料来源：刘墉：《我不是教你诈》）

案例思考题

1. "他"为什么会签原本不打算批准的公文？
2. "他"不是原先坚持不接受对方的馈赠吗？为什么还会接受？

练习与思考

一、名词解释

迎客　送别　饯别　送行

二、填空题

1. 冲泡茶时首先要清洁茶具，多杯茶时应一字儿排开来回冲，每杯茶以斟杯高的_____为宜，应双手捧上放在客人的右手上方，先敬尊长者。

2. 引导者在上下楼梯时，上楼应该让_____走在前面，_____走在后面；下楼应该由_____走在前面，_____走在后面。

3. 在商务活动中，轿车上的_____通常被称为"随员座"。按惯例，此座应由秘书或助手就座，而不宜请客人在此就座。

4. 拜访前应和客户_____，以免扑空或扰乱客户的计划。

三、单项选择题

1. 了解来宾情况，最基本应包括其所在的单位、姓名、(　　)、级别及一行人数，以及到达的日期和地点。

　　A. 学历　　　　B. 职务　　　　C. 薪酬　　　　D. 籍贯

2. 与来宾交谈时应(　　)。

　　A. 洗耳恭听，耐心回答

　　B. 频频看表、打呵欠

　　C. 与其他同事交谈

　　D. 打电话、发传真、批阅文件寻找材料

3. 最好不要在同一时间内在同一地点接待来自不同地方的人士。要是遇上了这种情况，可(　　)接待，也可以安排其他人员分别予以接待。

　　A. 同时　　　　　　　　　　B. 按"后来先到"的顺序

　　C. 按"先来后到"的顺序　　　D. 不

4. 初次商务拜访，一般应控制在(　　)。

　　A. 10分钟　　　　　　　　　B. 一刻钟至半小时之内

　　C. 半小时至1小时　　　　　 D. 1小时以上

四、多项选择题

1. 馈赠的基本原则包括(　　)。

　　A. 轻重原则　　　　　　　　B. 时机原则

　　C. 效用性原则　　　　　　　D. 投好避忌的原则

2. 商务拜访结束时，下列行为正确的是(　　)。

　　A. 对主人的接待致谢　　　　B. 对自己的打扰表示歉意

　　C. 客人告辞，主动和对方握手　D. 主人出来送别，边走边聊，意犹未尽

3. 商务拜访时以不妨碍对方为原则，最恰当的时间是(　　)。

A. 上午八、九点 B. 下午四、五点
C. 中午十二点 D. 晚上十点半
E. 下午二、三点

4. 回礼应选择适当时机。下列时机正确的是（　　）。
A. 节日庆典时期 B. 客人走时
C. 生日、婚庆 D. 晋级升迁时

五、简答题

1. 馈赠礼品应注意哪些礼仪？
2. 商务拜访应注意哪些礼仪？

六、论述题

谈谈如何进行商务接待。

第六章

商务通讯礼仪

 学习目标

学完本章,你应该能够:
1. 理解并掌握打电话、接电话及转接电话的礼仪
2. 理解并掌握手机使用的礼仪
3. 理解并掌握商务信函的格式、用词的礼仪
4. 了解商务文件及备忘录的礼仪规范

 基本概念

通讯　通讯礼仪　传真　商务文书　备忘录

通讯,一般有其特定的含义。它是指人们利用一定的电讯设备,来进行信息的传递。被传递的信息,既可以是文字、符号,也可以是表格、图像。在日常生活里,商界人士接触最多的通讯手段,当今主要有电话、电报、电传、寻呼、传真、电子邮件等。通讯礼仪,通常即指在利用上述各种通讯手段时,所应遵守的礼仪规范。

第一节　商务电信礼仪

一、电话礼仪

在所有电子通讯手段中,电话出现得最早。迄今为止,它也是使用最广的。因此,电话礼仪是商界人士所要掌握的重点。对于商界人士来讲,电话不仅仅是一种传递信息、获取信息、保持联络的寻常工具,而且也是商务人员所在单位或个人的形象的一个载体。在商务交往中,普普通通地接打电话,实际上是在为通话者所在的单位、为通话者本人绘制一幅给人以深刻印象的电话形象。所谓电话形象,即人们在通电话的整个过程之中的语言、声调、内容、表情、态度、时间感等的集合。它能够真实地体现出个人的素质、待人接物的态度,以及通话者所在单位的整体水平。正是因为电话形象在现代社会中无处不在,而商务交往又与电话"难解难分",因此凡是重视维护自身形象的单位,无不对电话的

使用给予了高度的关注。

（一）打电话的礼仪要领

打电话时，我们需要注意的礼节主要有以下三个方面。

1．选择好通话时间

应根据受话人的工作时间、生活习惯选好打电话的时间。

比如，白天宜在早晨8点以后，节假日应在9点以后，晚间则应在22点以前，以免受话人不在或打扰受话人及家人的休息。如无特殊情况，不宜在中午休息时和一日三餐的常规时间打电话，以免影响别人休息和用餐。给单位打电话时，应避开刚上班或快下班两段时间，还要顾及接话一方所在的场合。给国外的客户打电话，还要特别注意其所在地与国内的时差和生活习惯。

最好在别人方便的时候打电话给他，而不仅只是你方便的时候。谈话可以这样开始：

"现在与您交谈合适吗?"……你还要考虑到别人是否方便与你在电话中长时间交谈。

无论什么原因，电话中断，首先打电话的人应该再拨。

如果你和某人在他的办公室谈话，而他突然接到了一个紧急电话，你应该问："我该出去一会儿吗?"而他在接电话的时候也应该说："对不起，我一定要接这个电话。"

当你通话时，注意背景不要太吵，有太闹的电视或收音机，请尽量调轻一点。

当你打长途电话给别人请求帮助，而正好对方不在，你应该选合适的时间再打去，最好不要让对方回电，因为对方可能会顾虑到昂贵的电话费。

2．拟好通话要点

在电话中应该说些什么，一次电话该打多久，拨电话前应有"腹稿"。如怕遗漏，可拟出通话要点，理顺说话的顺序，备齐与通话内容有关的文件和资料。电话拨通后，应先向对方问一声"您好"！接着问："您是×××单位吗?"得到明确答复后，再报自己的单位和姓名，然后报出受话人姓名。如受话人不在，可请人转告，或过一会儿再打。如拨错了号码，应向对方表示歉意。打电话的时间宜短不宜长，每次通话一般以3分钟为宜，说话要简明扼要、长话短说。

自报身份的标准"模式"是：

"您好！我是×××公司营销部副经理×××，我要找×××公司经理××××先生/小姐。"

3．讲究通话语言艺术

话如其人，不管是在公司还是在其他地方，凭双方在电话里的讲话方式，就可以互相判断对方的基本教养水准。电话的语言艺术，不仅要坚持用"您好"开头，"请"字在中，"谢谢"结尾，更重要的是控制语气、语调。因为电话只闻其声不见其人（可视电话除外），双方的声音是一个重要的社交因素，声音往往代表自己的或组织的形象。因此，在通话时要态度和蔼，声调温和而富有表现力，语气适中、语言简洁、口齿清晰，要抱着对方就在眼前的感觉，让对方感到自己在微笑。特别是有关时间、地点要交代准确，使人感到亲切自然，切不可高声大喊、装腔作势或拿腔捏调、嗲声嗲气，更不能粗暴无理。打电话推销产品时,要熟悉产品的特点、性能、价格,通话技巧、措辞要因人而异,因事、因时而异,不可千篇一律。放下电话时,务必双手轻放。千万不要在尚未告知受话人"再见"的情况下,猛然"砰"的一声挂断电话。

(二) 接电话的礼仪要领①

接电话时,要注意以下三点。

1. 电话铃响后应马上接听

电话铃响后应及时接听,不能耽搁。如果一时腾不出空来,让电话响了4次以上,拿起电话就应先向对方致歉:"对不起,让您久等了"。拿起听筒后,应先说一句礼貌语:"您好"或"早上好"! 再报自己的单位或姓名,然后问对方找谁,切记只问不答。如果刚好是受话人电话,说:"我就是,请问您是哪位?"如果自己不是受话人,应热情传呼,不能把听筒一丢,就大叫"张三电话",这对发话人和受话人都是失礼的。应热情告诉对方:"请稍后,他马上就来。"如果找的人不在,则要重新拿起电话,说:"对不起,他刚好出去了,您需要留话吗?"询问对方是否需要转告,并记下对方的电话号码和姓名,不能让对方久等,或一挂了之。如接到别人打错的电话时,应以礼相待,不可恶语伤人。

2. 认真倾听对方的电话内容

平时在电话机附近应备有电话号码簿、电话记录本和笔。接电话时,应放弃一切闲谈,认真聆听发话人的问话和要求,重要内容还要边听边记,并向对方复述一遍,以便校正。在通话中,应礼貌地呼应对方,适度地使用附和帮腔语。不时地"嗯"、"哦"一两声,或说"是"、"好"之类的话语,让对方感到自己在认真倾听,不要默不作声,不要轻易打断对方的谈话。如发觉电话内容不宜为外人所知,或有急事需要处理时,可委婉告诉对方:"我身边有客人",或"我有急事要处理,等一会儿我再给您回话"。

如获知有人来电话找过自己,不管对方是否要求回话,都应尽早回话。如隔时较久,给对方回话应表示歉意,并解释原因。

3. 注意结束通话时的礼貌

电话通讯,一般由发话人结束谈话,受话方应等对方挂机后再放下听筒。不要仓促挂断电话,甚至对方话还未说完就挂断电话。临近通话结束,受话人应主动向发话人说一声"麻烦您了",或道一声"再见"或"谢谢"。挂电话的声音不要太响,以免让人感到粗鲁无礼。

二、手机礼仪

澳大利亚电信公司最近与有关专家,以及餐厅、剧院等行业的代表共同合作,发布了一项新的研究成果———对使用手机的态度的研究。研究发现,大部分人都认为手机使用者越来越旁若无人了,吵闹的铃声现在已经成为最烦人的噪声。澳大利亚电信公司认为,应该在社会上提倡更好的"手机礼仪"。随着移动电话的日益普及,无论是在社交场所还是工作场合,放肆地使用移动电话已经成为社会礼仪的最大威胁。

商界人士在日常交往中使用手机时,大体上有如下几个方面的礼仪规范。

---

① 汪涛编著:《商务礼仪》,华文出版社,2008年版。

1. 置放到位

在一切公共场合，手机在没有使用时，都要放在合乎礼仪的常规位置。不要在并没使用的时候，放在手里或是挂在上衣口袋外。放手机的常规位置有：一是随身携带的公文包里，这种位置最正规；二是上衣的内袋里；有时候，可以将手机暂放腰带上，也可以放在不起眼的地方，如手边、背后、手袋里，但不要放在桌子上，特别是不要对着对面正在聊天的客户。

2. 遵守公德

使用手机，当然是为了方便自己。不过，这种方便是不能建立在他人的不便之上的。换而言之，商务人员在有必要使用手机时，一定要讲究社会公德，切勿使自己的行为骚扰到其他人士。

商务礼仪规定：在公共场所活动时，商务人员尽量不要使用手机，当其处于待机状态时，应使之静音或转为振动。需要与他人通话时，应寻找无人之处，而切勿当众大声说话。公共场所乃是共有、共享之处，在那里最得体的做法是人人都要自觉地保持肃静。显而易见，在公共场所里手机铃声响个不停，或是在那里自说自话，都是侵犯他人权利、不讲社会公德的表现。在参加宴会、舞会、音乐会、前往法院、图书馆，或是参观各类展览时，尤需切记此点。

在工作岗位之上，也应注意不使自己手机的使用有碍于工作、有碍于别人。商界人士在写字间里办公时，尽量不要让手机大呼小叫。尤其是在开会、会客、上课、谈判、签约，以及出席重要的仪式、活动时，必须要自觉地提前采取措施，令自己的手机噤声。在必要时，可暂时将其关机，或者委托他人代为保管。这样做，表明自己一心不可二用，因而也是对有关交往对象的一种尊重和对有关活动的一种重视。

据报道[①]，在英国一次有财政部高级官员出席的听证会上，一名议员的手机响个不停，令英国银行行长大发其火。所以，为了不惹怒上司和与会同事，你最好"管好"自己的手机。

当你正在出席会议时，接收一连串的电话肯定是会让他人反感的，同时你也不想让你的谈话被人听到。如果真碰到了什么急事，你最好是能及时挂断电话，调成振动避免铃声再次响起，然后安静、迅速地离开会场回复电话。

一般来说，不少人反对在会议中使用移动电话。在会议中和与别人洽谈的时候，最好的方式是把手机关掉，或者调到振动状态。这样既显示出对别人的尊重，又不会打断正在发言者的思路。

3. 保证通畅

使用手机主要的目的是为了保证自己与外界的联络畅通无阻，商界人士对于这点不仅必须重视，而且还需为此而采取一切行之有效的措施。告诉交往对象自己的手机号码时，务必力求准确无误。如系口头相告，应重复一两次，以便对方进行验证。若自己的手机改动号码，应及时通报给重要的交往对象，免得双方的联系一时中断。有必要时，除手机外，不妨同时再告诉自己的交往对象其他几种联系方式，以有备无患。

---

① 资料来源：http://jmxh.com/Html/Article/shishang/zclr/zcly/229240387.html。

接到他人打在手机上的电话之后,一般应当及时与对方联系。没有极其特殊的原因,与对方进行联络的时间不应当在此后超过5分钟。拨打他人的手机之后,亦应保持耐心。在此期间,不宜再同其他人进行联络,以防电话频频占线。

不及时回复他人电话,呼叫、拨打他人手机后迅速离去,或是转而接打他人的电话,都会被视作恶意的犯规。

4. 重视私密

通信自由,是受到法律保护的。在通信自由之中,秘密性,即通信属于个人私事和个人秘密,是其重要内容之一。使用手机时,对此亦应予以重视。一般而言,手机的号码,不宜随便告知于人。因此,不应当随便打探他人的手机号码,更不应当不负责任地将别人的手机号码转告他人,或是对外界广而告之。

5. 注意安全

使用手机、呼机时,对于有关的安全事项绝对不可马虎大意。在任何时候,都切不可在使用时有碍自己或他人的安全。

按照常规,在驾驶车辆时,不宜忙里偷闲,同时使用手机通话,或是查看呼机。弄不好的话,就极有可能导致交通事故。

乘坐客机时,必须自觉地关闭本人随身携带的手机、呼机。因为它们所发出的电子讯号,会干扰飞机的导航系统。

在加油站或是医院里停留期间,也不准开启手机、呼机。否则,就有可能酿成火灾,或影响医疗仪器设备的正常使用。此外,在一切标有文字或图示禁用手机、呼机的地方,均须遵守规定。

6. 手机短信①

手机短信的越来越广泛的使用,使得它也成为手机礼仪关注的焦点。在一切需要手机振动状态或是关机的场合,如果短信的声音此起彼伏,那么和直接接打手机又有什么区别?所以,在会议中、和别人洽谈的时候即使使用手机接收短信,也要设置为振动状态,不要在别人注视你的时候查看短信。一边和别人说话,一边查看手机短信,能说明你对别人的尊重吗?在短信的内容选择和编辑上,应该和通话文明一样重视。因为通过你发的短信,意味着你赞同,至少不否认短信的内容,也同时反映出你的品味和水准。所以,不要编辑或转发不健康的短信。

(1) 短信祝福一来一往足矣。现在每逢节日,人们都会发短信祝福。来而不往非礼也,所以别人发来短信,自己就要回一个短信。接到对方短信回复后,一般就不要再发致谢之类的短信,因为对方一看,又得回过来。就祝福短信来说,一来一往足矣,二来二往就多了,三来三往就成了繁文缛节。

(2) 有些重要电话可以先用短信预约。有时要给身份高或重要的人打电话,知道对方很忙,可以先发短信"有事找,是否方便给您打电话?"如果对方没有回短信,一定不是很方便,可以在较久的时间以后再拨打电话。

(3) 及时删除自己不希望别人看到的短信。一些人经常把手机放在桌上,如果出办

---

① 资料来源:http://www.yxlady.com/convenance/2008_03_07/115353.shtml。

公室办事或去卫生间,也许有好奇之人就会顺手翻看短信。如果上面有一些并不希望别人看到的短信,就可能引起麻烦。如果不幸被对方传播出去,后果就更严重,夫妻之间亦是。难免会有异性同事、朋友发一些语言亲昵的短信,其实是因为双方熟了,开开玩笑,如果让爱人看见,就会引起不必要的误会。因此,经不起推敲的短信一定要及时删除。

(4) 上班时间不要没完没了发短信。上班时间每个人都在忙着工作,即使不忙,也不能没完没了地发短信。否则,就会打扰对方工作,甚至可能让对方违纪。如果对方正在主持会议,或者正在商谈重要事项,闲聊式的短信更会让对方心中不悦。

(5) 发短信不能太晚。有些人觉得晚上10点以后不方便给对方打电话了,发个短信告知就行。短信虽然更加简便,但如果太晚,也一样会影响对方休息。

(6) 提醒对方最好用短信。如果事先已经与对方约好参加某个会议或活动,为了怕对方忘记,最好事先再提醒一下。提醒时,适宜用短信而不要直接打电话。因为打电话似乎有不信任对方之感,短信就显得非正式亲切得多。短信提醒时,语气应当委婉,不可生硬。

7. 彩铃礼仪①

(1) 个性化铃声应注意使用场合。时下个性化的铃声正迅速走俏,这些个性化铃声为生活增添了色彩,人们选择它无可非议。但是,过于个性化的铃声应注意使用场合。这就像穿衣打扮一样,分家里和家外两种。过于暴露的衣服可以在家里随便穿,但在办公室、在拜会客人时就不能穿,手机铃声也是。现在很多二十出头的小伙子、小姑娘都喜欢选用"爸爸,来电话了!""妈妈,来电话了!"还有狗叫声,在办公室和一些严肃的场合,这种铃声不断响起的话,对周围人是一种干扰。如果确实喜欢用,就应当适时将铃声调到振动上。

(2) 铃声不能有不文明的内容。从铃声内容来说,不能有不文明的。比如,"有话快说,有屁快放",终究显得不雅,让拨打者尴尬。还有一种铃声是"鬼子进村了",市政协委员洪学锴认为,当年侵华日军对中国犯下了不可饶恕的罪行,正当日本恶意篡改历史、修改教科书之时,用这种音乐作为手机铃声,实际上是对军国主义气焰的宣扬。

(3) 铃声不能给公众传导错误信息。在海口市,曾经发生这样一件令人啼笑皆非的事。一位巡警在经过一辆豪华旅游车时,突然听到一阵急迫的呼救声:"抓贼呀,抓贼呀,抓偷手机的贼!"巡逻经过此地的边防官兵听到后,急忙将这辆旅游车拦住,可官兵们上车一看,根本没有偷手机的贼,乘客们全都在呼呼大睡。忽然,"抓贼呀……"的"喊声"再次响起,官兵们寻声找去,原来这"呼救"是从一名熟睡的乘客手机里传出的。可想而知,如果这样的铃声到处都是的话,公共秩序一定大乱。

(4) 铃声要和身份相匹配。相对来说,过于个性化的铃声与年轻人的身份比较匹配,一些长者或有一定身份的人如果选择与自己身份不太匹配的铃声,会损害自己的形象。一位女士参加一个级别很高的宴会,席间,一位部长出去处理问题,手机就放在餐桌上。一会儿,手机响了,里面的音乐是《月亮代表我的心》。偏偏部长半天不回来,打电话者又很执着,《月亮代表我的心》就一遍遍地唱着。为了打破这尴尬局面,大家只好拿全桌这

---

① 资料来源:http://www.yxlady.com/convenance/2008-03-07/115444.shtml。

位唯一的女士开玩笑："你看,部长特意出去,就是为了让你听这段音乐。"使这位女士心里不爽。这也好比是穿衣,20岁的小姑娘穿上超短裙是一种美,50岁的女士穿上超短裙就一定会成为笑柄。

（5）铃声音量不能太大。无论是座机还是手机铃声,都不能调得过大,以离开座位2米可以听见为宜。有些人的铃声像是"凶铃",在大家埋头干活时突然刺耳地响起,让人心跳都会加快。还有在医院、幼儿园等场所,过大的铃声会成为一种公害。

三、传真往来

目前,在商务交往中,经常需要将某些重要的文件、资料、图表即刻送达身在异地的交往对象手中,传统的邮寄书信的联络方式,已难于满足这一方面的要求。在此背景之下,传真便应运而生,并且迅速走红于商界。

传真,又叫做传真电报。它是利用光电效应,通过安装在普通电话网络上的传真机,对外发送或是接收外来的文件、书信、资料、图表、照片真迹的一种现代化的通讯联络的方式。现在,在国内的商界单位中,传真机早已普及成为不可或缺的办公设备之一。

利用传真通讯的主要优点是,它操作简便,传送速度非常之迅速,而且可以将包括一切复杂图案在内的真迹传送出去。它的缺点主要是发送的自动性能较差,需要专人在旁边进行操作;有些时候,它的清晰度难以确保。

商界人士在利用传真对外通讯联络时,必须注意下述三个方面的礼仪问题[①]。

1. 必须合法使用

国家规定：任何单位或个人在使用自备的传真设备时,均须严格按照电信部门的有关要求,认真履行必要的使用手续,否则即为非法之举。

具体而言,安装、使用传真设备前,须经电信部门许可,并办理相关的一切手续,不准私自安装、使用传真设备。安装、使用的传真设备,必须配有电信部门正式颁发的批文和进网许可证。如欲安装、使用自国外直接带入的传真设备,必须首先前往国家所指定的部门进行登记和检测,然后方可到电信部门办理使用手续。使用自备的传真设备期间,按照规定,每个月都必须到电信部门交纳使用费用。

2. 必须得法使用

使用传真设备通讯,必须在具体的操作上力求标准而规范。不然,也会令其效果受到一定程度的影响。

本人或本单位所用的传真机号码,应被正确无误地告之自己重要的交往对象。一般而言,在商用名片上,传真号码是必不可少的一项重要内容。

对于主要交往对象的传真号码,必须认真地记好,为了保证万无一失,在有必要向对方发送传真前,最好先与对方通报一下。这样做既提醒了对方,又不至于发错传真。

发送传真时,必须按规定操作,并以提高清晰度为要旨。与此同时,也要注意使其内容简明扼要,以节省费用。

单位所使用的传真设备,应当安排专人负责。无人在场而又有必要时,应使之自动

---

① 资料来源：http://www.yxlady.com/convenance/2008-03-07/115452.shtml。

处于接收状态。为了不影响工作，单位的传真机尽量不要同办公电话采用同一条线路。

3. 必须依礼使用

商界人员在使用传真时，必须牢记维护个人和所在单位的形象问题，必须处处不失礼数。

在发送传真时，一般不可缺少必要的问候语与致谢语。发送文件、书信、资料时，更是要谨记这一条。

出差在外，有必要使用公众传真设备，即付费使用电信部门所设立在营业所内的传真机时，除了要办好手续、防止泄密之外，对于工作人员亦须以礼相待。

人们在使用传真设备时，最为看重的是它的时效性。因此在收到他人的传真后，应当在第一时间内即刻采用适当的方式告知对方，以免对方惦念不已。需要办理或转交、转送他人发来的传真时，千万不可拖延时间，耽误对方的要事。

四、电子邮件

电子邮件是一种重要的通讯方式，因其方便快捷、通讯信息量大、费用低廉，深受人们喜爱，使用者越来越多，尤其是国际间通讯交流和大信息量信息交流更是优势明显。商界人士对待电子邮件应像对待其他通讯工具一样，要讲究礼仪，并通过礼仪将尊重和友好传递给你的商业伙伴。需注意以下几点[①]：

（1）标题要提纲挈领，切忌使用含义不清、胡乱浪漫的标题。例如："嘿！"或是"收着！"。添加邮件主题是电子邮件和信笺的主要不同之处，在主题栏里用短短的几个字概括出整个邮件的内容，便于收件人权衡邮件的轻重缓急，分别处理。尤其是回复的信件，要重新添加、更换邮件主题是须格外注意的环节，最好写上来自××公司的邮件和年、月、日，以便对方一目了然又便于保留。

（2）电子邮件的文体格式应该类似于书面交谈式的风格，开头要有问候语。但问候语的选择比较自由，像"你好"、"Hi"，或者仅仅是一个简单的称呼，结尾也可随意一些，如"以后再谈"、"祝你愉快"等；也可什么都不写，直接注上自己的名字。但是，如果你写的是一封较为正式的邮件，还是要用和正式的信笺一样的文体。开头要用"尊敬的"或是"先生/女士，您好！"结尾要有祝福语，并使用"此致/敬礼！"这样的格式。

（3）内容简明扼要，针对需要回复及转寄的电子邮件，要小心写在电子邮件里的每一个字、每一句话。因为现在法律规定电子邮件也可以作为法律证据，是合法的，所以发电子邮件时要小心，如果对公司不利的，千万不要写上，如报价等。发邮件时一定要慎重，还要定期重新审查你发过的电子邮件，评估其对商业往来所产生的影响。

（4）一定要清理回复的内容。在美国加州有一位传播学专家摩根女士曾举例说：我最近收到一份电子邮件，其中包括了辗转收送的12个人之姓名，我实在没有必要知道这些信息。有一个妙方就是，寄信时采用匿名附件收信者取代附件收信者方式，或是在转寄之前删除一切无关紧要或重复的内容，如原件中摘要部分之主题、地址及日期等。

---

① 资料来源：http://study.35card.com/articles/5317.html。

注意回答问题的技巧。当回件答复问题的时候,最好只把相关的问题抄到回件上,然后附上答案。不要用自动应答键,那样会把来件所有内容都包括到回件中;但也不要仅以"是的"二字回复,那样太生硬了,而且让读的人摸不着头脑。

(5) 合宜地称呼收件者,并且在信尾签名。虽然电子邮件本身已标明了邮自哪方,寄予何人,但在邮件中注明收信者及寄件者姓名乃是必须的礼节,包括在信件开头尊称信者的姓名,在信尾也注明寄件者的姓名,以及通讯地址、电话,以方便收信者未来与你的联系。越是在大型的公司,你越是要注意在自己的邮件地址中注上自己的姓名,同时在邮件的结尾添加个人签名栏。人们通常会把邮件转发给过多的人,打开邮件箱你可能发现有一半的邮件是与你无关的,删除它们费时费力,所以在转发前要做一下整理,把邮件的数量控制在最小。条件允许的话,要每天检查自己的邮箱,及早回复邮件。重要邮件发出后要电话确认。另外,重要的机密和敏感的话题不要使用电子邮件,因为它不能保证严守机密。

(6) 切忌全文使用英文大写字母。这样写成的邮件太强势,甚至暗示寄件人懒得使用正确的文法。毕竟,这仍是种文字沟通方式,遵守标准的文书规范是一种职业礼貌。

(7) 接收到邮件,如果自己是主送方,应当在最短的时间内给予回应,表示已经收到。简短的回应,如"已经收到,我会尽快安排,谢谢!"

第二节 商务文书礼仪

一、商务信函的格式及礼仪要求

书信是一种向特定对象传递信息、交流思想感情的应用文书。在众多传递信息、交流思想感情的形式和手段中,书信的使用最为广泛,它以自己独具的特点而被长期沿用下来。在商务活动中,书信的应用范围也很广。在撰写书信时,无论是开头称呼、结尾致敬语,还是中间行文及信封都有它特有的规定与礼仪。

1. 书信布局上的礼仪

(1) 斜排式或缩行式。这种排列的要领在于信头、结束语、签名和发信人姓名都靠右或偏右,而封内地址和称呼则靠左边,如果以上任一要素要分行排列时,后行要比前行缩入2个(或3个)英文字母;正文每段开始要缩入5个英文字母,段与段之间要空一行。这种形式讲究匀称美观,是传统的排列范式,目前只有少数英国人喜欢用。

(2) 正排式或垂直式或齐头式。这种排列的要领在于每个要素都从左边开始排列,每一行都不向右缩入,因而整封信的左边成一垂直线,右边参差不齐。这种形式虽然打字时方便省事,不需考虑左边缩入,但不匀称美观,所以使用它的人也不很多。

(3) 改良式或混排式。这种排列集上述两种形式之所长,信头、结束语、签名和发信人姓名排在右边,封内地址和称呼排在左边,但每个要素分行时每行都不向右缩入;正文每段开始缩入5个英文字母,而段与段之间可不空行。这种形式兼顾着方便省事与匀称美观,因此,它是目前极为流行的英文书信范式。

书信布局的注意事项[①]：
（1）因为手写有时难免不好辨认，所以英文书信最好是打印的。
（2）信封的书写一般是收信人地址写在信封正面的中央，而发信人地址可写在正面的左上方或信封的背面，书写形式应与信内风格一致。
（3）书信的折叠也应有讲究。

2. 祝贺信礼仪规范

对机关、团体、单位或个人喜庆之事的祝贺，或是对作出突出贡献、取得重大成就的机关、团体或个人表示庆祝而写的信件，称之为贺信。贺信应在得知对方喜讯后及早发出，不宜拖延，否则热烈气氛会黯然失色。此外，贺信一般用手写，以表示庆贺诚意。贺信的格式一般包括：

标题。在第一行的中间写上"贺信"两字，也可写成谁对谁的贺信，以及祝贺事由。

称谓。即对致信接受者的称呼，顶格写接受贺信的单位或个人，后面加冒号。

正文。即贺信的具体内容，紧接称呼之后另起一段写。

结尾。署名及标明写信日期。

3. 感谢信、表扬信礼仪规范

当得到某人、某组织的帮助时，除了口头感谢之外，有时还应该写封感谢信或表扬信。感谢信或表扬信一定要反映真实的感谢、赞扬之情。一般寄给帮助者，也可以公开张贴和发表。公开张贴和发表的，要说明感谢表扬对象的帮助行为过程、对感谢者的作用，以及这一帮助行为的社会意义。感谢信或表扬信的格式与普通书信基本相同。具体包括：

（1）标题部分。在第一行的中间写上"感谢信"或"表扬信"，也可写"×××感谢信"或"×××表扬信"之类的标题。

（2）称谓部分。顶格写被感谢者或被表扬者的单位或个人，后面加冒号。

（3）正文部分。这部分要精练，概括自己遇到什么困难，对方如何解决的，并表示感谢或表扬，然后写自己准备以怎样的实际行动来答谢对方。

（4）结尾部分。一般多用祝愿工作取得成绩等一些词语结束，有的要署名并标明日期。

4. 预定信礼仪规范

预先与对方商定某件事情的信函，称为预定信。此种信常常用于旅馆客房的预定，其格式与普通书信相同。

5. 订购信礼仪规范

订购信是商务活动中，一方向另一方订购货物的一种信函。订购信内容必须具体、完整、确切，因此，应仔细校对、反复核对。注意不要涂抹和改动，一些不必要的事情，如

---

① 资料来源：http：//www.yxlady.com/convenance/2008-03-07/115460.shtml。

订购原因等不宜写进去。

订购信的内容包括：所需商品的准确名称和货号；商品的详细规格（如尺寸、型号、标准、质地、颜色等）；所需的数量；商品的价格（包括单价和总价）；装运的方式（如邮运、空运、水运、陆运和运输路线等）；订购的日期和交货的日期；商品运达的目的地（准确而详细）；付款的方式（如信用证、商业汇票等）。

如要订购几种商品，应分列成清单。

订购信发出后，如果没有得到回音，可写一封订购催问信。但应注意礼貌，不可有埋怨和愤怒之词。可说明订购信寄出的日期，最好能附上一份原订购信的复印件，以供对方参考。

6. 询问信礼仪规范

询问信分为两类：一类是要求收信人在一定时间内向写信人提供有关情况或某种商品的价格；另一类是只向收信人索取一本免费目录，或征询收信人对某种产品或服务的意见。第一类信对收信人有利，如询问某家公司经营的某项商品的价格，这类询问信易得到答复。第二类信对写信人有利。

要想得到更快的答复，应注重礼貌；信中涉及的问题要尽量少，不占用对方太多时间；问题表达清楚，使对方对你提出问题的原因一目了然。同时，不要忘记在信中附上回信地址，最好是附上贴好邮票，并写好回信地址的信封。

当收到一封询问信后，应尽可能回复。在复信的最后一部分，可写一些"如有问题，欢迎再询"等语言，以示礼貌。

二、商务礼仪文书的格式及要求

1. 商务文件的常用种类

常用的商务文件主要有如下几种：

（1）报告，是下级向上级汇报工作、反映情况、提出建议、答复询问和请求备案的陈述性应用文件。

（2）请示，是下级向上级请求指示、批准的文件。

（3）调查报告，是商务活动中为了深入了解、研究某个问题或事件，进行调查研究后写成的汇报材料。

（4）工作计划，是经过调查研究后，预先对一定时期的整体工作或某项工作所做的部署和安排。

（5）规章制度，是章程、条例、办法、细则、规定、规则、公约、守则等的总称。它是有关会议通过、有关机关颁布、在一定范围内具有法规性与约束力的文件。

（6）工作总结，是对一定时期内进行的工作全面的回顾，用以记载工作情况，积累经验、教训，以利于提高工作水平，并作为今后工作参考的书面材料。

（7）会议纪要，是传达会议基本情况和会议主要精神，要求与会单位共同遵守的文件。

（8）命令，是一种庄重严肃的指挥性文件，要求所属组织和人员必须坚决执行。一般用于发布重要法规、重大决定，任免干部，嘉奖、惩戒、赦免有关人员等。

(9) 指示，是上级对下级布置工作，阐明工作活动的指导原则和基本要求的文件。

(10) 决定，是由某个组织、团体对某些重大事项经过会议讨论通过而形成的文件。

(11) 通知，是要求有关单位和人员周知、办理或共同执行的普遍使用的文种。

(12) 罕见，是单位之间就具体事项进行联系所使用的公用信件。

(13) 项目建议书，是双方合资者各自向自己主管部门呈报，准备同另一方合营者兴办合资经营企业的建议性文件。

2. 拟写商务文件的礼仪要求[①]

(1) 注意行款格式。公文的行款格式包括标题与正文的行距，正文的格式及署名的格式和主送机关、公文编号、机密等级、紧急程度、阅读范围、正文、附件、发文日期、报送单位、文件版头等，必须书写清楚，以免失误。粗制滥造的公文，是没有写作修养的表现。

(2) 注意行文关系。一般说，下级单位欲向上级机关呈报有关材料，应该写清楚明确的隶属关系。平行关系单位，应使用平行公文；发给下属各部门的公文，应明确届从关系。

(3) 要注意行文准确、严密。一份公文就是一份文件，因此，它的用词、用语必须准确、鲜明，不能含糊其辞，更不能前后矛盾。否则，会造成工作上的失误。

三、信纸、信封的礼仪要求[②]

(1) 字迹端正、清晰，易于辨认。不写错别字，不写错句。单字不成行，单行不成页。

(2) 一页纸上至少有三分之一是话语长度跨两行以上的，不宜满页尽是长度不跨行的短句。

(3) 礼仪性的贺信、唁函、邀请书等不宜太长，但不能少于100字。书写时，亦应注意在整页纸上的布局合理，不能一页大纸上就两行小字，这既不美观于版式，又乏诚意于情分。

(4) 不可用红墨水、红圆珠笔或铅笔写信。

(5) 对境外华语地区通信，要兼顾当地汉语书信的表达习惯。

(6) 信笺折叠应是文字面朝内，受件人称呼朝外。信笺折叠宜简单地横竖对折，不宜折成燕子状、花瓣状，这种折叠法不宜用于工作信件，会影响工作信件的严肃性。

(7) 信封使用要按国家邮政总局的有关规定，不可随意印制或改制。信封书写也应按我国邮局规定的规范行事。收件人姓名后可用"钧启、公启、安启、亲启"等，但若为明信片，则应用"收"字。明信片的寄件人后也不能写"缄"，而应写"寄"。

(8) 邮资要付足，不要寄欠资信，以免因退回补足邮资而造成时间上的延误。邮票贴法要规范，但切勿与地址太近，以免盖邮戳时将门牌号码遮住，造成投递麻烦。邮资总付的信件，要与邮局相关部门妥善交接。航空信的标签要明显。

四、备忘录的要求

备忘录是说明某一问题事实经过的外交文件。备忘录写在普通信纸上，不签名、不盖章。备忘录可以当面递交，可以作为独立的文件送出，也可作为外交照会的附件。现

[①] 陈平编著：《商务礼仪》，中国电影出版社，2005年版。
[②] 资料来源：http://zhidao.baidu.com/question/33375237.html。

在备忘录的使用范围逐渐扩大,有的国际会议用备忘录作为会议决议、公报的附件。

备忘录也是外交上往来文书的一种,其内容一般是对某一具体问题的详细说明和据此提出的论点或辩驳,以便于对方记忆或查对。

外交会谈中,一方为了使自己所做的口头陈述明确而不至于引起误解,会在会谈结束时当面交给另一方书面纪要,这也是一种备忘录。

备忘录可以在双方会谈时当面递交,也可以作为独立的文件送给有关国家,还可以附在照会、公报、声明等文件后面,作为补充文件。

作为会谈结束时当面交给另一方的备忘录,实则是一份书面纪要,即会议纪要。会议纪要是记载和传达会议情况和议定事项使用的一种行政公文。会议议定事项是本单位、本地区、本系统开展工作的依据。有的会议纪要的精神也可供别的单位、别的系统参考。

1. 会议纪要的特点

(1) 内容的纪实性。会议纪要如实地反映会议内容,它不能离开会议实际而搞再创作,不能搞人为的拔高、深化和填平补齐。否则,就会失去其内容的客观真实性,违反纪实的要求。

(2) 表达的要点性。会议纪要是依据会议情况综合而成的,撰写时应围绕会议主旨及主要成果来整理、提炼和概括。重点应放在介绍会议成果,而不是叙述会议的过程,切忌像流水账。

(3) 称谓的特殊性。会议纪要一般采用第三人称写法。由于会议纪要反映的是与会人员的集体意志和意向,常以"会议"作为表述主体,"会议认为"、"会议指出"、"会议决定"、"会议要求"、"会议号召"等就是称谓特殊性的表现。

会议纪要有别于会议记录。两者的主要区别是:第一,性质不同:会议记录是讨论发言的实录,属事务文书;会议纪要只记要点,是法定行政公文。第二,功能不同:会议记录一般不公开,无须传达或传阅,只作资料存档;会议纪要通常要在一定范围内传达或传阅,要求贯彻执行。

2. 会议纪要的写法

会议纪要的写法会因会议内容与类型不同而有所不同。就总体而言,一般由标题、正文、落款、日期构成。下面主要讲讲标题和正文的写法。

(1) 标题。会议纪要的标题有单标题和双标题两种形式。

1) 单标题:由"会议名称+文种"构成。

2) 双标题:由"正标题+副标题"构成。正标题揭示会议主旨,副标题标示会议名称和文种。

(2) 正文。会议纪要的正文大多由导言和主体构成,具体写法依会议内容和类型而定。

1) 导言。主要用于概述会议基本情况。其内容一般包括会议名称、会期会址、参加人员、主持人和会议议程等,具体写法常见的有两种:

第一种:平列式。将会议的时间、地点、参加人员和主持人、会议议程等基本情况采用分条列出的写法。这种写法多见于办公会议纪要。

第二种:鱼贯式。将会议的基本情况作为一段概述,使人看后对会议有个轮廓的了解。

2）主体。这是会议纪要的核心部分。主要介绍会议议定事项,常见的写法有三种:

条文式写法。就是把会议议定的事项分点写出来。办公会议纪要、工作会议纪要多用这种写法。

综述式写法。就是将会议所讨论、研究的问题综合成若干部分,每个部分谈一个方面的内容。较复杂的工作会议或经验交流会议纪要多用这种写法。

摘记式写法。就是把与会人员的发言要点记录下来。一般在记录发言人首次发言时,在其姓名后用括号注明发言人所在单位和职务。为了便于把握发言内容,有时根据会议议题,在发言人前面冠以小标题,在小标题下写发言人的名字。一些重要的座谈会纪要常用这种写法。

3. 会议备忘录的写法[①]

跟会议纪要差不多,只需将开会的要点写清楚就好了。关键是将会议上确定的事项或布置的任务写清楚,会上没有确定的和会后确定的都要写上。

第三节 实 践 指 导

一、实践任务

通过本章的学习,组织学生设计场景进行模拟通话,使每位学生掌握各种通讯方式及其涉及的礼仪规范。

二、实践步骤

(1) 依据自愿原则,学生进行自由组合,确定通话场景及各自扮演的角色。
(2) 各自自行准备道具,布置场景。
(3) 利用一堂课的时间进行表演,要求各小组注意在表演中涉及的礼仪规范。
(4) 组与组之间互评,老师进行指导点评,并进行全班性的交流讨论。

三、实践要求

(1) 小组讨论确定模拟场景,组长合理安排表演角色。
(2) 表演之前场景的布置、对白的设计要合理,并符合通讯礼仪的规范。
(3) 小组评价客观、公平,总结表演中涉及的礼仪规范的合理与不合理之处。

四、实践内容

(1) 通讯方式中,使用的具体方法与步骤。
(2) 不同角色的规范言辞与动作。
(3) 正式场合使用的通讯礼仪。

---

① 资料来源:http://baike.baidu.com/view/51410.htm。

五、实践范例

实训项目：电话礼仪训练

实训方法：1. 教师示范。
     2. 学生练习。
     3. 情景创设，模拟角色扮演，分组进行。

实训步骤：
1. 实训前按要求准备好服装、皮鞋。
2. 接听、拨打电话规范训练；
  接听电话姿势，用语，语气；
  拨打电话用语，语气；
  转叫电话用语，语气；
  婉拒电话的接听。
3. 电话交谈礼仪训练：场景设计，进行交谈。

严防犯忌：
(1) 没有称呼。
(2) 使用不当的称呼。

熟练使用文明用语：您好、请、谢谢、对不起、再见。

（资料来源：http://www.sik.cn/swly/swly/practice/contents.asp）

前沿研究

问候要遵从职业特色

1. 不同时间可以用不同的问候语

问候语除了普遍的"你好"之外，还可以因时、因人、因地而变。早上10点以前，可以问声"早安"，10点到12点问声"上午好"，12点到14点问声"中午好"，14点到18点问声"下午好"，晚上18点到21点问声"晚上好"。21点以后，如果没有急事，就不要再给对方打电话了，以免影响他人休息。

2. 问候要遵从职业特色

随着社会服务意识的增强，许多单位对接听电话如何打招呼有严格的规定，如果本单位有接听电话规定，那就要严格执行，如"您好，这里是联想服务热线，我是某某号某某"，训练有素的职业问候会让拨打电话者感到信赖。还有宾馆饭店等，也都有类似的接听问候规定。不过，现在高级宾馆接线小姐普遍是用先说英语、后说中文的方式，让人感到不舒服。在中国，还是应该先说中文、后说英语。对于一些完全不懂英语、初次拨打宾馆电话的人来说，会以为自己拨错了电话，心里会感到紧张。

3. 问候可以因对象不同而不同

如果是跟家里人、同事，或者熟悉的朋友打电话，可以不用拘泥于一板一眼的"你好"，而可以用多种方式来问候。比如,给熟悉的朋友家里打电话,如果是朋友母亲接的,自己与朋友母亲也很熟,那就可以说"大妈,小雨在吗?"一声"大妈"称呼,比"你好"更加自然温馨。

4. 问候要先通报自己的姓名

给人打电话说完"你好"之后,应该马上通报自己的姓名。如果马上接着说正事,对方会一时反应不过来,或许还会给对方造成困扰。对方可能不好意思问"你是哪位?"因为如果听不出特别熟悉的人的声音,也会让接电话者不舒服。尤其是上级给下级打电话,更要先通报姓名。

5. 问候要注意语气、声调

电话交流时,双方都看不到对方的表情,唯一交流的途径是听觉。因此问候时,首先要语气适当、声调适度、咬字清晰,更不要说方言。过快、过慢、大声,或者有气无力的问候都会让对方产生不良感觉,从而影响整个电话交流的效果。

(资料来源:http://info.biz.hc360.com/2009/03/24082584930.shtml)

案例

案例二则

案例一

张小姐坐出租车,中间有人给司机打电话。只见司机一手握着方向盘,一手拿着电话,显得非常熟练和满不在乎。张小姐在司机打电话时一直提心吊胆,唯恐警察看见,耽误时间,更怕司机没看见行人或车辆,发生什么事故。

案例二

邱女士在北京音乐厅听一场由著名大师指挥的交响乐。音乐演奏到高潮处,全场鸦雀无声、凝神谛听,突然手机铃声响起,在宁静的大厅中显得格外刺耳。演奏者、观众的情绪都被打断,大家纷纷回头用眼神责备这位不知礼者。

(资料来源:http://www.chinafwly.com/article.asp?id=780)

案例思考题

1. 两个案例中分别违反了通讯礼仪中的哪些礼仪规范?
2. 结合本章所学内容应当如何改进?

练习与思考

一、名词解释

通讯礼仪　传真　书信　备忘录

二、填空题

1. 打电话给别人的时间,白天宜在_____,节假日应在_____,晚间则应在_____。
2. 下级单位欲向上级机关呈报有关材料,应该写清楚明确的隶属关系。平行关系单位,应使用_____。
3. 会议纪要的标题有_____和_____两种形式。
4. 礼仪性的贺信、唁函、邀请书等不宜太长,但不能少于_____字。

三、单项选择题

1. 打电话的时间宜短不宜长,每次通话一般以( )分钟为宜。
   A. 1分钟　　　　B. 3分钟　　　　C. 5分钟　　　　D. 10分钟
2. 写信时,要用( )为宜。
   A. 红墨水　　　　B. 红圆珠笔　　　C. 黑色水笔　　　D. 铅笔
3. 会议纪要的双标题由( )构成。
   A. 会议名称+文种　　　　　　　　B. 正标题+副标题
   C. 大标题+小标题　　　　　　　　D. 会议名称+副标题

四、多项选择题

1. 商界人士在日常交往中使用手机时,礼仪规范包括( )。
   A. 放置到位　　　B. 遵守公德　　　C. 保证通畅　　　D. 重视私密
   E. 注意安全
2. 书信布局有( )等形式。
   A. 缩行式　　　　B. 正排式　　　　C. 垂直式　　　　D. 齐头式
   E. 混合式
3. 感谢信或表扬信包括( )几个部分。
   A. 标题部分　　　B. 称谓部分　　　C. 问候部分　　　D. 正文部分
   E. 结尾部分

五、简答题

1. 打电话时,应注意的礼仪规范是什么?
2. 如何正确使用手机的礼仪规范?
3. 电子邮件的使用,需要注意哪几方面?
4. 商务信函的正确格式是什么?
5. 对于信封、信纸的要求是什么?

六、论述题

在商务通讯中遇到特殊情况时,如邮件已发送对方未收到、会议中你的手机响了等,应当如何处理?

第七章

商务会议礼仪

 **学习目标**

学完本章,你应该能够:
1. 理解并掌握会议开始前的准备礼仪
2. 理解并掌握会议进行中的服务礼仪
3. 理解并掌握与会者的礼仪
4. 理解并掌握会议结束时的礼仪
5. 了解发布会、展览会、赞助会等专题会议的礼仪常识

 基本概念

会议　会议礼仪　座次安排礼仪　会议记录　发布会礼仪　展览会礼仪　赞助会礼仪

会议亦称聚会,是人们有组织、有领导、有目的的通过集会的形式,来商议、研讨或解决事项的一种社会活动方式。所谓会议礼仪,则是指在会议中应遵守的礼节和仪式。在商务活动中,会议占有相当重要的地位。一次会议的成功与否,固然取决于会议内容是否恰当、组织者的组织水平的高低、与会者的素质高低等诸多因素,但其中重要的一条在于组织者、与会双方是否能够遵守开会时的礼节和仪式。因此说,会议礼仪是会议成功与否的重要因素之一,是不容忽视的重要一环。会议的形式是多种多样的,但是不管召开什么样的会议,其基本礼仪要求都是相同的。

第一节　一般会议礼仪

但凡正规的会议,前期都需要进行细致缜密的组织工作。具体而言,会议的组织工作,在其进行前、进行时和进行后都各有不同的要求,凡此种种,都可以称作会务工作。负责会务工作的基层商务人员,在其具体工作中,一定要遵守常规、讲究礼仪、细致严谨,做好会务组织工作。

一、会前准备礼仪

在会议的种种组织工作中,以会前的组织工作最为关键。会议要想取得圆满成功、达到预期目的,首先在于会前准备工作做得如何。在会前准备阶段,要做到"丝丝入扣,万无一失"。需要做的组织准备工作大体上有如下四项。

(一)确定会议主题及会议议程,成立会务组

举行任何会议,都需要事先确定其主题(包括会议名称),这往往是在会前由会议主办方经过民主集中商定的。会议的主题,即会议的指导思想。通常情况下,会议的主题可以直接从会议的名称上体现出来。

一旦会议主题确定了,负责筹备会议的工作人员,就应围绕这一主题,将会议的形式、内容、任务、议程、期限、出席人员等逐一组织落实。通常要组成专门的会务组,大型会议还应分别成立秘书组、文娱组、生活组等,并确定各组的职责范围,明确分工、责任到人。同时还要对会务人员,尤其是接待人员,进行专门的礼仪培训,以保证忙而不乱、井然有序。

(二)确定与会范围,提名与会代表

会前,主办单位应根据会议的性质,本着一切从有利于会议顺利展开、有利于工作的原则,确定与会范围,提名与会代表。在确定与会代表时,应该严格控制与会范围,做到该邀请的邀请、该控制的控制,坚决杜绝一切与会议无关的人员参加会议。这样做的目的在于保证整个会议的气氛不被搅乱,这也是对其他正式与会人员的一种尊重。一般情况下,正式会议杜绝家属陪同。

(三)严格筛选,确定会址

会址的确定与会议能否成功召开的关系极大。因此,对于会议举行的场地要严格筛选。

会场的选择首先要考虑与会者的人数,不应使其过大,显得空旷无人;也不可使之过小,弄得拥挤不堪;应本着适中、方便、舒适、经济的原则来安排适当宽敞的地方为好。此外,还要考虑气候温和、食宿卫生、环境幽雅等条件。因为只有给会议代表创造最方便、最舒适的开会环境,才是对与会者最大的尊重。

如果是企业内部召开的会议,可根据人数,选择一个会议室或大礼堂进行。如果是承办上级布置的大型会议,则应具体考虑选择的地点对与会者来说,是否符合与会者的身份、交通是否方便、设备条件是否够好、是否有停车场和住宿处;另外,会场租金是否超出预算、其他必要的设备是否齐全;等等。

(四)按照会议范围,拟发通知

按常规举行的正式会议,均应提前向与会者下发会议通知。主要是指由会议的主办单位发给所有与会单位或个人的书面通知,同时还包括向有关单位或个人发放的邀请函。会议主办单位在这方面主要应做好两方面的工作。

1. 拟好通知

拟写通知时,要求内容具体、格式规范,语言简洁、庄重。通常情况下,会议通知应由以下几项内容组成:

(1) 标题,它重点交代会议名称。
(2) 主题与内容,这是对会议宗旨的介绍。
(3) 会期,应明确会议的起止时间及报到时间。
(4) 会址,包括报到的地点和会场地址,对详细地址及交通路线特别要交代清楚。
(5) 会议的出席对象,如果对象可选派,则应标明具体入选的条件。
(6) 与会要求,主要指的是与会者材料、生活用品的准备,以及差旅费报销和其他费用问题。

2. 及时送达

下发会议通知应设法保证其及时到达,不得耽搁延误。通常情况下,至少应当提前一天的时间发到与会单位和个人的手中,以便心中有数,早作准备。如果用电话通知,最好找到参加者本人接电话,表示郑重;如果托人转告,则不要忘了告知座谈会的主题,以免与会者懵懂而去,打无准备之仗,发生尴尬,这对与会者将是失礼的。

(五) 会议文件的起草

会议上所用的各种文件材料一般应在会前准备妥当,其中重要会议、一般会议的主要材料,应做到与会者人手一份。需要认真准备的会议文件,主要有会议的议程、开幕词、闭幕词、主题报告、大会决议、典型材料、背景介绍等,有的文件应在与会者报到时就下发。下面简单介绍一下开幕词、主题报告和闭幕词的主要内容。

1. 开幕词

开幕词是会议的序曲,它主要包括三方面的内容:① 正式宣布会议开始;② 阐述会议的目的、任务和意义;③ 介绍会议的议程和要求。

2. 主题报告

主题报告又称作会议报告,根据会议类型的不同,其内容容量是有所不同的,但多数情况下是会议主席向全体与会人员所作的中心讲话。鉴于主题报告的重要性,一般在起草报告前应作必要的研究和讨论,做到有的放矢、实事求是。行文时,要紧扣主题、集中凝练,除了学术性的报告,一般主题报告的内容不宜过多、过深,篇幅不宜过长。

3. 闭幕词

闭幕词是对开幕词的呼应,也是整个会议的结束语。它主要包括:① 总结会议成果;② 提出希望;③ 宣布会议结束。

开幕词、闭幕词都要紧扣会议主题,如果会议规模不大,为削减会议议程也可以不安排开幕词和闭幕词,一切都根据实际需要来决定[①]。

(六) 做好常规性准备

在进行会务准备工作时,往往有必要对一些会议所涉及的具体细节问题做好充分的准备工作。

1. 会场的布置

会场的布置主要包括会场四周的装饰、坐席的配置。
(1) 一般大型的会议,根据会议内容,要在场内悬挂横幅或标语。标语的制作要集中

---

① 吴景禄、安群主编:《实用公关礼仪》,北方交通大学出版社,2007年版,第81页。

体现会议的主题精神，简洁、上口、易记，具有宣传性和号召力。有时候，还要在门口张贴欢迎和庆祝的标语。

花卉是礼仪不可缺少的重要道具，在会议上，花卉还可以减轻与会者的疲劳感。因而，根据不同的会议场合可在会场摆放适当的青松盆景、盆花等，也可选用一些能够突出中华民族特色的花卉，如以梅花、牡丹、兰花、杜鹃、桂花、水仙等名花为题材的花卉艺术品、插花、盆景等，用无声的语言向人们传播文化、表达礼仪。

为使会场更加庄严，主席台上还可悬挂国旗、党旗，或国徽、会徽等。会议的旗帜，包括主席台上悬挂的和会场内外悬挂的。主席台上的旗帜应该挂在会徽两边，显得庄严隆重。主席台的两侧插上对应的红旗或彩旗，又可增加喜庆气氛。而会场门口和与会者入场的道路两旁也可插上红旗或彩旗，将会议的热烈气氛更多地洋溢在会场内外，更衬托会议的精神①。

(2) 对于全场的桌椅、座次的安排要适合会议的风格和气氛，讲究礼宾次序。排列主席台上的座次，我国目前的惯例是：前排高于后排，中间高于两侧，左座高于右座。凡属重要会议，在主席台上每位就座者身前的桌子上，应先摆放好写有其本人姓名的桌签。排列听众席的座次，目前主要有两种方法：一是按指定区域统一就座；二是自由就座。主要有以下几种类型：

1) 圆桌型。以圆形桌或椭圆形桌子布局能使与会者同领导一起围桌而坐，从而消除不平等的感觉。另外，与会者能清楚看到其他人的面容，因而有利于互相交换意见。这种类型适用于人数较少的会议，一般参会人员控制在 20 人以内。座次安排应注意来宾或上级领导，与企业领导及陪同对面而坐，不必拘泥过多的礼节，主要记住以门作为基准点，比较靠里面的位置是比较主要的座位，来宾的最高领导应坐在朝南或朝门的正中位置，企业最高领导与上级领导相对而坐就可以了，如图 7-1 所示。

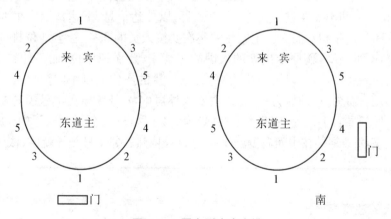

图 7-1　圆桌型座次安排

2) 口字型。即用长型方桌围成一个很大的口字形，这种座次安排比圆桌更适用于人数较多的会议。在方桌会议中，来宾和东道主坐在一起，如座谈会、小型联欢会等。但如果是比较正式的会议，则要特别注意座次的安排，以体现出最高领导者的权威性。如果

---

① 陆予圻、郭莉编著：《秘书礼仪》，复旦大学出版社，2005 年版，第 120 页。

只有一位领导或是地位有明显的高低之分,那么领导或地位较高者一般坐在这个长方形的短边的这边,或者是比较靠里的位置。就是说,以会议室的门为基准点,在里侧是主宾的位置。如果是由主、客双方来参加的会议,一般分两侧来就座,客人一方坐在会议桌比较靠里的一边,而主人一方则相对而坐①。各种安排如图7-2所示。

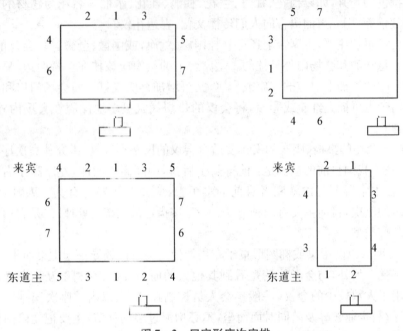

图7-2 口字形座次安排

3) 教室型。这种类型是大型会议最常见的一种座次安排。它多适用于参会人数比较多,而且相互之间不需要过多讨论、交流意见,以传达信息、下达指示为主要目的的会议。主席台和听众席相对而坐。主席台的座次要按人员的职务、社会地位排列。主席台座位要满位,不可空缺,倘原定出席的人因故不能来,要撤掉座位,而不能在台上空着。主席台座位如果有多排,则以第一排为尊贵,第一排的座位又以中间为尊贵。领导面向会场时,左为上、右为下;领导为单数时,主要领导居中,2号领导在1号领导左手位置,3号领导在1号领导右手位置,依此类推;领导为偶数时,1、2号领导同时居中,1号领导在中间左侧就座,2号领导在中间右侧就座,3号领导依然紧邻1号领导就座,依此类推。

> **座次的注意事项:**
> 判断左、右的基准是顺着主席台上就座的视线,而不是观众视线。

各种安排如图7-3所示。

---

① 吴景禄、安群主编:《实用公关礼仪》,北方交通大学出版社,2007年版,第83页。

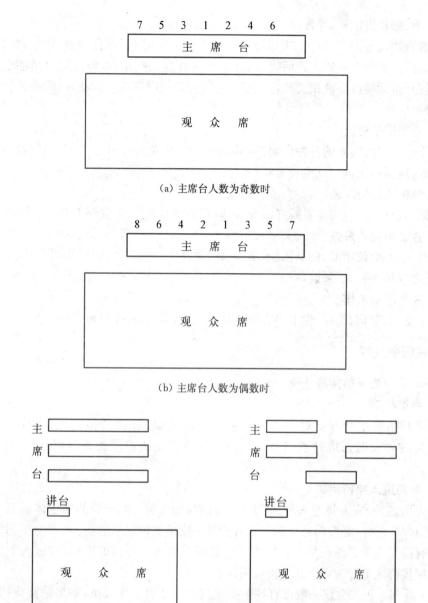

图 7-3 教室型座次安排

以上是中国规则,如果是涉外场合则以右为上。因此,在安排涉外会议时,可按照国际惯例使用有关规矩。

对就座主席台的领导同志能否届时出席会议,在开会前务必逐一落实。领导同志到会场后,要安排在休息室稍候,再逐一核实,并告之上台后所坐方位。如主席台人数很多,还应准备座位图。如有临时变化,应及时调整座次、座次牌,防止主席台上出现座次牌差错或领导空缺。还要注意认真填写座次牌,谨防错别字出现,以便于台下与会者和新闻采访人员辨认熟悉有关人士。主席台座位不要排得太挤,以便于领导成员打开文件、做记录、翻看讲话稿,并置放茶水、眼睛、笔墨等物。

主席台如设有讲台,应在主席台前排右侧台口,不可安置在台中央,使主席团成员视线受到妨碍。讲台上主要放置话筒,也可适当地放置一些花卉,但要留出足够空间以便发言者打开讲话稿或摆放相关材料。整个主席台口可以围放一圈花卉,但要选择低矮的绿色品种[①]。

2. 会场设备检查

对于开会时所需要的各种音响、照明、投影、照相、摄影、录音、空调、通风设备和多媒体设备等,应提前进行调试检查。

3. 与相关部门沟通

根据会议的规定,与外界搞好沟通,如向有关新闻部门、公安保卫部门进行通报等。

4. 会议用品的采办

有时,一些会议用品,如纸张、本册、笔具、文件夹、姓名卡、座位签,以及饮料、音响用具等,还需要统一补充、采购。

5. 其他准备工作

对于交通、膳宿、医疗、保卫等方面的具体工作,应精心、妥当地做好准备。

二、会议服务礼仪

(一) 会议当天的接待礼仪

1. 会前检查

会议开始前主办方要对准备工作进行一次全面、详细的检查,有考虑不周或落实不到位的要及时采取补救措施,如音响、文件等是否都准备齐全,保证准备工作万无一失。

2. 提前进入接待岗位

在会场之外,应安排专人迎送、引导、陪同与会人员。对与会的年老体弱者,还须进行重点照顾。此外,必要时还应为与会者安排一定的文体娱乐活动。

所有接待人员必须在与会者正式开会之前提前进入各自的岗位,并进入工作状态。一般会议接待人员分为以下几个接待岗位:

(1) 签到。正式会议一般设有签字台,配有1~2名工作人员,如果是接待档次比较高的也可安排礼仪小姐承担。签字台备有毛笔、钢笔或签字笔及签到本。向客人递钢笔或签字笔时,应脱下笔套,笔尖对己双手递上;如果是毛笔,则应蘸好墨汁后再递上。签到本应精致些,以便保存。如需要发放资料,要配有口袋以便集中携带,服务人员应礼貌地双手递上。接待人员应经常向会议组织者汇报到会人数。

(2) 引客入座。签到后,会议接待人员应有礼貌地将与会者引入会场就座。重要领导应先引入休息室,由东道主领导亲自作陪,开始前几分钟再到主席台就座。

(3) 接待。与会者坐下后,接待人员应递茶,热情地向与会者解答各种问题,有求必应、闻过即改,尽可能地满足其一切正当要求,提供周到的服务。

---

① 陆予圻、郭莉编著:《秘书礼仪》,复旦大学出版社,2005年版,第122页。

（二）会议进行中的服务礼仪

在会议进行阶段，会议的组织者要做的主要工作，大体上可分为以下三项。

1. 会中服务要稳重大方、及时敏捷

服务人员要注意观察每位与会者，以便及时为其续茶。倒茶动作要轻盈、快捷、规范，杯盖的内口不能接触桌面，手指不能接触杯口边沿，不能发生杯盖碰撞的声音。一般是左手拿开杯盖，右手持壶，将热开水准确倒入杯中，并将杯子放在与会者桌子的右上角。如果操作不慎，将茶水溅到桌面或与会者身上，应不动声色地尽快处理，不能慌慌张张、来回奔跑，更不能惊动其他人，转移与会者的注意力，否则将是极大的工作失误。

会议按拟定的程序进行，应紧凑，不要出现冷场的局面。这就要求每位工作人员都要"严阵以待"，做好各项准备工作。如大会宣布颁发荣誉证书，工作人员应迅速将受奖人排好队，礼仪小姐把领导从主席坐席上引导出场，另有礼仪小姐将证书一一递上，由领导颁发给受奖者。为使会场上的活动有条不紊，必要时应将有关人员组织起来进行模拟训练，避免会场上出现混乱。

如果与会者有电话或有急事、要事相告，服务人员应走到其身边，轻声相告。如果要通知主席台上的领导，最好用字条传递通知，避免无关人员在台上频繁走动或耳语，分散与会者的注意力。

2. 认真做好会议记录

凡重要会议，不论是全体大会，还是分组讨论，都要进行必要的会议记录。

会议记录，是由专人负责记录会议内容的一种书面材料，不用上报或下发，仅做参考、备查之用。会议名称、时间、地点、人员、主持者、记录人、发言内容、讨论事项、决议事项等，都应详细记录在内。

3. 精心编写会议简报

举行会期较长的大、中型会议时，依例应精心编写会议简报。它是对会议动态、过程，以及主要内容的扼要报道，应当尽可能地使之准、快、新、简。

（三）会议结束礼仪

一般说来，在会议进行中就应为会后服务做好准备，如提前将场地、桌椅等布置好；需要拍照留念的话，摄影师要做好摄影的准备；会后的用车也要在会议结束前就妥善安排好。在会议结束阶段，全部接待人员应分工明确地做好善后处理工作，主要有以下几项。

1. 组织活动

会议结束后，有时还会安排一些活动，如联欢会、会餐、参观、照相、赠送纪念品等。这些工作比较繁琐，应有专门的领导统一指挥协调，其他接待人员要积极配合、各司其责，以保证活动的顺利实施。

组织活动的注意事项：

有时为避免个别与会者提前离会而不能参加，应早作安排或提前组织。

2. 形成或处理有关会议的文件材料

对于有关会议的文件材料,应做到会议内外有别。在会议结束时,应根据工作需要和保密制度,进行汇总整理,该回收的回收、该销毁的销毁,并向与会者讲明原因,以免造成误解与矛盾。

会议期间形成的文件、材料,如通知、报告、简报、决议、纪要、新闻报道等都应立卷归档、妥善保存。如果有形成阶段性的决议或会议纪要等专门的会议文件,要落实到纸面上,还应该有专人负责相关事物的跟进。在起草、准备会议决议、会议纪要时,要注意两点:一是要简明、准确地阐明事实;二是要严格把关。

3. 为与会者的返程提供方便

会议即将结束时,主办方应主动过问与会者的返程有无困难。必要时,可量力而行,为其安排交通工具。要根据与会者返程的车次、航班的具体时间,做好送站工作。如果不能完全满足与会者返程要求时,应优先照顾年老体弱者、女士,并对其他人进行耐心解释,取得谅解。对于个别因故暂时滞留的与会者,要一如既往地予以关照,并尽可能地为其解决实际困难,而不能一推了之[①]。

三、与会者礼仪

一般而言,与会人员在出席会议时,应当严格遵守会议纪律,即规范着装、严守时间、维护秩序、专心听讲等。

在会议进行当中,与会者主要有以下三种类型。

1. 会议主持人

各种会议的主持人,一般由具有一定职位的人来担任,其礼仪表现对会议能否圆满成功有着重要的影响。主持人是会议的"总工程师",他在会议上要做的工作主要有:介绍参会人员、控制会议进程、避免跑题或议而不决、控制会议时间。

(1) 主持人应衣着整洁、大方庄重,走上主席台应步态稳健有力、精神饱满,行走的速度因会议的性质而定。一般地说,对快、热烈的会议步频应较慢些。切忌不修边幅、邋里邋遢。

(2) 入席后,如果是站立主持,应双腿并拢、腰背挺直。持稿时,右手应持稿子的底中部,左手五指并拢自然下垂;双手持稿时,应与胸齐高。坐姿主持时,应身体挺直、双臂前伸,两手轻按于桌沿。主持过程中,切忌出现搔头、揉眼、拦腿等不雅动作。

(3) 主持人言谈应口齿清楚、思维敏捷,简明扼要。

(4) 主持人应根据会议性质调节会议气氛,或庄重、或幽默、或沉稳、或活泼。

(5) 主持人对会场上的熟人不能打招呼,更不能寒暄闲谈。会议开始前,或会议休息时间可点头、微笑致意。

(6) 作为会议的现场指挥者和掌控者,主持人要使既定的会议议程得以落实,必须做到熟悉议程,并确保会议按照既定方针进行。主持人无权私自变更会议的议程,尤其是其中的主要议程。

---

① 吴景禄、安群主编:《实用公关礼仪》,北方交通大学出版社,2007年版,第85页。

(7) 为了确保会议能够按照既定议程顺利进行,主持人就必须严格控制会议时间。一是要把握好起止时间,不宜随便拖延开会与散会时间;二是要对每位发言人的发言时间有所限定,并一律通知到其本人;三是要留有休息时间,在进行会间休息前,需明确休息时间的具体长度,以便与会者能够准时返回会场。

(8) 在会议进行期间,主持人要掌握会场,避免跑题或议而不决,最重要的是要注意少讲多看和调节气氛,及时发现问题、解决问题,采取必要的措施来调节现场的气氛,令其保持良好的状态。

2. 会议发言人

会议发言有正式发言和自由发言两种,前者一般是领导报告,后者一般是讨论发言。正式发言者应衣冠整齐,走上主席台应步态自然、刚劲有力,体现一种胸有成竹的风度与气质。发言时,应口齿清晰、分清对象、思路清晰、简明扼要。如果是书面发言,要时常抬头扫视一下会场,不能低头念稿、旁若无人。发言完毕,应先对听众的倾听表示谢意,再欠身施礼,然后才能退场。

自由发言则较为随意,但是要注意发言的顺序和秩序,不能争抢发言。发言应简短扼要、观点鲜明;与他人有分歧时,应以理服人、态度平和,听从主持人的指挥,不能只顾自己。

如果有会议参加者对发言人提问,应礼貌作答,对不能回答的问题,应机智而礼貌地说明理由,对提问人的批评和意见应认真听取,即使提问者的批评是不恰当的,也不应失态[①]。

3. 会议参加者

一般与会人员是会议上的聆听者,最基本的是要衣着整洁、仪表大方、按时到会,依会议安排落座,遵守会议纪律。

开会时,要尊重会议主持人和发言人,应认真听讲,可以准备纸笔记录下与自己工作相关的内容或要求。不要小声说话、随意走动或打哈欠。会中尽量不要离开会场,如果必须离开,要轻手轻脚,尽量不影响发言者和其他与会者。如果长时间离开或提前退场,应与会议组织者打招呼,说明理由,征得同意后再离开。

在开会过程中,如果有讨论,最好不要保持沉默。想要发言时要先做好心理准备,用手或目光向主持人示意或直接提出要求。发言应简明、清楚、有条理并实事求是。反驳别人不要打断对方,应等待对方讲完后再阐述自己的见解;别人反驳自己时,要虚心听取,不要急于争辩[②]。

第二节 专题会议礼仪

商务人员在其日常工作中所必不可少的一件事情,就是要组织会议、领导会议或是

---

① 资料来源:http://www.fwsou.com/liyidaquan/qitaliyi/2008-01-17/31796.shtml。
② 资料来源:http://www.eexb.com/swhyly/a/xkt.htm。

参加会议。因此,会议自然而然地成为商务活动的重要组成部分之一。在这里,我们简单介绍几种常见的会务礼仪规范。

一、发布会礼仪

发布会一般指新闻发布会,又称为记者招待会。它是一种公开举行、主动传播各类有关信息、谋求新闻界对某一社会组织或某一活动、事件进行客观、公正的报道的有效沟通方式。它是企事业单位联络、协调与新闻媒体之间相互关系的重要手段。通常情况下,由某一家或几家相互关联的商界单位出面,在特定的时间和地点邀请有关的新闻界人士参加的会议,其目的是为了宣布某一消息、说明某一活动或解释某一事件,以争取新闻界对此进行客观而公正的报道,并尽可能地争取扩大信息的传播范围。简言之,新闻发布会就是以发布新闻为主要内容的会议。

要举办一场发布会,最重要的就是要做好会议的筹备、媒体记者的邀请、现场的应酬和善后事宜等几个方面的工作。

(一)会议的筹备

筹备新闻发布会,所要做的工作有很多,其中最重要的就是要做好时机的选择、人员的安排和材料的准备等。

1. 时机的选择

在决定召开发布会之前,首先应明确两点:一是确定新闻发布的主题及其价值。举办新闻发布会首先要看有无必要性,即便是有一定的必要性,也要多加论证,讲究少而精。也就是对某一消息要论证其是否具有专门召集记者前来予以报道的新闻价值,要选择恰当的新闻"由头"。二是新闻发布会的时空选择。一般来说,一次新闻发布会所使用的全部时间应当限定在两个小时以内,并且要避开节假日、避开本地的重大活动、避开其他单位的发布会、避开与新闻界的宣传报道重点相冲突。

通常情况下,举行发布会的最佳时间是周一至周四的上午9点至11点,下午的3点至5点左右。发布会的地点,除可以考虑本单位所在地、活动或事件所在地之外,还可以考虑首都或其他影响较大的中心城市,必要时还可以在不同地点举行内容相似的新闻发布会。发布会的现场,应选在交通便利、条件舒适、环境幽雅、面积适中的会议厅、宾馆多功能厅或当地有影响的建筑物等。

恰当的时机选择是发布会取得成功的保障。

2. 人员的安排

发布会的人员安排关键是要选好主持人和发言人。新闻发布会的主持人多数情况下应由主办单位的公关部长、办公室主任或秘书长来担任,要求仪表堂堂、见多识广、反应灵敏、语言流畅、幽默风趣,能够掌控大局、引导提问,并且具有丰富的会议主持经验。

新闻发言人是整个发布会的主角,因而通常由本单位的主要负责人来担任,有些单位还设有专职的新闻发言人。新闻发言人除了要求在社会上口碑较好、与新闻界关系融洽以外,还要求其学识渊博、思维敏捷、记忆力强、能言善辩、修养良好、彬彬有礼等。

另外,发布会还要精选一批负责会议现场礼仪接待的工作人员,一般由相貌端庄、工作认真负责、善于交际应酬的年轻女性来担任。

发布会人员的注意事项：
为了主、宾两便，主办单位及所有出席新闻发布会的媒体工作人员，都应在会场上佩戴事先统一制作的胸卡，其内容主要包括姓名、单位、部门及职务[①]。

3. 材料的准备

在准备新闻发布会时，主办方要事先准备好如下材料：一是发言人在新闻发布会上进行正式讲话时的发言提纲。它要求紧扣主题，全面、准确、生动、真实。二是问答提纲。为了使发言人在现场正式回答提问时能够表现自如，应该事先对可能被问到的问题进行预测，并就此准备好相应的答案，以便心中有数，必要时予以参考。三是宣传提纲。为了方便新闻界人士在进行宣传报道时能够抓住重点，可以在事前精心准备好一份以有关数据、图片、资料为主的宣传提纲，并认真打印出来，在发布会上提供给每位新闻记者，上面可以列出本单位的名称、联系方式等以便日后联系、核实之用。四是辅助材料。条件允许的话可以在现场准备一些照片、实物、模型、录音、录像、影片、幻灯片、光碟等，以供与会者利用，有时亦可安排与会者进行一些必要的现场参观或展览，增强发布会的效果。应当注意的是，切勿弄虚作假、切勿泄露商业机密。

（二）媒体记者的邀请

在新闻发布会上，主办方的交流对象以新闻媒体人士为主。在事先考虑邀请新闻界人士时，必须有所选择、有所侧重。一般情况下，要根据问题的性质或涉及的范围来确定出席发布会的记者范围。当宣布某一消息时，尤其是为了扩大影响、提高本企业知名度时，邀请的新闻单位往往是多多益善。而在说明某一活动、解释某一事件时，特别是当本企业因处于劣势而这样做时，邀请新闻单位的面则不宜过于宽泛，且要尽可能地先邀请影响力大、报道公正、口碑良好的新闻单位。此外，还应根据新闻涉及的范围来确定是要邀请全国性新闻单位、地方性新闻单位、行业性新闻单位同时到场，还是只邀请其中的某一部分到场。

另外，确定邀请的记者后，请柬最好要提前一星期发出，会前还应用电话提醒。

（三）现场的应酬

在新闻发布会正式举行过程中，往往会出现种种这样或那样的问题，有时甚至还会有难以预料到的情况出现。为了确保发布会的顺利进行，除了要求主办单位的全体人员齐心协力、密切合作以外，还要求主持人和发言人要善于沉着应变、把握全局。为此，特别要求主持人、发言人要牢记以下几个要点。

1. 要时刻注意自己的仪容、仪表

在新闻发布会上，主持人、发言人被新闻记者视为主办单位的化身和代言人，有可能

[①] 张岩松编著：《现代交际礼仪》，中国社会科学出版社，2006年版，第177页。

在不少新闻媒体上纷纷亮相出镜,更是与本单位的整体形象画上等号。因此,主持人、发言人需要对自己的外表,尤其是仪容、服饰、举止格外注意。

按照惯例,主持人、发言人需要进行必要的修饰,并且以化淡妆为主。发型、服装要合乎礼仪,一般不宜佩戴首饰。要做到举止自然大方,面含微笑、表情祥和、坐姿端正。

2. 注意互相配合

在发布会上,主持人、发言人要分工明确、相互配合、相互支持。由于两人在发布会上的分工有所不同,因此必须各司其职,不能越俎代庖。不仅如此,双方要彼此支持,口径保持一致,不能相互拆台。当新闻记者提出某些过于尖锐或难以回答的问题时,主持人要想方设法转移话题;而当主持人邀请某位新闻记者提问之后,发言人一般要给予对方适当的回答。

3. 注意讲话的分寸

在新闻发布会上,主持人、发言人的一言一语都代表着主办单位,因此必须对自己的讲话分寸予以重视。主要有以下几个方面:

一是要简明扼要。不管是发言还是答问,都要条理清楚、重点集中。有意卖弄口才、口若悬河,往往是不讨好的。

二是要提供新闻。举办新闻发布会的目的就是要发布新闻,所以在不违法、不泄密的前提下,要善于满足媒体记者的这方面的要求。但是要注意杜绝以旧闻、谎言搪塞媒体和公众。

三是要生动活泼。在讲话之际,讲话者的语言是否生动,话题是否灵活,往往直接影响到现场的气氛,因此,适当地采用一些幽默风趣的语言、巧妙的典故,也是必不可少的。

四是要温文尔雅。新闻记者大都见多识广,加之有备而来,所以他们在会上往往会提出一些尖锐而棘手的问题,此时,发言人能答则答,不能答则应当巧妙地进行闪避或是直接告之无可奉告。但不能对对方恶语相加,甚至粗暴地打断对方的提问。因为接待记者的质量如何,将直接关系到新闻媒体发布消息的成败。有鉴于此,对待媒体记者一定要尊重热情、彬彬有礼。不仅如此,应尽可能地为其提供工作之便,对于其合理的要求要尽可能地满足。

(四)善后事宜

新闻发布会举行完毕以后,主办单位须在一定时间内对其进行一次认真的评估及善后工作,主要针对以下几个方面的问题进行善后处理。

1. 了解新闻界的反应

新闻发布会结束之后,应对照签名簿核查新闻界人士的到会情况,以此来推断新闻界对本单位的重视程度,以及有多少人为此新闻发布会发表新闻稿。同时,了解一下与会者对此次新闻会的意见或建议,以便找出自己的缺点和不足。

2. 整理保存会议资料

整理保存新闻发布会的有关资料不仅包括会议进行中所使用的一切文件、图表、录音、录像等,还包括新闻媒介对此次会议所进行报道的有关资料,它们可能是有利报道,也可能是不利报道或中性报道。所有这些不仅有助于主办方全面评估发布会的效果,还可为以后举行同类会议提供借鉴,因而有必要认真整理保存。

3. 收集反馈信息,酌情采取补救措施

在听取了与会者的意见、建议,总结整理了新闻媒体对发布会的相关报道之后,对于失误、过错或误导要主动采取一些必要的对策。对于那些不利报道,要分析原因、区别对待;对于批评性报道,主办方要闻过即改、虚心接受;对于失实性报道,则应通过恰当的途径加以解释,消除误解;对于敌视性报道,则应在讲究策略、方法的前提下据理力争,尽量为本单位挽回声誉[1]。

二、展览会礼仪

对于商业组织来说,积极参与或举办各种类型的展览会,运用真实可见的产品和热情周到的服务、全面的图文资料,以及技术人员的现场操作来吸引广大的参观者,是其从事公共关系活动的一种常规的手段。

所谓展览会,对于商业组织而言,主要是指为了介绍本单位的业绩;展示本单位的成果;推销本单位的产品、技术或专利;以集中陈列实物、模型、文字、图表、影像资料等供人参观了解,而组织的宣传性聚会,简称为展览、展示或展示会。

展览会,是商业企业与公众直接沟通的极好机会,在商务交往中往往发挥着重大的作用。它是一种非常直观、形象、生动的传播方式。通常以展出实物为主,进行现场示范表演,同时使用多种媒介进行交叉混合传播,将文字媒介、图像媒介和现场讲解、交谈混合,具有很强的说服力、感染力。不仅可以现身说法打动观众,为主办方广交朋友,使参展单位在将自身及本单位产品直接推介给公众的同时,及时了解公众对本单位传播内容的反应,根据反馈信息及时调整做好进一步的工作。还可以借助于个体传播、群体传播、大众传播等各种传播形式,使有关主办方、参展单位的信息广为传播,提高其名气与声誉。

展览会礼仪通常是指商业组织在举办、参加展览会时,应当遵循的规范与惯例。通常而言,展览会的主办方需要认真做好的主要工作有:展览会主题及参展单位的确定、展览内容的宣传、展览的整体设计、安全保卫事项、辅助服务等。

1. 展览会主题及参展单位的确定

每一次、每种类型的展览会都应该有明确的主题和目的,只有主题明确,才能够提纲挈领,对所有的展品进行有机的排列和组合,充分展示展品的风采。而一旦确定了举办展览会的主题,有什么单位来参加的问题就非常重要了。参展单位必须是两厢情愿的,不得勉强。

按照商务礼仪的要求,主办单位事先应以适当的方式对拟参展单位发出正式的邀请或召集。通常情况下,可以通过刊登广告、寄发邀请函、召开新闻发布会、发布网上公告等方式将展览会的宗旨、展出项目、参展单位的范围及条件、举办的时间及地点、报名参展的时间及地点、联络方式、辅助服务项目、参展的基本费用等告知参展单位。对于报名

---

[1] 金正昆著:《商务礼仪教程》,中国人民大学出版社,2005年版,第158页。

参展的单位主办方,应根据展览会的主题及具体条件进行必要的审核,切不可良莠不分、来者不拒。

2. 展览内容的宣传

为了引起社会各界的广泛关注,主办方有必要对展览会的内容及展品进行大力的宣传。一般情况下,可以通过举办新闻发布会、邀请新闻界人士到现场进行参观采访、公开刊发广告或展览会新闻稿、张贴有关展览会的宣传画、在现场散发宣传材料和纪念品,或采用其他宣传手段来尽可能地扩大其影响力。

为了搞好宣传工作,在举办一些大型的展览会时,主办单位还会成立专门的对外宣传组织机构,如新闻组或宣传办公室等。

3. 展览的整体设计

任何一项展览都是一个系统的工程,要求必须有一个详细的整体设计。主要包括展览场地、标语口号、展览徽志、参展单位及项目的位置分配等,都需要进行全面的设计和周密的安排。

对展览会的组织者来讲,展览现场的规划与布置通常是其工作的重要职责之一。在布置展览会现场时的基本要求是:展示陈列的各种展品要围绕既定的主题,进行互为衬托的合理组合与搭配,要在整体上显得井然有序、浑然一体。

所有参展单位都希望自己能够在展览会上拥有理想的位置,一般情况下主办方也应该尽力充分满足参展单位的合理要求。但假如参展单位较多,且对较理想的展位的竞争比较激烈的话,主办方可以通过竞拍、投标、抽签,或者先来先得的方法来分配展位。不管采用何种方法,主办方都应该事先将其告知,以便参展单位早作准备,尽量选到称心如意的展位。

4. 安全保卫事项

无论展览会举办地的社会治安环境如何,主办方都应认真对待有关的安全保卫事项,以免因考虑不周而产生一些不必要的麻烦。因而在举办展览会之前,都必须依照法律履行常规的报批手续,并向当地公安部门进行通报。在举办规模较大的展览会时,最好从正规合法的保安公司聘请相应数量的保安人员来全权负责展览会的保安工作。有时为了预防天灾人祸等不测事件的发生,还可向信誉良好的保险公司进行投保。在展览会的入口处或入场券上,应将参观的注意事项正式成文列出,使观众心中有数,以便减少不必要的纠纷。

展览会组织单位的全体工作人员均应自觉树立良好的防火、防盗、防破坏等安全意识,确保展览会的顺利举行。

5. 辅助服务

主办方作为展览会的组织者,有义务为参展单位提供一些必要的辅助性服务项目,并且最好有言在先,对是否需要支付相关费用进行详尽的说明。一般而言,这些辅助性服务项目主要包括:展品的运输与安装,车票、船票、机票等的订购,海关、商检、防疫部门的协调工作,跨国参展的有关证件、证明的办理工作,必要的现代化通讯联络及办公设备,举办商务会议或休息的场所,餐饮及展览时所需的常用零配件,供参展单位选用的礼仪、讲解、翻译、推销等方面的工作人员,等等。

展览会人员的注意事项：

展览会的工作人员应当具备良好的素质，明确展览的主题和目的，具备与展览产品有关的专业素质，还要懂得礼仪，在整体形象、礼貌待人、解说技巧等方面要尤其重视，从各自不同的角度来影响公众，使公众满意。一般情况下，要求在展位上的工作人员应当统一着装，身穿本单位的制服、本次展览会统一制作的会务装，或是深色西装、套裙都是最佳的选择，为了说明各自的身份，还应在左胸佩戴表明本人单位、职务、姓名的胸卡。大型展览会上的迎送接待人员，则要穿着色彩鲜艳的单色旗袍，并身披写有参展单位或主打展品名称的大红色绶带。男士要剃须，女士化淡妆。

展览会一旦正式开始，全体参展单位的工作人员都应各就各位、站立迎宾。当观众走进自己的展位时，要面含微笑、主动问好。当观众在本单位的展位参观时，工作人员可随其后，以备对方向自己进行询问；也可以请其自便，不加干扰。假如观众较多，工作人员也可以在左前方引导参观。对于观众的提问，工作人员要认真作答，不允许置之不理或以不礼貌的言行来对待对方。不论任何情况下，工作人员均不得对观众恶语相加或讥讽嘲弄。

讲解人员应热情礼貌、声音洪亮、语速适中、讲解流畅，善于因人而异，使解说具有针对性，不用冷僻字，实事求是。同时，还要扬长避短，突出自己展品的特色，强调"人无我有、人有我优、人有我新"之处。讲解完毕，应对听众表示谢意。必要的时候，还可邀请观众亲自动手操作或由工作人员为其进行现场示范。

需要说明的是，宣传型展览会和销售型展览会的解说技巧有一些不同之处。宣传型展览会上，解说的重点是推广参展单位的形象，要围绕参展单位与公众的双向沟通来进行，大力宣传本单位的成就和理念，使公众对参展单位给予认同；而销售型展览会解说的重点则必须放在主要展品的介绍与推销之上，解说应当以客户利益为重，要在提供有力证据的前提下着重强调展品的主要特点及优点，以争取客户的认可。但是，争抢观众、尾随兜售展品、弄虚作假或是强行推介展品，都是绝对不可取的。

三、赞助会礼仪

所谓赞助，通常是指组织或个人拿出自己的人力、物力、财力来对某一社会事业、事件或其他单位和个人给予无偿的捐赠、帮助和支持。在现代社会中，赞助乃是社会慈善事业的重要组成部分之一。它不仅可以扶危济贫，向社会奉献自己的爱心，而且有助于提高自己在社会上的知名度、美誉度，并为自己塑造良好的公众形象。对商业组织而言，积极地、力所能及地参与赞助活动，本身就是进行商务活动的一种常规形式，是商业组织履行社会责任，协调与政府、社会各界的公共关系的一种重要手段。所以，赞助一向颇受商界的重视。

在赞助活动实施过程中，尤其是重大的赞助活动在正式实施以前一定要有约在先，为确保赞助活动取得成功，赞助单位与受赞助者双方均应正式签订赞助合同或赞助协议。赞助单位必须处处审慎而行,不仅要认真履约、兑现承诺,争取社会的理解与被赞助者的支持;还要善于巧借良机,利用各种传播媒介,在法律、法规允许的前提下,对自己进行适度的宣传,以求扩大本单位的社会影响力,提高自己的知名度和美誉度。因而,往往需要举行一次正式的聚会,将有关的事宜公告于社会。这种以赞助为主题的聚会,就称为赞助会或赞助仪式。这在赞助活动中,尤其是大型的赞助活动中,都是必不可少的。

根据商务礼仪的规范,赞助会一般由受赞助方出面承办,也可由赞助方给予其适当的支持。

1. 地点的选择与布置

赞助会的举行地点,一般可选择在受赞助方所在单位的会议厅,或租用社会上的会议厅。会议厅要大小适宜、干净整洁,也可略加装饰,但不可过度豪华张扬。

会议厅内灯光亮度适宜,在主席台的正上方或面对会议厅正门之处的墙壁上,一般要悬挂一条大红横幅。横幅上应以金色或黑色的楷书书写"××单位赞助××项目大会",或者"××项目赞助仪式"等。

2. 人员的选择

参加赞助会的人员既要有充分的代表性,又不必数量过多。除了赞助单位、受赞助单位双方的主要负责人及员工代表之外,应当重点邀请政府代表、社区代表、群众代表,以及新闻界人士参加。尤其要注意的是,应邀请那些具有较大影响力的电视、报纸、杂志、广播、网络等媒体工作人员到会。

所有与会人员都要身着正装,注意自己的仪容、仪表,动作举止规范,与赞助会庄严神圣的整体风格相协调。

3. 会议的议程

依照惯例,赞助会的具体议程应该周密、紧凑,其全部时间一般不应当超过一小时,具体如下:

(1) 宣布赞助会正式开始。赞助会的主持人,一般应由受赞助方的负责人或公关人员担任。在宣布会议正式开始之前,主持人应恭请全体与会者各就各位、保持肃静,并邀请贵宾到主席台就座。

(2) 主持人请全体起立,奏国歌。在奏国歌之后,还可以奏本单位的标志性歌曲。有时奏国歌、本单位标志性歌曲,也可改为合唱国歌、本单位标志性歌曲。

(3) 赞助单位正式实施赞助。通常情况下,先由赞助单位代表首先出场,口头宣布其赞助的具体方式或数额;随后,受赞助方代表上场与赞助方代表热情握手;最后,由赞助单位代表正式将标有一定金额的巨型支票或实物清单双手捧交给受赞助方代表。必要时,也可由礼仪小姐为双方提供帮助。如果赞助的物资重量、体积不大时,也可由双方在此刻当面交接。在整个过程中,全体与会者应热情为其鼓掌。

(4) 双方代表发言。首先由赞助方代表发言,其发言内容重点在于阐述赞助的目的和动机。此时,还可以对本单位的情况作简略介绍。然后由受赞助单位代表发言,此发言人一般应为受赞助单位的主要负责人或主要受赞助者,着重表达对赞助单位的感谢之情。

(5)来宾代表发言。根据惯例,可邀请政府有关部门的负责人讲话,其内容主要是肯定赞助单位的义举,呼吁全社会积极倡导这种互助友爱的美德。该项议程,有时也可略去。至此赞助会宣告结束。

在赞助会正式结束后,赞助单位、受赞助单位双方的主要代表,以及会议的主要来宾,通常应当合影留念。此后,宾主双方可稍事晤谈,然后来宾即应一一告辞①。

赞助会的注意事项:

一般情况下,在赞助会结束后,东道主不为来宾安排膳食。如确有必要,则至多略备便餐,而不宜设宴待客。

第三节 实 践 指 导

一、实践任务

通过本章节的学习,并组织引导学生举办模拟会议,使学生掌握常见商务会议的组织、服务礼仪,以及参会礼仪。本任务以模拟举办展览会为例,指导学生实践。

二、实践步骤

(1)依据自愿原则对学生进行分组,确定主办单位、参展单位、工作人员和新闻记者(观众)。

(2)各小组自行准备,并依据需要制作PPT文档,准备相关展品及宣传讲稿。

(3)利用一堂课的时间模拟展览会现场,要求各小组依照分工模拟现场工作,注意适当的礼仪。

(4)组与组之间互评,指导老师对各小组表现给予适当评价。

三、实践要求

(1)主办单位要明确主题,做好展会的组织、安排工作。

(2)各参展单位制作的PPT文档、宣传讲稿要生动形象,符合要求。

(3)工作人员应讲解流畅、热情礼貌、有问必答,接待人员迎接参观者要符合礼仪规范。

(4)组与组互评要客观、公正。

(5)全班同学进行一次经验交流。

---

① 张岩松编著:《现代交际礼仪》,中国社会科学出版社,2006年版,第183页。

四、实践内容

(1) 展览会各方的具体工作方法、步骤。
(2) 不同角色行为举止的规范做法。
(3) PPT 文档的制作方法。
(4) 当众演讲、讲解的语言表达及肢体语言。
(5) 正式场合的迎送接待礼仪。

五、实践范例

模拟新闻发布会

实训目标：掌握新闻发布会的组织、锻炼提问能力和回答问题能力。

实训准备：采访用话筒、桌牌、发言提纲、录像机等。

实训方法：假设某班刚刚组建班委会，准备一次"新闻发布会"活动，会上班委会将要发布"施政纲领"，还将接受班级同学的提问，请进行现场演练。要求：

(1) 进行会场布置；
(2) 挑选主持人、发言人，其余同学扮演各"媒体"记者；
(3) 每位发言人都以相应身份、角色发言，每位记者都应提问；
(4) 新闻媒体的名称由学生自拟，采访用的话筒、身份牌由学生自行准备；
(5) 发言材料及提问自行设计；
(6) 将新闻发布会录像，待实训结束后，在班里播放，进行评价。

(资料来源：http：//shsy.dlvtc.edu.cn/sjxcg/neirong/xiangmu.doc)

 前沿研究

电话会议礼仪

随着企业国际化和国际分工的不断深入，电话会议已经成为跨国企业商务人士最有效的沟通手段。参加电话会议同样要讲究礼仪，如果参会者不了解或不能遵守电话会议的基本礼仪，势必造成会议时的不和谐，乃至不能达成会议目标。

一、电话会议礼仪

一般情况下，电话会议要注意以下几个方面的礼仪：

1. 必须尽早制定会议的基本规则。

会议组织者需要在会议开始之前，申明必须遵守的基本规则，以保证会议的有效进行。

2. 会议一开始必须作自我介绍。

虽然大家不能见面，然而互相介绍是建立良好关系的过程，尤其是当您的客户或客人参加电话会议时。

3. 电话会议时间必须非常准时。

这是有效电话会议的必要元素。特别是在有地区时间差的时候,参会者更要有时间概念。

4. 把电话会议看作是面对面的沟通。

因电话会议有距离上的不便,故参会者在发言时一定要放松心情,按事先准备的内容,有条理地发表个人观点或建议。

5. 电话会议时,一定要清楚地表明自己的观点。

因为距离和时间的关系,参会者在表达观点时一定要简单、清楚,避免重复询问而带来不便。

6. 发言结束后,一定要向参会者表示感谢。发言者陈述完观点后,一定要向参会人员表示谢意,以便会议主持者安排下一个人员发言。

二、电话会议时的避免点

另外,还有几点是电话会议时需要避免的:

1. 在进行电话会议时,绝对避免使用手机或打电话。
2. 避免打断与自己观点不同人的发言。
3. 会议期间应避免有任何噪音。

因为背景噪音将在电话里被听到,它可能会转移其他参加者的注意力。同时,要提前设置好自己的电话。如果你的电话设有某种定时音乐,或者每隔几秒就会发出那些讨厌的嘟嘟声,这将会使在电话上的其他每个人不得不中断或分心。

4. 明确会议结束,避免给参会者模糊概念。

(资料来源:http://edu.qq.com/a/20080903/000049.htm)

案例
会议座次的重要性

某日,某分公司要举办一次重要会议,请来了总公司的总经理和董事会的部分董事,并邀请了当地政府要员和同行业知名人士出席。由于出席的重要人物较多,领导决定用U字形的桌子来布置会议桌。分公司领导坐在位于U字横头处的位置,其他参会人员坐在U字的两侧。在会议的当天,贵宾们都进入了会场,并按照安排好的座签找到自己的位置就座。当会议正式开始时,坐在横头位置的分公司领导宣布会议开始,这时发现会议气氛有些不对劲,有贵宾相互低语后借口有事站起来要走,分公司领导人不知道发生了什么事情或是出了什么差错,非常尴尬。

(资料来源:张岩松编著:《现代交际礼仪》,中国社会科学出版社,2006年版)

案例思考题

1. 请指出此案例中的失礼之处。

2. 讨论各种会议座次的安排方法。

练习与思考

一、名词解释

会议　会议记录　新闻发布会　展览会　赞助会

二、填空题

1. 会议的_____即会议的指导思想。
2. 排列听众席的座次,目前主要有两种方法:一是_____;二是_____。
3. 在方桌会议中,以会议室的门为基准点,在_____是主宾的位置。
4. 大型会议中,主席台座位要_____,不可空缺,若原定出席的人因故不能来,要_____,而不能_____。
5. 按照中国规则,主席台上座次的安排以左为上、右为下。判断左、右的基准是_____,而不是_____。
6. 服务人员为与会者倒茶,杯盖的_____不能接触桌面,手指不能接触_____,不能发生_____。
7. 在大型会议期间如果有事要通知主席台上的领导,最好的办法是_____。
8. 通常情况下,举行发布会的最佳时间是_____。
9. 确定邀请的记者后,请柬最好要提前_____发出,会前还应_____。
10. 在赞助会结束后,一般要安排双方主要参会人员_____,但不宜_____。

三、单项选择题

1. 通常情况下,与会通知至少应当提前(　　)时间发到与会单位和个人的手中,以便心中有数,早作准备。
   A. 一天　　　　　B. 两天　　　　　C. 3天　　　　　D. 一周
2. 参会人数比较多,而且相互之间不需要过多讨论、交流意见,以传达信息、下达指示为主要目的的会议常用的座次安排是(　　)。
   A. 圆桌型　　　　B. 方桌型　　　　C. 口字形　　　　D. 教室型
3. 会议期间,茶水杯或瓶装水应放在与会者桌子的(　　)。
   A. 左上角　　　　B. 右上角　　　　C. 中间靠外　　　D. 中间靠内
4. 在大型会议中,主席台如设有讲台,应放置在(　　)。
   A. 主席台前排右侧台口　　　　　B. 主席台前排左侧台口
   C. 主席台前排中央　　　　　　　D. 主席台下方中央
5. 对于参会人数较少的情况,常用的会场座次安排是(　　)。
   A. 圆桌型　　　　B. 方桌型　　　　C. 口字形　　　　D. 教室型

四、多项选择题

1. 开幕词是会议的序曲,它的内容主要包括:(　　)。
   A. 正式宣布会议开始　　　　　　B. 阐述会议的目的、任务和意义

C. 介绍会议的议程和要求　　　　D. 介绍会议成果,提出希望
E. 作出会议报告

2. 排列主席台上的座次,我国目前的惯例是(　　)。
A. 前排高于后排　　　　　　　　B. 中间高于两侧
C. 左座高于右座　　　　　　　　D. 右座高于左座
E. 会议主持人坐中间

3. 在准备新闻发布会时,主办方要事先准备好的材料是(　　)。
A. 发言提纲　　　　　　　　　　B. 问答提纲
C. 宣传提纲　　　　　　　　　　D. 辅助材料
E. 纪念小礼品

4. 在新闻发布会上,主持人、发言人要注意讲话的分寸,主要有(　　)几个方面。
A. 简明扼要　　　　　　　　　　B. 提供新闻
C. 生动活泼　　　　　　　　　　D. 准确翔实
E. 温文尔雅

5. 通常情况下,会议通知应由(　　)几项内容组成。
A. 标题、主题与内容　　　　　　B. 会期
C. 会址　　　　　　　　　　　　D. 与会要求
E. 会议的出席对象

五、简答题

1. 如何准备发布会?
2. 发布会结束后,还有哪些工作要做?
3. 常见的会议座次安排方法有哪些?
4. 展览会上,讲解人员应注意哪些礼仪问题?
5. 为了确保会议能够按照既定议程顺利进行,主持人该如何控制会议时间?

六、论述题

1. 试述会议进行中的服务礼仪。
2. 试述在大型会议中,主席台上的座次安排方法。

第八章 商务仪式礼仪

 **学习目标**

学完本章,你应该能够:
1. 了解谈判礼仪
2. 了解签约礼仪
3. 了解开业与剪彩礼仪

 基本概念

礼仪　谈判　签约　剪彩

礼仪是指人们在社会交往中,由于受历史传统、风俗习惯、宗教信仰、时代潮流等因素而形成,既为人们所认同,又为人们所遵守,是以建立和谐关系为目的的各种符合交往要求的行为准则和规范的总和。总而言之,礼仪就是人们在社会交往活动中,应共同遵守的行为规范和准则。

第一节　商务谈判礼仪

商务谈判也称商务洽谈,是指业务双方为协调彼此的关系,满足各自的需求,通过协商对话以争取达到意见一致的行为和过程。简单地说,就是指业务双方之间为实现一定的经济目的,明确相互的权利、义务关系而进行协商的活动。

一、谈判准备礼仪

商务谈判之前,首先要确定谈判人员,与对方谈判代表的身份、职务要相当。谈判代表要有良好的综合素质,谈判前应整理好自己的仪容、仪表,穿着要整洁、庄重。男士应刮净胡须,穿西服必须打领带;女士穿着不宜太性感,不宜穿细高跟鞋,应化淡妆。

布置好谈判会场,采用长方形或椭圆形的谈判桌,门右手座位或对面座位为尊,应让给客方。

谈判前,应对谈判主题、内容、议程作好充分准备,制定好计划、目标及谈判策略。

二、谈判座次礼仪

很多研究表明,在谈判中要想获得对方的合作或取得某种效果,座位的安排大有学问。

1. 台桌和椅子的大小选择及安排原则

英国谈判学家比尔·斯科特指出,台桌和椅子的大小会给谈判中被动的一方造成心理压力。经理前面的写字台越大,越显示出他的处境和权力的优越感。而被动的一方坐在远离那张大写字台的一条小凳子上,则越感受到自己的不利。

在谈判场合,双方的主谈者应该居中坐在平等而相对的位子,台桌和椅子的大小应当与环境和谈判级别相适应。会议厅越大,或谈判级别越高,台桌和椅子通常也应相应较大、较宽绰。

2. 谈判桌的布置

(1) 桌形的选择:桌子形状有长方形和圆形两种。

长方桌——双方人员面对而坐,显得正规、严肃,有时会产生对立的情绪。一般来讲,比较大型、重要的谈判,谈判桌可选择长方形的,双方代表各居一面,双方主谈者居中相向而坐。

圆桌——双方人员团团而坐,给人以和谐一致的感觉,而且彼此交谈方便。谈判规模较小,或双方人员比较熟悉,可以选择圆形谈判桌,以消除长桌那种正规、不太活泼的感觉。

选择方桌还是圆桌,要考虑谈判中有效传递信息和语言行为表达的需要。

(2) 座次的安排:位置安排,应充分体现主宾之别。

若谈判长桌一端向着正门,则以正门的方向为准,右为客方、左为主方。

其座位号的安排是以主谈者(即首席)的右边为偶数2,左边为奇数3,即所谓"在右边为大"。这种座位的安排,通常意味着正式、礼貌、尊重、平等。

如果是多边谈判,则各方的主谈者应该围坐于圆桌相应的位子,圆桌通常较大,翻译人员及其他谈判工作人员一般围绕各自的主谈者分列两旁而坐,也可坐于主谈者的身后。

一般说来,商务谈判时,双方应面对面而坐,各自的组员应坐在主谈者的两侧,以便互相交换意见,加强其团结的力量。

三、谈判过程礼仪

主场谈判、客场谈判在礼仪上习惯称为主座谈判和客座谈判。主座谈判因在我方所在地进行,为确保谈判顺利进行,我方(主方)通常需做一系列准备和接待工作;客座谈判因到对方所在地谈判,客方则需入乡随俗、入境问禁。

1. 主座谈判的接待准备

(1) 成立接待小组。一般是企业的行政办公室负责,涉外谈判还应备有翻译。

(2) 了解客方基本情况,收集有关信息。

可向客方索要谈判代表团成员的名单,了解其姓名、性别、职务、级别及一行人数,以此作为确定接待规格和食宿安排的依据。

还需了解客方对谈判的目的要求、食宿标准、参观访问、观光游览的愿望。掌握客方抵离的具体时间、地点、交通方式,以安排迎送的车辆和人员及预订、预购返程车船票或飞机票。

(3) 拟订接待方案。

根据客方的意图、情况和主方的实际,拟订出接待计划和日程安排表。还要将其他的活动内容、项目及具体时间一一拟出,如迎送、会见、宴请、游览观光、娱乐等,而且最好其间能穿插谈判,以利于调节谈判的心态和气氛。

日程安排表拟出后,可传真给客方征询意见,待客方无异议确定以后,即可打印。如涉外谈判,则要将日程安排表译成客方文字,以便于双方沟通。日程安排表可在客方抵达后交由客方副领队分发,亦可将其放在客方成员住房的桌上。

根据接待计划,具体安排、落实客方的食、宿、行等方面的事项。在食宿安排中,应充分注意到对方的文化、风俗和特殊习惯,特别是对一些有特殊禁忌的人员要十分尊重。

主座谈判时,东道主可根据实际情况举行接风、送行、庆祝签约的宴会或招待会。而客方谈判代表在谈判期间的费用,通常都是由其自理的。当然,如主方主动邀请,并事先说明承担费用的则是例外。还应根据实际情况安排好礼品、纪念品的准备工作。

(4) 迎送工作。

如客方是远道而来的,主方要在到达前 15 分钟赶到,接站时为方便双方确认,最好举个小牌子,牌子上可以写上"某某公司欢迎你们"的字样。对于客方身份特殊或尊贵的领导,还可以安排献花。献花必须用鲜花,可以扎成花束、编成花环,或送一两枝名贵的兰花、玫瑰花,但不能用黄色的菊花。献花通常由年轻女职员在参加迎送的主要领导人与客方主要领导握手后,将鲜花献上。

此外,涉外谈判接待,接待人员还要考虑到客方所在国对服饰颜色上的接受习惯,选择颜色合适的服装去参加接待活动。例如,欧美大部分国家都将黑色视为丧葬象征,接待人员穿着黑色套裙或连衣裙去接待,就会引起不愉快;在中国人眼里喜庆的红色,在泰国人看来是不吉利的;还有日本人忌绿色衣服,摩洛哥人忌穿白色,比利时人忌黄色,伊朗、伊拉克则讨厌蓝色。

主方迎接人员可以按身份职位的高低顺序列队迎接,并由主方领导人先将前来迎接的人员介绍给客方人员,再由客方领导介绍其随行人员,双方人员互相握手致意、问候寒暄。

客方抵达或离开时,主方应有迎送人员陪同乘车,关照好客方的人员和行李的安全。

主方陪同乘车,应该请客方主要领导坐在其右侧。如遇客人先上车,坐到了主人的位置上,则不必请客人挪动位置了。

2. 客座谈判的礼仪

客座谈判时,有一点需谨记的是"入乡随俗、客随主便",主动配合对方接待,对一些非原则性问题采取宽容的态度,以保证谈判的顺利进行。

谈判期间,对主方安排的各项活动要准时参加,通常应在约定时间的 5 分钟之前到达约定地点。到主方公司作公务拜访或有私人访问要先预约,不做不速之客。

对主方的接待,在适当的时间以适当的方式表示感谢。

四、谈判的方针

商务礼仪规定,商界人士在参加谈判会时,首先要更新观念,树立正确的指导思想,并且以此来指导自己的谈判表现,这就是所谓谈判的方针。谈判方针的核心,依旧是一如既往地要求谈判者在庄严肃穆、剑拔弩张的谈判会上,以礼待人,尊重别人、理解别人。具体来说,它又分为以下六点。

1. 谈判的第一点方针,是要礼敬对手

礼敬对手,就是要求谈判者在谈判会的整个过程中,要排除一切干扰,始终如一地对自己的谈判对手讲究礼貌,时时、处处、事事表现得对对方不失真诚的敬意。

在谈判过程上,不管发生了什么情况,都始终坚持礼敬对手,无疑能给对方留下良好的印象。而且在今后的进一步商务交往中,还能发挥潜移默化的功效,即所谓"你敬我一尺,我敬你一丈"。

调查结果表明,在谈判会中,能够面带微笑、态度友好、语言文明礼貌、举止彬彬有礼的人,有助于消除对手的反感、漠视和抵触心理。在谈判桌上,保持"绅士风度"或"淑女风范",有助于赢得对手的尊重与好感。与此相反,假如在谈判的过程中,举止粗鲁、态度刁蛮、表情冷漠、语言失礼,不知道尊重和体谅对手,则会大大加强对方的防卫性和攻击性,无形之中伤害或得罪对方,为自己不自觉地增添了阻力和障碍。

2. 谈判的第二点方针,是要依法办事

在商务谈判中,利益是各方关注的核心。对任何一方来说,大家讲究的都是"趋利避害"。在不得已的情况下,则会"两利相权取其大,两害相权取其轻"。虽则如此,商界人士在谈判会上,既要为利益而争,更需谨记依法办事。

所谓在商务谈判中应当依法办事,是要求商务人员自觉地树立法制思想,在谈判的全部过程中,提倡法律至尊。谈判者所进行的一切活动,都必须依照国家的法律办事,唯其如此,才能确保通过谈判获得既得利益。法盲作风、侥幸心理、铤而走险、目无法纪,都只会害人、害己,得不偿失。

有一些人在实践中,喜欢在谈判中附加人情世故。如果是指注重处理与对手的人际关系,争取促进双方之间的理解与尊重,那么则是正确的。假若指的是要在谈判中搞"人情公关",即对对方吹吹打打,与对手称兄道弟,向对方施以小恩小惠,则是非常错误的。实际上,这是小农意识在作怪,而且无济于事。因为人情归人情,生意归生意,任何有经验的商界人士,都是不会在谈判桌上让情感战胜理智的。在谈判中,过多地附加人情,甚至以此为重点,实在是误入歧途。说到底,犯了这种错误的人,是没有法制观念,而且不懂得应当怎样做生意。

3. 谈判的第三点方针,是要平等协商

谈判是什么?谈判就是有关各方在合理、合法的情况下,进行讨价还价。由此可见,谈判实际上是观点各异的各方经过种种努力,从而达成某种程度上的共识或一致的过程。换言之,谈判只能在观点各异的有关各方之间平等协商中进行。所以,假如离开了平等协商,便难以设想谈判的成功与否。

在谈判中,要坚持平等协商,重要的是要注意两个方面的问题:一方面,是要求谈判各方在地位上要平等一致、相互尊重,不允许仗势压人、以大欺小。如果在谈判的一开始有关各方在地位上便不平等,那么是很难达成让各方心悦诚服的协议的。另一方面,则是要求谈判各方在谈判中要通过协商,即相互商量求得谅解,而不是通过强制、欺骗来达成一致。

在谈判会上,要做到平等协商,就要以理服人。要进行谈判,就要讲道理。要以理评理、无理找理,说理坚持一成不变。这样的话,就容易"自成一说",从而说服对方。

4. 谈判的第四点方针,是要求同存异

有一位驰名世界的谈判大师说过:"所谓谈判,就是一连串的不断的要求和一个又一个的不断的妥协。"他的这句大白话,肯定会有助于商界人士深化对谈判本质的理解。

在任何一次正常的谈判中,都没有绝对的胜利者和绝对的失败者。相反,有关各方通过谈判,多多少少都会获得或维护自身的利益。也就是说,大家在某种程序上达到了妥协,彼此都"山重水复疑无路,柳暗花明又一村"。

有经验的商务人员都清楚,有关各方既然同意坐下来进行谈判,那么在谈判桌上,就绝对不可以坚持"一口价"、一成不变、一意孤行,否则就是作茧自缚、自欺欺人。原因十分简单,在谈判桌上,有关的一切议题,都是大可一谈的。

在谈判会上,妥协是通过有关各方的相互让步来实现的。所谓相互让步,意即有关各方均有所退让。但是这种相互让步,却不等于有关各方的对等让步。在实践中,真正的对等让步,总是难以作出的。在谈判会上所达到的妥协,对当事的有关各方只要公平、合理、自愿,只要尽最大努力维护或争取了各自的利益,就是可以接受的。

5. 谈判的第五点方针,是要互利互惠

上述之所以反复地强调:最理想的谈判结局,是有关各方达成了大家都能够接受的妥协。说到底,就是要使有关各方通过谈判,都能够互利互惠。

在商务交往中,谈判一直被视为一种合作或为合作而进行的准备。因此一场商务谈判的最圆满的结局,应当是谈判的所有参与方,都能各取所需,都取得了一定的成功,获得了更大的利益。也就是说,商务谈判首先是讲究利益均沾、共同胜利的。如果把商务谈判视之为"一次性买卖",主张赢得越多越好,甚至要与对手拼个"你死我活",争取以自己的大获全胜和对手的彻底失败,来作为谈判会的最终结果,则必将危及与对方的进一步合作,并且使社会上对己方产生"心狠手辣"、"不能容人"的恶劣印象。

因此,商务人员在参加谈判会时,必须争取的结局应当是既利己,又利人。现代的商界社会,最讲究的是伙伴、对手之间同舟共济。既要讲竞争,又要讲合作。自己所获得的利益,不应当建立在有害对手或伙伴的基础上,而是应当彼此两利。对于这种商界的公德,商务人员在谈判中务必应当遵守。

6. 谈判的第六点方针,是要人事分开

在谈判会上,谈判者在处理己方与对手之间的相互关系时,必须要做到人与事分离,各自分别而论。

在谈判中,要将对手的人与事分开。即是要求商界人士与对方相处时,务必要切记朋友归朋友、谈判归谈判,对于两者之间的界限不能混淆。

正确的认识,是应当在谈判桌上,大家彼此对既定的目标都志在必得、义不容辞。因此,既不能指望对手之中的老朋友能够"不忘旧情"、良心发现,对自己"手下留情",或是"里通外国",也不要责怪对方"见利忘义"、"不够朋友"、对自己"太黑"。

业已明言:商务谈判并不是一场你死我活的人与人的战争,因此商务人员对它应当就事论事,不要让自己对谈判对手主观上的好恶,来妨碍自己解决现实的问题。

商界人士在谈判会上,应理解谈判对手的处境,不要对对方提出不切实际的要求,或是一厢情愿地渴望对方向自己施舍或回报感情。

同理,商界人士在谈判会上,对"事"要严肃,对"人"要友好。对"事"不可以不争,对"人"不可以不敬。不然的话,商务人员要是在商务谈判中"小不忍则乱大谋",那可就怪不得旁人了。

在商界,有一句行话,叫作"君子求财不求气"。它再次告诫各位:意气用事,在商务交往中的任何场合,其中自然也包括谈判会在内,都是弊大于利的。商界同时还流行着另外一句名言,叫作"君子爱财,取之有道"。将其应用于谈判之中,也是合情合理的。它告诉商界人士,要想在商务谈判之中尽可能地维护己方的利益,减少己方的损失,就应当在谈判的方针、策略、技巧上下功夫,从而名正言顺地在谈判会上获得成功。要是心思用到了其他地方,甚至指望以见不得阳光的邪门歪道出奇制胜,不是痴心妄想,便是自欺欺人。

第二节　商务签约礼仪

签约,即合同的签署。它在商务交往中,被视为是一项标志着有关各方的相互关系取得了更大的进展,以及为消除彼此之间的误会或抵触情绪而达成了一致性见解的重大的成果。因此,它极受商界人士的重视。

一、签约仪式的准备礼仪

1. 签字厅的布置

签字厅的布置:整洁庄重。

家具陈设:将长方形签字桌(或会议桌)横放在签字厅内,桌面最好铺设深绿色台布(呢的)。

坐椅摆放:签署双边合同,在正面对门的一边摆两张坐椅;签署多边合同,则可在中间放一张坐椅,供各方签字人签字时轮流就座。

2. 合同文本的准备

合同文本的准备,按商业惯例由主方负责准备,为了避免纠纷,主方要会同对方一起指定专人,共同负责合同文本的翻译、校对、印刷、装订、盖章等工作。合同文本的语言,依照国际惯例应同时使用签约各方法定的官方语言撰写,或者采用国际通行的英文、法文撰写。

待签合同文本要用A4规格的白纸印刷,并装订成册,再配以真皮或金属封面,除供各方正式签字的合同正本外,最好还能各备一份副本。

3. 出席人员的服饰要求

签字人、助签人和其他参加人应穿有礼服性质的深色西服套装、中山装套装,同时配白色衬衣、单色领带、黑色皮鞋和深色袜子;女性则应穿套裙、长筒丝袜和黑皮鞋;服务接待人员和礼仪人员,则可穿工作制服或旗袍等礼服。

二、签约仪式的座次礼仪

座次礼遇是各方最为在意的,双边合同的座次,一般由主方代为安排。主方安排时,应以国际礼宾序列,注意以右为尊、为上,即将客方主签人安排在签字桌右侧就座,主方主签人在左侧就座,各自的助签人在其外侧助签,其余参加人在各自主签人的身后列队站立。站立时,各方人员按职位高低由中间向边上依次排列。

三、签字仪式的正式程序

1. 仪式正式开始

各方人员进入签字厅,按既定的位次各就各位。双边合同的双方签字人同时入座,助签人在其外侧协助打开合同文本和笔。

2. 正式签署

各方主签人再次确认合同内容,若无异议,在规定的位置上签名,之后由各自助签人相互交换合同文本,再在第二份合同上签名。按惯例,各方签字人先签的是己方保存的合同文本,交换后再签的是对方保存的合同文本。

3. 交换各方已签好的合同文本

各方主签人起身离座至桌子中间,正式交换各自签好的合同文本,同时热烈握手(拥抱)、互致祝贺,还可以交换刚刚签字用过的笔作为纪念。其他成员则鼓掌祝贺。

4. 饮香槟酒庆祝

交换合同文本后,全体成员可合影留念,服务接待人员及时送上倒好的香槟酒。各方签字人和成员相互碰杯祝贺,当场干杯,将喜庆气氛推向高潮。

商务合同正式签署后,还要提交有关方面进行公证后才能正式生效。签约仪式后,主方可设宴或酒会招待所有参加谈判和签约的人员,以示庆祝。

第三节 开业与剪彩礼仪

一、开业仪式

在商界,任何一个单位的创建、开业,或是本单位所经营的某个项目工程的完工、落成,如公司建立、商店开张、分店开业、写字楼落成、新桥通车、新船下水等,都是一项来之不易、可喜可贺的成功,故此它们一向备受有经验的商家的重视。按照成例,在这种情况之下,当事者通常都要特意为此而专门举办一次开业仪式。

开业仪式,是指在单位创建、开业,项目完工、落成,某一建筑物正式启用,或是某项工程正式开始之际,为了表示庆贺或纪念,而按照一定的程序所隆重举行的专门的仪式。有时,开业仪式亦称作开业典礼。一般指的是,在开业仪式筹备与动作的具体过程中,所应当遵从的礼仪惯例。通常,它包括两项基本内容:其一,是开业仪式的筹备;其二,是开业仪式的动作。

1. 开业仪式的筹备

(1) 筹备开业仪式,首先在指导思想上要遵循"热烈"、"节俭"与"缜密"三原则。

所谓"热烈",是指要想方设法在开业仪式的进行过程中,营造出一种欢快、喜庆、隆重且令人激动的氛围,而不应令其过于沉闷、乏味。有一位曾在商界叱咤风云多年的人士说过:"开业仪式理应删繁就简,但却不可以缺少热烈、隆重。与其平平淡淡、草草了事,或是偃旗息鼓、灰溜溜地走过场,反倒不如索性将其略去不搞。"

所谓"节俭",是要求主办单位勤俭持家,在举办开业仪式,以及为其进行筹备工作的整个过程中,在经费的支出方面量力而行,节制、俭省。反对铺张浪费,暴殄天物。该花的钱要花,不该花的钱千万不要白花。

所谓"缜密",则是指主办单位在筹备开业仪式之时,既要遵行礼仪惯例,又要具体情况具体分析,认真策划、注重细节、分工负责、一丝不苟。力求周密、细致,严防百密一疏、临场出错。

(2) 筹备开业仪式时,还应对舆论宣传、来宾邀请、场地布置、接待服务、礼品馈赠、程序拟定等六个方面的工作,尤其需要事先作好认真安排。

第一,要做好舆论宣传工作。既然举办开业仪式的主旨在于塑造本单位的良好形象,那么就要对其进行必不可少的舆论宣传,以吸引社会各界对自己的注意,争取社会公众对自己的认可或接受。为此要做的常规工作有:一是选择有效的大众传播媒介,进行集中性的广告宣传,其内容多为:开业仪式举行的日期、开业仪式举行的地点、开业之际对顾客的优惠、开业单位的经营特色等;二是邀请有关的大众传播界人士在开业仪式举行之时到场进行采访、报告,以便对本单位进行进一步的正面宣传。

第二,要做好来宾邀请工作。开业仪式影响的大小,实际上往往取决于来宾的身份的高低与其数量的多少。在力所能及的条件下,要力争多邀请一些来宾参加开业仪式。地方领导、上级主管部门与地方职能管理部门的领导、合作单位与同行单位的领导、社会团体的负责人、社会贤达、媒体人员,都是邀请时应予优先考虑的重点。为慎重起见,用以邀请来宾的请柬应认真书写,并应装入精美的信封,由专人提前送达对方手中,以便对方早作安排。

第三,要做好场地布置工作。开业仪式多在开业现场举行,其场地可以是正门之外的广场,也可以是正门之内的大厅。按惯例,举行开业仪式时宾主一律站立,故一般不布置主席台或坐椅。为显示隆重与敬客,可在来宾尤其是贵宾站立之处铺设红色地毯,并在场地四周悬挂横幅、标语、气球、彩带、宫灯。此外,还应当在醒目之处摆放来宾赠送的花篮、牌匾。来宾的签到簿、本单位的宣传材料、待客的饮料等,亦须提前备好。对于音响、照明设备,以及开业仪式举行之时所需使用的用具、设备,必须事先认真进行检查、调试,以防其在使用时出现差错。

第四,要做好接待服务工作。在举行开业仪式的现场,一定要有专人负责来宾的接待服务工作。除了要教育本单位的全体员工在来宾的面前,人人都要以主人翁的身份热情待客、有求必应、主动相助之外,更重要的是分工负责、各尽其职。在接待贵宾时,需由本单位主要负责人亲自出面。在接待其他来宾时,则可由本单位的礼仪小姐负责此事。对来宾还须为其准备好专用的停车场、休息室,并应安排饮食。

第五,要做好礼品馈赠工作。举行开业仪式时赠予来宾的礼品,一般属于宣传性传播媒介的范畴之内。若能选择得当,必定会产生良好的效果。根据常规,向来宾赠送的礼品,应具有如下三大特征。其一,是宣传性。可选用本单位的产品,也可在礼品及其包装上印有本单位的企业标志、广告用语、产品图案、开业日期等。其二,荣誉性。要使之具有一定的纪念意义,并且使拥有者对其珍惜、重视,并为之感到光荣和自豪。其三,独特性。它应当与众不同,具有本单位的鲜明特色,使人一目了然,并且可以令人过目不忘。

第六,要做好程序拟定工作。从总体上来看,开业仪式大都由开场、过程、结局三大基本程序所构成。开场,即奏乐,邀请来宾就位,宣布仪式正式开始,介绍主要来宾。过程,是开业仪式的核心内容,它通常包括本单位负责人讲话,来宾代表致词,启动某项开业标志等。结局,则包括开业仪式结束后,宾主一起进行现场参观、联欢、座谈等,它是开业仪式必不可少的尾声。为使开业仪式顺利进行,在筹备之时,必须要认真草拟好一个得体的程序,并选定好称职的仪式主持人。

2. 开业仪式的动作

站在仪式礼仪的角度来看,开业仪式其实只不过是一个统称。在不同的适用场合,它往往会采用其他一些名称,如开幕仪式、开工仪式、奠基仪式、破土仪式、竣工仪式、下水仪式、通车仪式、通航仪式等。它们的共性,都是要以热烈而隆重的仪式,来为本单位的发展创造一个良好的开端。它们的个性,则表现在仪式的具体运作上存在着不少的差异,需要有所区别。以下将从仪式动作方面,来简介一下各种常见的开业仪式的主要特点,以供商界人士在工作实践中有所参照。

(1) 开业仪式的常见形式之一,是开幕仪式。在名目众多的各种开业仪式之中,商界人士平日接触最多的,大约要首推开幕仪式了。恐怕正是出于这种原因,在不少人的认识里,开业仪式与开幕仪式往往是被画上等号的。

(2) 开业仪式的常见形式之二,是开工仪式。开工仪式,即工厂准备正式开始生产产品、矿山准备正式开采矿石时,所专门举行的庆祝性、纪念性活动。

(3) 开业仪式的常见形式之三,是奠基仪式。奠基仪式,通常是一些重要的建筑物,如大厦、场馆、亭台、楼阁、园林、纪念碑等,在动工修建之初,所正式举行的庆贺性活动。

(4) 开业仪式的常见形式之四,是破土仪式。破土仪式,亦称破土动工。它是指在道路、河道、水库、桥梁、电站、厂房、机场、码头、车站等正式开工之际,所专门为此而举行的动工仪式。

(5) 开业仪式的常见形式之五,是竣工仪式。竣工仪式,有时又称落成仪式或建成仪式。它是指本单位所属的某一建筑物或某项设施建设、安装工作完成之后,或者是某一纪念性、标志性建筑物——如纪念碑、纪念塔、纪念堂、纪念像、纪念雕塑等建成之后,以及某种意义特别重大的产品生产成功之后,所专门举行的庆贺性活动。

(6) 开业仪式的常见形式之六,是下水仪式。所谓下水仪式,自然是指在新船建成下水之时所专门举行的仪式。准确一些讲,下水仪式乃是造船厂在吨位较大的轮船建造完成、验收完毕、交付使用之际,为其正式下水起航而特意为之举行的庆祝性活动。

(7) 开业仪式的常见形式之七,是通车仪式。通车仪式,大都是在重要的交通建筑完工并验收合格之后,所正式举行的启用仪式。例如,公路、铁路、地铁,以及重要的桥梁、隧道等,在正式交付使用之前,均会举行一次以示庆祝的通车仪式。有时,通车仪式又叫开通仪式。

(8) 开业仪式的常见形式之八,是通航仪式。通航仪式,又称首航仪式。它所指的是飞机或轮船在正式开通某一条新航线之际,所正式举行的庆祝性活动。一般而言,通航仪式除去主要的角色为飞机或轮船之外,在其他方面,尤其是在具体程序的操作上,往往与通车仪式大同小异,因而对此将不再赘述。对其进行实际操作时,一般均可参照通车仪式的具体做法进行。

二、剪彩仪式

20 世纪初叶,在美国的一个乡间小镇上,有家商店的商主慧眼独具,从一次偶然发生的事故中得到启迪,以它为模式开一代风气之先,为商家独创了一种崭新的庆贺仪式——剪彩仪式。

剪彩仪式,严格地讲,指的是商界的有关单位,为了庆贺公司的设立、企业的开工、宾馆的落成、商店的开张、银行的开业、大型建筑物的启用、道路或航线的开通、展销会或博览会的开幕等,而隆重举行的一项礼仪性程序。因其主要活动内容,是邀请专人使用剪刀剪断被称之为"彩"的红色缎带,故此被人们称为剪彩。

先前是由专人牵着一条小狗来充当,让小狗故意去碰落店门上所拴着的布带子;接下来,改由儿童担任,让他单独去撞断门上所拴着的一条丝线;再后来,剪彩者又变成了妙龄少女,她的标准动作,就是要勇往直前地去当众撞落拴在门口上的大红缎带;到了最后,也就是现在,剪彩则被定型为邀请社会贤达和本地官员,用剪刀剪断礼仪小姐手中所持的大红缎带。在组织剪彩仪式时,是没有必要一味地求新、求异、求轰动,而脱离自己的实际能力。勤俭持家,无论何时何地都是商界人士所必须铭记在心的。

从操作的角度来进行探讨,目前所通行的剪彩的礼仪主要包括剪彩的准备、剪彩的人员、剪彩的程序、剪彩的做法等四个方面的内容。以下,就分别择其要点进行介绍。

1. 剪彩的准备必须一丝不苟

与举行其他仪式相同,剪彩仪式也有大量的准备工作需要做好。其中,主要涉及场地的布置、环境的卫生、灯光与音响的准备、媒体的邀请、人员的培训等。在准备这些方面时,必须认真细致、精益求精,这自不待言。

除此之外,尤须对剪彩仪式上所需使用的某些特殊用具,如红色缎带、新剪刀、白色薄纱手套、托盘,以及红色地毯等应仔细地进行选择与准备。

(1) 红色缎带,亦即剪彩仪式之中的"彩"。作为主角,它自然是万众瞩目之处。按照传统做法，它应当由一整匹未曾使用过的红色绸缎，在中间结成数朵花团而成。目前，有些单位为了厉行节约，而代之以长度为 2 米左右的细窄的红色缎带，或者以红布条、红线绳、红纸条作为其变通，也是可行的。一般来说，红色缎带上所结的花团，不仅要生动、硕大、醒目，而且其具体数目往往同现场剪彩者的人数直接相关。循例，红色缎带上所结的花团的具体数目有两类模式可依：其一，是花团的数目较现场剪彩者的人数多上一个；其二，是花团的数目较现场剪彩者的人数少上一个。前者可使每位剪彩者总是处于两朵花团之间，尤显正式；后者则不同常规，亦有新意。

（2）新剪刀，是专供剪彩者在剪彩仪式上正式剪彩时所使用的。它必须是每位现场剪彩者人手一把，而且必须崭新、锋利而顺手。事先，一定要逐把检查一下将被用以剪彩的剪刀是否已经开刀，好不好用。务必要确保剪彩者在正式剪彩时，可以"手起刀落"，一举成功，而切勿一再补刀。在剪彩仪式结束后，主办方可将每位剪彩者所使用的剪刀经过包装之后，送给对方以资纪念。

（3）白色薄纱手套，是专为剪彩者所准备的。在正式的剪彩仪式上，剪彩者剪彩时最好每人戴上一副白色薄纱手套，以示郑重。在准备白色薄纱手套时，除了要确保其数量充足之外，还须使之大小适度、崭新平整、洁白无瑕。有时，亦可不准备白色薄纱手套。

（4）托盘，在剪彩仪式上是托在礼仪小姐手上，用作盛放红色缎带、剪刀、白色薄纱手套。在剪彩仪式上所使用的托盘，最好是崭新、洁净的，通常首选银色的不锈钢制品。为了显示正规，可在使用时上铺红色绒布或绸布。就其数量而论，在剪彩时，可以一只托盘依次向各位剪彩者提供剪刀与手套，并同时盛放红色缎带；也可以为每一位剪彩者配置一只专为其服务的托盘，同时使红色缎带专由一只托盘盛放。后一种方法显得更加正式一些。

（5）红色地毯，主要用于铺设在剪彩者正式剪彩时的站立之处。其长度可视剪彩者人数的多寡而定，其宽度则不应在 1 米以下。在剪彩现场铺设红色地毯，主要是为了提升其档次，并营造一种喜庆的气氛。有时，亦可不予铺设。

2. 剪彩的人员必须审慎选定

在剪彩仪式上，最为活跃的，当然是人而不是物。因此，对剪彩人员必须认真进行选择，并于事先进行必要的培训。

除主持人之外，剪彩的人员主要是由剪彩者与助剪者等两个主要部分的人员所构成的。以下，就分别来简介一下对于他们的主要礼仪性要求。

（1）剪彩者。在剪彩仪式上担任剪彩者，是一种很高的荣誉。剪彩仪式档次的高低，往往也同剪彩者的身份密切相关。因此，在选定剪彩的人员时，最重要的是要把剪彩者选好。

剪彩者，即在剪彩仪式上持剪刀剪彩之人。根据惯例，剪彩者可以是一个人，也可以是几个人，但是一般不应多于 5 人。通常，剪彩者多由上级领导、合作伙伴、社会名流、员工代表或客户代表所担任。

确定剪彩者名单，必须是在剪彩仪式正式举行之前。名单一经确定，即应尽早告知对方，使其有所准备。在一般情况下，确定剪彩者时，必须尊重对方个人的意见，切勿勉强对方。需要由数人同时担任剪彩者时,应分别告知每位剪彩者届时他将与何人同担此任。这样做,是对剪彩者的一种尊重。千万不要"临阵磨枪",在剪彩开始前方才强拉硬拽,临时找人凑数。必要之时,可在剪彩仪式举行前,将剪彩者集中在一起,告之对方有关的注意事项,并稍事排练。按照常规,剪彩者应着套装、套裙或制服,并将头发梳理整齐。不允许戴帽子,或者戴墨镜,也不允许其穿着便装。

若剪彩者仅为一人,则其剪彩时居中而立即可。若剪彩者不止一人时,则其同时上场剪彩时位次的尊卑就必须予以重视。一般的规矩是:中间高于两侧,右侧高于左侧,距离中间站立者愈远位次便愈低,即主剪者应居于中央的位置。需要说明的是,之所以规定剪彩者的位次"右侧高于左侧",主要是因为这是一项国际惯例,剪彩仪式理当遵守。其实,若剪彩仪式并无外宾参加时,执行我国"左侧高于右侧"的传统做法,亦无不可。

(2) 助剪者。即在剪彩仪式上服务的礼仪小姐,又可以分为迎宾者、引导者、服务者、拉彩者、捧花者、托盘者。迎宾者的任务,是在活动现场负责迎来送往;引导者的任务,是在进行剪彩时负责带领剪彩者登台或退场;服务者的任务,是为来宾,尤其是剪彩者提供饮料,安排休息之处;拉彩者的任务,是在剪彩时展开、拉直红色缎带;捧花者的任务,则在剪彩时手托花团;托盘者的任务,则是为剪彩者提供剪刀、手套等剪彩用品。

在一般情况下,迎宾者与服务者应不止一人。引导者既可以是一个人,也可以为每位剪彩者各配一名。拉彩者通常应为两人。捧花者的人数则需要视花团的具体数目而定,一般应为一花一人。托盘者可以为一人,亦可以为每位剪彩者各配一人。有时,礼仪小姐亦可身兼数职。

礼仪小姐的基本条件是,相貌较好、身材颀长、年轻健康、气质高雅、音色甜美、反应敏捷、机智灵活、善于交际。礼仪小姐的最佳装束应为:化淡妆、盘起头发,穿款式、面料、色彩统一的单色旗袍,配肉色连裤丝袜、黑色高跟皮鞋。除戒指、耳环或耳钉外,不佩戴其他任何首饰。有时,礼仪小姐身穿深色或单色的套裙亦可。但是,她们的穿着打扮必须尽可能地整齐划一。必要时,可向外单位临时聘请礼仪小姐。

3. 剪彩的程序必须有条不紊

在正常情况下,剪彩仪式应在行将启用的建筑、工程,或者展销会、博览会的现场举行。正门外的广场、正门内的大厅,都是可予优先考虑的。在活动现场,可略作装饰。在剪彩之处,应悬挂写有剪彩仪式的具体名称的大型横幅,更是必不可少的。

一般来说,剪彩仪式宜紧凑、忌拖沓,在所耗时间上愈短愈好。短则一刻钟即可,长则至多不宜超过一个小时。

按照惯例,剪彩既可以是开业仪式中的一项具体程序,也可以独立出来,由其自身的一系列程序所组成。独立而行的剪彩仪式,通常应包含如下六项基本的程序:

(1) 请来宾就位。在剪彩仪式上,通常只为剪彩者、来宾和本单位的负责人安排坐席。在剪彩仪式开始时,即应敬请大家在已排好顺序的座位上就座。在一般情况下,剪彩者应就座于前排。若其不止一人时,则应使之按照剪彩时的具体顺序就座。

(2) 宣布仪式正式开始。在主持人宣布仪式开始后,乐队应演奏音乐,现场可燃放鞭炮,全体到场者应热烈鼓掌。此后,主持人应向全体到场者介绍到场的重要来宾。

（3）奏国歌。此刻须全场起立。必要时,亦可随之演奏本单位标志性歌曲。

（4）进行发言。发言者依次应为东道主单位的代表、上级主管部门的代表、地方政府的代表、合作单位的代表等。其内容应言简意赅,每人不超过3分钟,重点分别应为介绍、道谢与致贺。

（5）进行剪彩。此刻,全体应热烈鼓掌,必要时还可奏乐或燃放鞭炮。在剪彩前,须向全体到场者介绍剪彩者。

（6）进行参观。剪彩之后,主人应陪同来宾参观被剪彩之物。

仪式至此宣告结束。随后东道主单位可向来宾赠送纪念性礼品,并以自助餐款待全体来宾。

4. 剪彩的做法必须标准无误

进行正式剪彩时,剪彩者与助剪者的具体做法必须合乎规范,否则就会使其效果大受影响。

当主持人宣告进行剪彩之后,礼仪小姐即应率先登场。在上场时,礼仪小姐应排成一行行进。从两侧同时登台,或是从右侧登台均可。登台之后,拉彩者与捧花者应当站成一行,拉彩者处于两端拉直红色缎带,捧花者各自双手手捧一朵花团。托盘者须站立在拉彩者与捧花者身后1米左右,并且自成一行。

在剪彩者登台时,引导者应在其左前方进行引导,使之各就各位。剪彩者登台时,宜从右侧出场。当剪彩者均已到达既定位置之后,托盘者应前行一步,到达前者的右后侧,以便为其递上剪刀、手套。

剪彩者若不止一人,则其登台时亦应列成一行,并且使主剪者行进在前。在主持人向全体到场者介绍剪彩者时,后者应面含微笑向大家欠身或点头致意。剪彩者行至既定位置之后,应向拉彩者、捧花者含笑致意。当托盘者递上剪刀、手套,亦应微笑着向对方道谢。

在正式剪彩前,剪彩者应首先向拉彩者、捧花者示意,待其有所准备后,集中精力,右手手持剪刀,表情庄重地将红色缎带一刀剪断。若多名剪彩者同时剪彩时,其他剪彩者应注意主剪者动作,与其主动协调一致,力争大家同时将红色缎带剪断。

按照惯例,剪彩以后,红色花团应准确无误地落入托盘者手中的托盘里,而切勿使之坠地。为此,需要捧花者与托盘者的合作。剪彩者在剪彩成功后,可以右手举起剪刀,面向全体到场者致意。然后放下剪刀、手套于托盘之内,举手鼓掌。接下来,可依次与主人握手道喜,并列队在引导者的引导下退场。退场时,一般宜从右侧下台。

待剪彩者退场后,其他礼仪小姐方可列队由右侧退场。

不管是剪彩者还是助剪者在上下场时,都要注意井然有序、步履稳健、神态自然。在剪彩过程中,更是要表现得不卑不亢、落落大方。

三、庆典仪式

庆典,是各种庆祝仪式的统称。在商务活动中,商务人员参加庆祝仪式的机会是很多的,既有可能奉命为本单位组织一次庆祝仪式,也有可能应邀去出席外单位的某一次庆祝仪式。

1. 庆典的类型

就内容而论,在商界所举行的庆祝仪式大致可以分为四类:第一类,本单位成立周年庆典。通常,它都是逢五、逢十进行的。即在本单位成立五周年、十周年,以及它们的倍数时进行。第二类,本单位荣获某项荣誉的庆典。当单位本身荣获了某项荣誉称号、单位的"拳头产品"在国内外重大展评中获奖之后,这类庆典基本上均会举行。第三类,本单位取得重大业绩的庆典。例如,千日无生产事故、生产某种产品的数量突破10万台、经销某种商品的销售额达到1亿元等,这些来之不易的成绩,往往都是要庆祝的。第四类,本单位取得显著发展的庆典。当本单位建立集团、确定新的合作伙伴、兼并其他单位、分公司或连锁店不断发展时,自然都值得庆祝一番。

2. 庆典的作用

就形式而论,商界各单位所举行的各类庆祝仪式,都有一个最大的特色,那就是要务实而不务虚。若能由此而增强本单位全体员工的凝聚力与荣誉感,并且使社会各界对本单位重新认识、刮目相看,那么大张旗鼓地举行庆典,多进行一些人、财、物的投入,任何理智、精明的商家,都会对此在所不惜。反之,若是对于宣传本单位的新形象、增强本单位全体员工的自豪感无所作为,那么举行一次庆典即使花不了几个钱,也没有必要好大喜功、非要去搞它不可。

3. 庆典的礼仪

庆典的礼仪,即有关庆典的礼仪规范,就是由组织庆典的礼仪与参加庆典的礼仪等两项基本内容所组成的。对商界人士来讲,组织庆典与参加庆典时,往往会各有多方面的不同要求。以下,对其分别予以介绍。

(1) 组织庆典的礼仪。

组织筹备一次庆典,如同进行生产和销售一样,先要对它作出一个总体的计划。商务人员如果受命完成这一任务,需要记住两大要点:其一,要体现出庆典的特色;其二,要安排好庆典的具体内容。

毋庸多言,庆典既然是庆祝活动的一种形式,那么它就应当以庆祝为中心,把每一项具体活动都尽可能组织得热烈、欢快而隆重。不论是举行庆典的具体场合、庆典进行过程中的某个具体场面,还是全体出席者的情绪、表现,都要体现出红火、热闹、欢愉、喜悦的气氛。唯独如此,庆典的宗旨——塑造本单位的形象、显示本单位的实力、扩大本单位的影响才能够真正地得以贯彻落实。庆典所具有的热烈、欢快、隆重的特色,应当在其具体内容的安排上,得到全面的体现。

如果站在组织者的角度来考虑,庆典的内容安排,至少要注意出席者的确定、来宾的接待、环境的布置,以及庆典的程序等四大问题。

1) 应当精心确定好庆典的出席人员名单。庆典的出席者不应当滥竽充数,或是让对方勉为其难。确定庆典的出席者名单时,始终应当以庆典的宗旨为指导思想。一般来说,庆典的出席者通常应包括如下人士:

一是上级领导。地方党政领导、上级主管部门的领导,大都对单位的发展给予过关心、指导。邀请他们参加,主要是为了表示感激之心。

二是社会名流。根据公共关系学中的"名人效应"原理,社会各界的名人对于公众最有吸引力,能够请到他们,将有助于更好地提高本单位的知名度。

三是大众传媒。在现代社会中,报纸、杂志、电视、广播等大众媒介,被称为仅次于立法、行政、司法三权的社会"第四权力"。邀请它们,并主动与它们合作,将有助于它们公正地介绍本单位的成就,进而有助于加深社会对本单位的了解和认同。

四是合作伙伴。在商务活动中,合作伙伴经常是彼此同呼吸、共命运的。请他们来与自己一起分享成功的喜悦,是完全应该的,而且也是绝对必要的。

五是社区关系。它们是指那些与本单位共居于同一区域、对本单位具有种种制约作用的社会实体。例如,本单位周围的居民委员会、街道办事处、医院、学校、幼儿园、养老院、商店,以及其他单位等。请它们参加本单位的庆典,会使对方进一步了解本单位、尊重本单位、支持本单位,或是给予本单位更多的方便。

六是单位员工。员工是本单位的主人,本单位每一项成就的取得,都离不开他们的兢兢业业和努力奋斗。所以在组织庆典时,是不容许将他们完全"置之度外"的。

以上人员的具体名单一旦确定,就应尽早发出邀请或通知。鉴于庆典的出席人员甚多,牵涉面极广,故不到万不得已,绝不许将庆典取消、改期或延期。

2)应当精心安排好来宾的接待工作。与一般的商务交往中来宾的接待相比,对出席庆祝仪式的来宾的接待,更应突出礼仪性的特点。不但应当热心、细致地照顾好全体来宾,而且还应当通过主方的接待工作,使来宾感受到主人真挚的尊重与敬意,并且想方设法使每位来宾都能心情舒畅。

最好的办法,是庆典一经决定举行,即成立对此全权负责的筹备组。筹备组成员通常应当由各方面的有关人士组成,他们应当是能办事、会办事、办实事的人。

在庆典的筹备组之内,应根据具体的需要,下设若干专项小组,在公关、礼宾、财务、会务等各方面"分兵把守",各管一段。其中,负责礼宾工作的接待小组,大都不可缺少。

庆典的接待小组,原则上应由年轻、精干,身材与形象较好,口头表达能力和应变能力较强的男、女青年组成。

接待小组成员的具体工作有以下几项:其一,来宾的迎送。即在举行庆祝仪式的现场迎接或送别来宾。其二,来宾的引导。即由专人负责为来宾带路,将其送到既定的地点。其三,来宾的陪同。对于某些年事已高或非常重要的来宾,应安排专人陪同始终,以便关心与照顾。其四,来宾的招待。即指派专人为来宾送饮料、上点心,以及提供其他方面的关照。

凡应邀出席庆典的来宾,绝大多数人对本单位都是关心和友好的。因此,当他们光临时,主人没有任何理由不让他们受到热烈而且合乎礼仪的接待。将心比心,在来宾的接待上若得过且过、马马虎虎,是会伤来宾的自尊心的。

3)应当精心布置好举行庆祝仪式的现场。举行庆祝仪式的现场,是庆典活动的中心地点。对它的安排、布置是否恰如其分,往往会直接地关系到庆典留给全体出席者的印象的好坏。依据仪式礼仪的有关规范,商务人员在布置举行庆典的现场时,需要通盘思考的主要问题有:

一是地点的选择。在选择具体地点时,应结合庆典的规模、影响力,以及本单位的实际情况来决定。本单位的礼堂、会议厅,本单位内部或门前的广场,以及外借的大厅等,均可择机予以选择。不过在室外举行庆典时,切勿因地点选择不慎,从而制造噪声、妨碍交通或治安,顾此而失彼。

二是环境的美化。在反对铺张浪费的同时,应当量力而行,着力美化庆典举行现场的环境。为了烘托出热烈、隆重、喜庆的气氛,可在现场张灯结彩,悬挂彩灯、彩带,张贴一些宣传标语,并且张挂标明庆典具体内容的大型横幅。如果有能力,还可以请本单位员工组成的乐队、锣鼓队届时演奏音乐或敲锣打鼓,热闹热闹。但是这类活动应当要适度,不要热闹过了头,成为胡闹,或者"喧宾夺主"。千万不要请少先队员来扮演这类角色,不要劳烦孩子们为这类与他们无关之事而影响其学业。

三是场地的大小。在选择举行庆祝仪式的现场时,应当牢记并非愈大愈好。从理论上说,现场的大小应与出席者人数的多少成正比。也就是说,场地的大小应同出席者人数的多少相适应。人多地方小,拥挤不堪,会使人心烦意乱;人少地方大,则会让来宾对本单位产生"门前冷落车马稀"的错觉。

四是音响的准备。在举行庆典之前,务必要把音响准备好。尤其是供来宾们讲话时使用的麦克风和传声设备,在关键时刻,绝不允许临阵"罢工",让主持人手忙脚乱、大出洋相。在庆典举行前后,播放一些喜庆、欢快的乐曲,只要不抢占"主角"的位置,通常是可以的。但是对于播放的乐曲,应先期进行审查。切勿届时让工作人员自由选择,随意播放那些凄惨、哀怨、让人心酸和伤心落泪的乐曲,或是那些不够庄重的诙谐曲和爱情歌曲。

4) 应当精心拟定好庆典的具体程序。一次庆典举行的成功与否,与其具体的程序不无关系。仪式礼仪规定,拟定庆典的程序时,有两条原则必须坚持:第一,时间宜短不宜长。大体上讲,应以一个小时为其极限。这既为了确保其效果良好,也是为了尊重全体出席者,尤其是为了尊重来宾。第二,程序宜少不宜多。程序过多,不仅会加长时间,而且还会分散出席者的注意力,并给人以庆典内容过于凌乱之感。总之,不要使庆典成为内容乱七八糟的"马拉松"。

依照常规,一次庆典大致上应包括下述几项程序:

预备:请来宾就座,出席者安静,介绍嘉宾。

第一项,宣布庆典正式开始,全体起立,奏国歌,唱本单位之歌。

第二项,本单位主要负责人致词。其内容是,对来宾表示感谢、介绍此次庆典的缘由等。其重点应是报捷,以及庆典的可"庆"之处。

第三项,邀请嘉宾讲话。大体上讲,出席此次的上级主要领导、协作单位及社区关系单位,均应有代表讲话或致贺词。不过应当提前约定好,不要当众推来推去。对外来的贺电、贺信等,可不必一一宣读,但对其署名单位或个人的应当公布。在进行公布时,可依照其"先来后到"为序,或是按照其具体名称的汉字笔画的多少进行排列。

第四项,安排文艺演出。这项程序可有可无,如果准备安排,应当慎选内容,注意不要有悖于庆典的宗旨。

(2) 参加庆典的礼仪。

参加庆典时,不论是主办单位的人员还是外单位的人员,均应注意自己临场之际的举止表现。其中,主办单位人员的表现尤为重要。

在举行庆祝仪式之前，主办单位应对本单位的全体员工进行必要的礼仪教育。对于本单位出席庆典的人员，还须规定好有关的注意事项，并要求大家在临场之时，务必要严格遵守。在这一问题上，单位的负责人，尤其是出面迎送来宾和上主席台的人士，只能够"身先士卒"，而绝不允许有任何例外。因为道理非常简单，在庆祝仪式上，真正令人瞩目的，还是东道主方面的出席人员。假如这些人在庆典中精神风貌不佳，穿着打扮散漫，举止行为失当，很容易对本单位的形象进行"反面宣传"。

按照仪式礼仪的规范，作为东道主的商界人士在出席庆典时，应当严格注意的问题涉及以下七点：

第一，仪容要整洁。所有出席本单位庆典的人员，事先都要洗澡、理发，男士还应刮净胡须。无论如何，届时都不允许本单位的人员蓬头垢面、胡子拉碴、浑身臭汗，有意无意去给本单位的形象"抹黑"。

第二，服饰要规范。有统一式样制服的单位，应要求以制服作为本单位人士的庆典着装。无制服的单位，应规定届时出席庆典的本单位人员必须穿着礼仪性服装。即男士应穿深色的中山装套装，或穿深色西装套装，配白衬衫、素色领带、黑色皮鞋。女士应穿深色西装套裙，配长筒肉色丝袜、黑色高跟鞋，或者穿深色的套裤，或是穿花色素雅的连衣裙。绝不允许在服饰方面任其自然、自由放任，把一场庄严隆重的庆典，搞得像一场万紫千红的时装或休闲装的"博览会"。倘若有可能，将本单位出席者的服饰统一起来，则是最好的。

第三，时间要遵守。遵守时间，是基本的商务礼仪之一。对本单位庆典的出席者而言，更不得小看这一问题。上到本单位的最高负责人，下到级别最低的员工，都不得姗姗来迟，无故缺席或中途退场。如果庆典的起止时间已有规定，则应当准时开始，准时结束。要向社会证明本单位言而有信，此其时也。

第四，表情要庄重。在应典举行期间，不允许嬉皮笑脸、嘻嘻哈哈，或是愁眉苦脸、一脸晦气、唉声叹气，否则会使来宾产生很不好的想法。在举行庆典的整个过程中，都要表情庄重、全神贯注、聚精会神。假若庆典之中安排了升国旗、奏国歌、唱"厂歌"的程序，一定要依礼行事：起立，脱帽，立正，面向国旗或主席台行注目礼，并且认认真真，表情庄严肃穆地和大家一起唱国歌、唱"厂歌"。此刻，不可不起立、不脱帽、东张西望、不唱或乱唱国歌与"厂歌"。在起立或坐下时，把坐椅搞得乱响，一边脱帽一边梳头，或是在此期间走动和找人交头接耳等，都应视为危害本单位形象的极其严重的事件。

第五，态度要友好。这里所指的，主要是对来宾态度要友好。遇到了来宾，要主动热情地问好。对来宾提出的问题，都要立即予以友善的答复。不要围观来宾、指点来宾，或是对来宾持有敌意。当来宾在庆典上发表贺词时，或是随后进行参观时，要主动鼓掌表示欢迎或感谢。在鼓掌时，不要在对象上"挑三拣四"，不要"欺生"或是"杀熟"。即使个别来宾，在庆典中表现得对主人不甚友善，也不应当当场"仗势欺人"，或是非要跟对方"讨一个说法"不成。不论来宾在台上台下说了什么话，主方人员都应当保持克制，不要吹口哨、"鼓倒掌"、敲打桌椅、胡乱起哄。不允许打断来宾的讲话，向其提出挑衅性质疑，与其进行大辩论，或是对其进行人身攻击。

第六，行为要自律。既然参加了本单位的庆典，主方人员就有义务以自己的实际行动，来确保它的顺利与成功。至少,大家也不应当因为自己的举止失当,而使来宾对庆典作出不好的评价。在出席庆典时,主方人员在举止行为方面应当注意的问题有:不要"想来就来,想走就走",或是在庆典举行期间到处乱走、乱转。不要和周围的人说"悄悄话"、开玩笑,或是朝自己的"领导"甚至主席台上的人挤眉弄眼、做怪样子。不要有意无意地作出对庆典毫无兴趣的姿态,例如看报纸、读小说、听音乐、打扑克、作游戏、打瞌睡、织毛衣,等等。不要让人觉得自己心不在焉,比方说,寻呼机"一鸣惊人",探头探脑,东张西望,一再看手表,或是向别人打听时间。当本单位的会务人员对自己有所要求时,需要"有则改之,无则加勉",不要一时冲动,或是为了显得自己玩世不恭,而产生逆反心理,做出傻事来。

第七,发言要简短。倘若商务人员有幸在本单位的庆典中发言,则务须谨记以下四个重要的问题:一是上下场时要沉着冷静。走向讲坛时,应不慌不忙,不要急奔过去,或是慢吞吞地"起驾"。在开口讲话前,应平心静气,不要气喘吁吁,面红耳赤、满脸是汗、急得讲不出话来。二是要讲究礼貌。在发言开始,勿忘说一句"大家好"或"各位好"。在提及感谢对象时,应目视对方。在表示感谢时,应郑重地欠身施礼。对于大家的鼓掌,则应以自己的掌声来回礼。在讲话末了,应当说一声"谢谢大家"。三是发言一定要在规定的时间内结束,而且宁短勿长,不要随意发挥,信口开河。四是应当少做手势。含义不明的手势,尤其应当在发言时坚决不用。

外单位的人员在参加庆典时,同样有必要"既来之,则安之",以自己上佳的临场表现,来表达对于主人的敬意与对庆典本身的重视。倘若在此时此刻表现欠佳,是对主人的一大伤害。所以宁肯坚辞不去,也绝不可去而失礼。

当外单位的人员在参加庆典时,若是以本单位代表的身份而来,而不是仅仅只代表自己个人的话,更是特别要注意自己的临场表现,丝毫不可对自己的所作所为自由放任、听之任之[①]。

第四节 实践指导

一、实践任务

通过训练,要求学生掌握商务仪式的基本要求和一般程序,熟悉剪彩筹备工作的主要内容,注重仪式进行中组织分工协调的重要性,掌握仪式进行过程中的每一步骤。

二、实践步骤

(1)老师讲解要点,让学生获得常见商务仪式的要领。

(2)由同学自己动手实际练习:通过情景创设,全班学生进行模拟角色扮演,其他同学观摩讨论,发现问题,对怎样大方、得体地应对问题发表自己的观点。

(3)教师进行评价,努力使每位同学都能掌握基本的商务仪式礼仪。

---

① http://www.szkp.org.cn/display.asp?id=204932。

三、实践要求

(1) 教师应对学生进行现场示范和指导,对学生练习过程中出现的错误及时进行纠正。

(2) 学生应对商务仪式的实践应用价值给予充分认识,调动开展情景模拟训练的积极性。

(3) 学生按照实训步骤完成要求的实训内容,以小组为单位分别完成练习过程。

四、实践内容

(1) 谈判礼仪的训练。
(2) 签约礼仪的训练。
(3) 剪彩礼仪的训练。

五、实践范例

剪彩仪式模拟

1. 准备工作

(1) 涉及场地的布置、环境的卫生、灯光与音响的准备、"媒体"的邀请、人员的提前到位。

(2) 确定剪彩人员的身份。

(3) 确定礼仪小姐的角色:迎宾者、引导者、服务者、拉彩者、捧花者、托盘者。

(4) 准备好剪彩用具:剪刀、手套、拉花。

2. 剪彩过程的模拟

对应能力训练:文字组织与事务分析能力。

(1) 请来宾就位。在剪彩仪式上,通常只为剪彩者、来宾和本单位的负责人安排坐席。在剪彩仪式开始时,即应敬请大家在已排好顺序的座位上就座。在一般情况下,剪彩者应就座于前排。若其不止一人时,则应使之按照剪彩时的具体顺序就座。

(2) 宣布仪式正式开始。在主持人宣布仪式开始后,乐队应演奏音乐,现场可燃放鞭炮,全体到场者应热烈鼓掌。此后,主持人应向全体到场者介绍到场的重要来宾。

(3) 奏国歌。此刻须全场起立。必要时,亦可随之演奏本单位标志性歌曲。

(4) 进行发言。发言者依次应为东道主单位的代表、上级主管部门的代表、地方政府的代表、合作单位的代表等。其内容应言简意赅,每人不超过3分钟,重点分别应为介绍、道谢与致贺。

(5) 进行剪彩。此刻,全体应热烈鼓掌,必要时还可奏乐或燃放鞭炮。在剪彩前,须向全体到场者介绍剪彩者。

(6) 进行参观。剪彩之后,主人应陪同来宾参观被剪彩之物。仪式至此宣告结束。随后,东道主单位可向来宾赠送纪念性礼品,并以自助餐款待全体来宾。

(资料来源:http://www.sik.cn/swly/swly/practice/contents.asp)

 **前沿研究**

涉外签字仪式礼仪

在涉外交往中,有关国家的政府、组织或企业单位之间经过谈判,就政治、经济、文化科技等领域内的某些重大问题达成协议时,一般需举行签字仪式。不同的签字仪式各有其特点,在我国国内举行签字仪式通常要考虑以下几个方面的礼仪问题。

首先,要布置好签字厅,并做好有关签字仪式的准备工作。在我国国内举行的签字仪式,必须在事先布置好的签字厅里举行,绝不可草率行事。

其次,要确定好签字人和参加签字仪式的人员。签字人由签字双方各自确定,但是他的身份必须与待签文件的性质相符,同时双方签字的身份和职位应当大体相当。

最后,要安排好双方签字人的位置,并且议定签字仪式的程序。我国的惯例是:东道国签字人座位位于签字桌左侧,客方签字人的座位位于签字桌的右侧;双方的助签人员分别站立于各方签字的外侧,其任务是翻揭待签文本,并向签字人指明签字处;双方其他参加签字仪式的人员,则应分别按一定的顺序排列于各方签字人员之后。

我方人员在外国参加签字仪式,应尊重该国举行签字仪式的传统习惯。有的国家可能会准备两张签字桌,有的国家可能要求参加签字仪式的人员坐在签字人对面,对此不必在意。关键是要不辱使命,对此我方人员不应忘记。

(资料来源:http://www.tem.com.cn/comity/ShowInfo.asp?InfoID=29124)

案例

下 台 剪 彩

某公司举行新项目开工剪彩仪式,请来了张市长和当地各界名流嘉宾参加,请他们坐在主席台上。仪式开始时,主持人宣布:"请张市长下台剪彩!"却见张市长端坐没动;主持人很奇怪,重复了一遍:"请张市长下台剪彩!"张市长还是端坐没动,脸上还露出一丝愠怒。

主持人又宣布了一遍:"请张市长剪彩!"张市长才很不情愿地勉强起来去剪彩。

(资料来源:罗树宁主编:《商务礼仪与实训》,化学工业出版社,2008年版。)

案例思考题

请指出本案例的失礼之处。

练习与思考

一、名词解释

签字仪式 开业典礼 剪彩仪式

二、填空题

1. 比较大型、重要的谈判,谈判桌可选择_____的。
2. 待签合同文本要用_____规格的白纸印刷,并装订成册。
3. 签字仪式主方安排时,应以国际礼宾序列,将客方主签人安排在签字桌_____就座。
4. 剪彩仪式宜紧凑、忌拖沓,所耗时间应控制在_____。

三、单项选择题

1. 客座谈判时,对主方安排的各项活动要准时参加,通常应在约定时间的(   )之前到达约定地点。
   A. 3分钟　　　　B. 5分钟　　　　C. 10分钟　　　　D. 15分钟
2. 谈判长桌一端向着正门,则以正门的方向为准,(   )。
   A. 左为客方,右为主方　　　　B. 右为客方,左为主方
   C. 主客交叉就座　　　　　　　D. 不分左右,随意就座
3. 若剪彩者不止一人时,则其同时上场剪彩时位次的尊卑就必须予以重视。一般的规矩是主剪者应居于(   )位置。
   A. 最右方　　　　　　　　　　B. 最左方
   C. 中央　　　　　　　　　　　D. 突出站在其他人前方

四、多项选择题

1. 主座谈判在主方所在地进行,为确保谈判顺利进行,主方通常需做一系列准备和接待工作,如(   )。
   A. 准备翻译
   B. 了解代表团成员的姓名、性别、职务、级别及人数
   C. 拟订出接待计划和日程安排表
   D. 接站准备
   E. 准备礼品、纪念品
2. 合同文本的语言依照国际惯例应使用(   )撰写。
   A. 中文　　　　　　　　　　　B. 签约各方法定的官方语言
   C. 英文　　　　　　　　　　　D. 法文
   E. 日语
3. 开业仪式时,赠予来宾的礼品,根据常规应具有(   )的特征。
   A. 纪念性　　　　　　　　　　B. 宣传性
   C. 荣誉性　　　　　　　　　　D. 独特性
   E. 便携性
4. 开业仪式其实只不过是一个统称,在不同的适用场合,它往往会采用其他一些名称,如(   )。
   A. 开幕仪式　　　　　　　　　B. 开工仪式
   C. 奠基仪式　　　　　　　　　D. 竣工仪式
   E. 通车仪式

5. 庆典的内容安排，要注意（　　）等问题。
   A. 出席者的确定　　　　　　　　B. 接待人员的确定
   C. 来宾的接待　　　　　　　　　D. 环境的布置
   E. 庆典的程序

五、简答题

1. 商务谈判的方针是什么？
2. 签字仪式现场应该怎样布置？
3. 签字仪式有哪些程序和步骤？
4. 剪彩仪式的程序是什么？
5. 庆典的出席者通常应包括哪些人士？

六、论述题

谈谈如何筹备一次成功的庆典仪式。

第九章 商务餐饮礼仪

 **学习目标**

学完本章,你应该能够:
1. 熟悉宴请礼仪
2. 熟悉基本的中、西餐程序与餐具的使用
3. 掌握中、西餐就餐礼仪

 基本概念

宴会　中餐礼仪　西餐礼仪

自古以来,无论是交朋会友,还是会谈庆功,设宴款待都是常用的方法。对于商务人员来讲,商务用餐在所难免,愉悦、放松的用餐状态非常有利于进一步达成共识。但是,在商务餐饮过程中,一动一静关乎礼仪,是否能表现出良好的礼仪、礼貌不仅仅是个人的事情,也关系到公司的形象。可以说,每个成功人士都是这方面的佼佼者。反之,如果商务人员不懂得礼仪,其危害性也是巨大的。不但令人耻笑,而且会使公司形象大打折扣。

第一节　宴请礼仪

宴请和赴宴是人们礼尚往来的一种交往形式。随着现代社会商业和市场经济的繁荣,公务交往非常普遍和频繁,宴请就是其中一个极重要的形式。中西文化虽然存在差别,但在讲究礼仪方面大体是一致的。宴请礼仪又可分为宴请者的礼仪和赴宴者的礼仪。在社会交往和现实生活中,熟悉宴请礼仪,加强商务礼仪修养是大有裨益的。

一、常见的宴请类型

宴会是因习俗或社交礼仪需要而举行的宴饮聚会。又称燕会、筵宴、酒会,是社交与饮食相结合的一种形式。人们通过宴会,不仅获得饮食艺术的享受,而且可增进人际交往。宴会种类复杂、名目繁多,按照不同的分类标准,宴会可以分为不同的类型:

(1) 按规格分类:有国宴、正式宴会、便宴、家宴。

(2) 按餐型分类：有中餐宴会、西餐宴会、中西合餐宴会。
(3) 按用途分类：有欢迎宴会、答谢宴会、国庆宴会、告别宴会、招待宴会。
(4) 按时间分类：有早宴、午宴和晚宴。

其他如鸡尾酒会、冷餐会、茶会也都可列为宴会[①]之列。

1. 国宴

国宴是国家元首或政府首脑为招待国宾、其他贵宾，或在重要节日为招待各界人士而举行的正式宴会。这种宴会规格最高、形式最盛大，礼仪要求也最严格。举行国宴时，宴会厅内必须悬挂主办国和参加国的国旗；设置大型乐队奏国歌和席间乐；宾主致祝酒词；设菜单和席位卡，并印上国徽；宾、主严格按身份地位就座。

2. 正式宴会

正式宴会是一种隆重而正规的宴请。西方一般安排在晚上8点以后举行，中国一般在晚上6点至7点开始。正式宴会十分讲究礼仪，一般要排好座次，对到场人数、穿着打扮、音乐演奏、餐具、酒水、菜肴的道数及上菜程序，往往都有十分严谨的要求和讲究。

3. 自助餐宴会

自助餐是近年来借鉴西方的现代用餐方式，可以是早餐、中餐、晚餐，有冷菜也有热菜，连同餐具放在菜桌上，供客人用。它不排席位，也不安排统一的菜单，是把能提供的全部主食、菜肴、酒水陈列在一起，根据用餐者的个人爱好，自己选择。采取这种方式，礼仪讲究不多，宾、主都方便，用餐的时候每个人都可以悉听尊便。

4. 鸡尾酒会

鸡尾酒会是西方国家比较传统的一个社交节目，形式活泼、简便，便于人们交谈。招待品以酒水为重，略备一些小食品，如点心、面包、香肠等，放在桌子、茶几上，或者由服务生拿着托盘，把饮料和点心端给客人，客人可以随意走动。举办的时间一般是下午5点到晚上7点。近年来，国际上各种大型活动前后往往都要举办鸡尾酒会。

5. 茶会

茶会是一种简便的接待形式，通常安排在下午4点或上午10点左右。一般备有茶、点心或地方风味小吃，请客人一边品尝，一边交谈。茶会对茶叶的品种、沏茶的用水和水温，以及茶具都颇有讲究。茶叶的选择要照顾到客人的嗜好和习惯，茶具要选用陶瓷器皿，不要用玻璃杯，也不要用热水瓶代替茶壶。欧洲人一般喜欢饮红茶，日本人喜欢乌龙茶，美国人用袋茶。另外，有外国人参加的茶会，还可以准备咖啡和冷饮。

二、宴请的组织礼仪

宴请是一种社交活动，作为主人，宴请前要做好以下准备工作。

1. 明确宴请对象、目的、范围、形式

（1）对象。这是宴请首先要明确的，如主宾的身份、国籍、习俗、爱好等，以便确定宴会的规格、主陪人、餐式等。

（2）目的。宴请的目的是多种多样的，可以是为表示欢迎、欢送、答谢，也可以是为表

---

① 袁平主编：《现代社交礼仪》，科学出版社，2007年版。

示庆贺、纪念、节庆聚会、会议闭幕等,还可以是为某一事件、某一个人等。

(3) 范围。根据宴请目的,应当事先明确请哪些人参加,请多少人参加。主、客双方的身份要对等,主宾如偕夫人,主人一般也应以夫妇名义邀请,作陪人员也应认真考虑。对出席宴会的人员应列出名单,写明职务、称呼等。

(4) 形式。宴会形式要根据规格、对象、目的确定,可采用正式宴会、冷餐会、酒会、茶会等形式,要根据具体情况来选择合适的形式。

2. 选择时间、地点

时间:应考虑主、宾双方的具体情况,要使所确定的时间令主、宾双方都能接受,一般不应选择在重大节日、假日,也不应安排在双方的禁忌日。选择宴会时间时,要与主宾进行协商,然后再发邀请。

地点:要考虑到宴请的规格来安排适当的地点,拟选择交通方便、环境幽雅、食品卫生、菜肴精美、服务优良的饭店作为宴请的场所。

3. 邀请

邀请的形式一般有发送请柬、电话邀请及口头邀请。

(1) 请柬。凡是正式宴请,都应该发送请柬或请帖,既礼貌又可起到备忘的作用。请柬应注明邀请人姓名、被邀请人姓名、尊贵的称呼、宴请的方式,以及时间地点、着装要求或提示等。

请柬应提前一至两周发出,以便被邀请人及早安排时间。需要安排座次的宴请必须在请柬上注明要求被邀请人答复能否出席,正式宴会在请柬上注明席次号。

为了表达主人的真诚,也为了减少活动的失误,宴请者在宴请前夕,还要确认被邀请者是否收到请柬,并对是否能够出席宴会予以确认。

(2) 电话邀请。电话邀请可提前2~3天,开宴的当天应再与对方进行确认。

(3) 口头邀请。非正式的宴请通常只需口头打个招呼,在得到对方明确首肯后进行。口头邀请时语言表述要清楚,语气要恳切,邀请时间一般要提前一天。

4. 安排席位

国宴和正式宴会一般都要事先安排好桌次和座次,既体现出主人对客人的尊重,又便于参加宴会的人都能各就其位、井然入席。

(1) 桌次位置高低的安排,以主人桌为基准,以距主桌位置的远、近而定。右高左低,近高远低。

(2) 席位的高低应考虑以下几点:

1) 以主人座位为中心,如果女主人参加时,则以主人和女主人为基准,近高远低、右上左下。

2) 主宾应安排在主人右手位置,主宾夫人安排在女主人右手位置。

3) 主人方面的陪客,尽可能与客人相互交叉便于交谈,以免冷落客人。

4) 译员席位安排在主宾左后侧。

5) 席位确定后,席位卡放在桌前方,桌次卡放在桌中间。

5. 拟订菜单

拟订菜单和用酒时,应考虑客人的规格身份和宴会范围,要尊重客人饮食习惯和禁忌。拟定的菜单应注意冷热、甜咸、色香味搭配,以使整个宴请菜肴精致可口、赏心悦目、特色突出。

可以优先考虑的菜肴有:一是有当地特色的菜肴。比如,西安的羊肉泡馍,湖南的毛家红烧肉,上海的红烧狮子头,北京的涮羊肉;宴请外宾时,像炸春卷、煮元宵、蒸饺子、狮子头等具有鲜明的中国特色的菜肴也大受欢迎。二是饭店的特色菜。每个饭店都有自己的特色菜,点饭店的特色菜,能使客人感觉到主人对其的重视。三是主人的拿手菜。举办家宴时,主人亲自动手,可以让客人感觉到你的尊重和友好。

同时,在安排菜单时,还必须考虑来宾的饮食禁忌,特别是要高度重视主宾的饮食禁忌。饮食方面的禁忌主要有以下四条:

(1) 宗教的饮食禁忌。例如,穆斯林通常不吃猪肉、不喝酒;国内的佛教徒不吃荤腥食品,包括肉食、葱、蒜、韭菜、芥末等气味刺鼻的食物。

(2) 出于健康考虑的饮食禁忌。比如有心脏病、高血压和中风后遗症的人,不适合吃狗肉;肝炎病人忌吃羊肉和甲鱼;高血压、高胆固醇患者,要少喝鸡汤;等等。

(3) 不同地区饮食禁忌。比如,英美国家的人通常不吃宠物、稀有动物、动物内脏、动物的头部和脚爪。

(4) 职业的饮食禁忌。例如,驾驶员工作期间不得喝酒[①]。

6. 宴请的接待礼仪

正式宴请的接待分为迎宾、就座、致词、敬酒、用餐、送别。

(1) 迎宾。宴会开始前,主人应站在大厅门口迎接客人。对规格高的贵宾,还应组织相关负责人到门口列队欢迎。客人来到后,主人应主动上前握手问好。

(2) 引导入席。主人陪主宾进入宴会厅主桌,接待人员引导其他客人入席后,宴会即可开始。

(3) 致词、祝酒。正式宴会一般都有致词和祝酒。我国一般是在开宴之前讲话、祝酒、客人致答词。致词时,全场人员要停止一切活动,聆听讲话,并响应致词人的祝酒,在同桌中间互相碰杯。西方国家致词、祝酒习惯安排在热菜之后,甜食之前,冷餐会和酒会的致词则更灵活些。客人入座之后,主人应首先起立,举杯向客人敬酒。碰杯先后以座次顺序为序,依次进行。

(4) 用餐。主人应努力使宴会气氛融洽,要不时地找话题与客人进行交谈。还要注意主宾用餐时的喜好,掌握用餐的速度。

(5) 送别。宴会结束后,主宾告辞,主人送至门口、热情话别,并与其他客人一一握手话别,表示欢送之意。

三、赴宴礼仪

1. 接受邀请

参加宴会是一项重要的社交活动,在接到邀请后,应对能否出席尽快答复对方,以便主人及时安排。接受邀请后,不能随意改动,如果出现特殊情况不能出席时,尤其是作为

---

① 罗树宁主编:《商务礼仪与实训》,化学工业出版社,2008年版。

主宾时,要尽早向主人郑重解释、深致歉意,包括登门致歉,以取得主人的谅解。应邀出席之前,要核实宴请的主人、时间地点及其他要求。

2. 适度修饰

赴宴时,应适度地进行个人修饰,修饰总的要求是:整洁、优雅、个性化。

一般而言,男士要理发、修面,身着正装,大部分场合穿着西装即可,做到庄重大方、潇洒自然。女士则应穿西服套裙、时装或旗袍,并化淡妆,做到端庄得体、不媚不俗。如果不加任何修饰,甚至邋邋遢遢、着装不雅,则会被视为对这次宴请的不重视,对主人和参加宴会的其他人的不尊重。

3. 掌握到达时间

应邀赴宴,一定要准时抵达宴会地点。抵达过早或过晚,均为失礼。除长者、尊者、女士出席可略晚一点,其他宾客一般均宜提前5分钟或正点到达,到达后要先向主人问候致意,再向其他客人问好,无论相识与否都要打招呼。若因特殊情况不能到达或迟到的,应提前通知主人;迟到时,应向主人和众人致谦,并说明原因。

4. 按位入席

应遵从主人安排,在服务人员的引导下入席。入座时,要和其他客人礼让,并从椅子左边入座。如邻座是年长者或妇女,应主动协助其先坐下,然后自己从容就座,坐姿自然端正。要主动与周围人打招呼,并进行自我介绍。

5. 文明进餐

就餐的动作要文雅,夹菜动作要轻。送食物进嘴时,要小口进食,两肘向外靠,避免碰到邻座。不要在吃饭、喝饮料、喝汤时发出声响。用餐时,如要用摆在同桌其他客人面前的调味品,先向别人打个招呼再拿;如果太远,要客气地请人代劳。如在用餐时一定要剔牙,需用左手或手帕遮掩,右手用牙签轻轻剔牙。

6. 离席

用餐完毕,要等主人和主宾餐毕先起身离席,客人才能依次离席。离桌时,应把椅子放回原位。男士应帮助身边的女士移开坐椅,并帮其放回原处。客人应向主人道谢、告别,并向其他客人告别。如果客人确实有事要提前离席,则应向主人说明情况后离开,或在事先说明届时离席,并要向同席的客人致歉。

第二节 中餐礼仪

中国的饮食文化驰名世界,中餐宴会是指具有中国传统民族风格的宴会。中餐礼仪,是中华饮食文化的重要组成部分。经过千百年的演进,形成了今天为大家普遍接受的一套进餐礼仪。

一、桌次和席位的排列

中餐的桌次和席位的排列,关系到来宾的身份和主人给予对方的礼遇,所以是中餐礼仪中非常重要的内容。

1. 桌次排列

在中餐宴请活动中,决定餐桌高低次序的原则是:主桌排定之后,其余桌次的高低以离主桌的远近而定,近者为高、远者为低;平行者以右桌为高、左桌为低。

而在正式的宴会厅内安排桌次时,要按照以下几条规矩:

以右为上:各桌横向并列时,以面对宴会厅正门的为准,右侧的餐桌高于左桌的餐桌。

以远为上:各桌纵向排列时,以距离宴会厅正门的远近为准,距其愈远,餐桌的桌次越高。

居中为上:各桌围绕在一起时,居于正中内的那张餐桌应为主桌。

临台为上:宴会厅内若有专用的讲台时,应当背靠讲台的餐桌为主桌。若宴会厅内没有专用讲台,有时也可以背临主要画幅的那张餐桌为主台。

常见的排列方法如图9-1所示,图中圆圈里的序号就是桌次的高低序号。

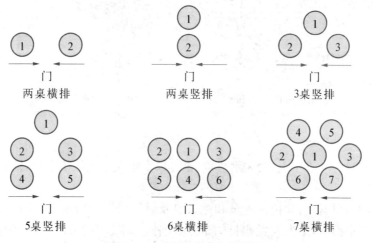

图9-1 中餐宴会桌次排列图

为了确保赴宴者及时、准确地找到自己所在的桌次,可在请柬上注明对方所在的桌次,并安排引位员引导来宾按桌就座,或者在每张餐桌上摆放桌次牌(用阿拉伯数字书写)。

2. 位次排列

(1) 位次排列的原则。宴请时,每张餐桌上的具体位次也有主次、尊卑的分别。席位的排列在不同情况下有一些差异,一般遵循以下的几个原则:

面门为主:是指在每一张餐桌上,以面对宴会厅正门的正中座位为主位,通常应请主人在此就座。若宴会厅无正门,则一般以面对主屏风的正中的座位为主位。

各桌同向:指在举行大型宴会多桌宴请时,每桌都要有一位主人的代表在座。位置一般和主桌主人同向,有时也可以面向主桌主人。

近上远下:每张桌子上位次的尊卑,以距离该桌主人的远近而定,以近为上、以远为下。

右高左低:是指在每张餐桌上,距离该桌主人相同的位次,应以面对宴会厅正门时为准,右侧的位次高于左侧的位次。一般情况之下,可将主宾排在主人右手,而将主宾夫人排在其左手。主人的夫人,则往往被安排在主宾的右侧就座。

(2) 位次排列方法。根据上述的排列原则,若每桌主位数量不同,圆桌位次的具体排列可以分为两种具体情况。

第一种情况:每桌一个主位的排列方法。特点是每桌只有一名主人,主宾在右手就座,每桌只有一个谈话中心,如图9-2(a)所示。

第二种情况:每桌两个主位的排列方法。特点是主人夫妇在同一桌就座,以男主人为第一主人,女主人为第二主人,主宾和主宾夫人分别在男、女主人右侧就座。每桌从而客观上形成了两个谈话中心,如图9-2(b)所示。

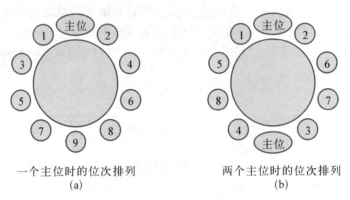

一个主位时的位次排列　　两个主位时的位次排列
　　　　(a)　　　　　　　　　　　　(b)

图9-2　不同主位时位次排列

如果主宾身份高于主人,为表示尊重,也可以安排在主人位子上坐,而请主人坐在主宾的位子上。

为了方便来宾就座,除招待人员和主人要及时加以引导指示外,应在每位来宾所属座次正前方的桌面上,事先放置醒目的个人姓名座位卡。举行涉外宴请时,座位卡应以中、英文两种文字书写。我国的惯例是,中文在上、英文在下。必要时,座位卡的两面都书写用餐者的姓名。

二、中餐餐具的使用

中餐的餐具主要有杯、盘、碗、碟、筷、匙等。在正式宴会上,水杯应放在餐盘上方,酒杯放在右上方,筷子与汤匙放在专用的座上。

1. 筷子

筷子是中餐最主要的餐具,使用筷子要遵循基本的规矩和礼仪:

夹菜时,不能把筷子在菜盘里挥来挥去,上下乱翻;遇到别的宾客也来夹菜时,要注意避让;每次夹的菜不宜太多;夹菜途中,不能滴水不停;不能指点他人。不论筷子上是否残留着食物,都不要去舔。

用餐过程中进行交谈,要暂时放下筷子,不能把筷子当成道具,在餐桌上乱舞。

筵席中暂时停餐,可以把筷子直接搁在碟子或调羹上。

不要把筷子竖插放在食物上面。因为这种插法,只在祭奠死者的时候才用。

筷子只是用来夹取食物的,不可用来剔牙、挠痒,或是用来夹取食物之外的东西。

在等待就餐时,不能一手拿一根筷子随意敲打,或用筷子敲打碗盏或茶杯。

用餐完毕,筷子应整齐地搁在靠碗右边的桌上,并应等众人都放下筷子后,在主人示意散席时方可离座,不可自己用餐完毕,便扔下筷子离席。

为别人夹菜时,要使用公筷。使用完公筷,要放回原来位置。

2. 汤匙

汤匙的主要作用是舀取菜肴、食物,或在用筷子取食时,可以用汤匙来辅助。

用汤匙取食物时,不要过满,免得溢出来弄脏餐桌或自己的衣服。在舀取食物后,可以在原处停留片刻,汤汁不会再往下流时再移回来。

用汤匙取食物后,要立即食用或放在自己的碟子里,不要再把它倒回原处。而如果取用的食物太烫,不可用勺子舀来舀去,也不要用嘴对着吹,可以先放到自己的碗里等凉了再吃。

用汤匙喝汤时,不要全部放入口中。不要把汤匙塞到嘴里,或者反复吮吸、舔食。

暂时不用汤匙时,应放在自己的碟子上,不要把它直接放在餐桌上,或是放它在食物中。

3. 碗、碟

进食时,不要端起碗,不可把碗里的食物往嘴里倒,暂时不用的碗不可放杂物。

骨碟的主要作用,是用来暂放从公用的菜盘里取来享用的菜肴的。使用骨碟时,一次不要取放过多的菜肴,不要把多种菜肴堆放在一起,防止不同食物间相互"窜味"。

不吃的残渣、骨、刺不要吐在地上、桌上,而应轻轻取放在骨碟里,如果骨碟放满了,可以示意服务员更换。

4. 水杯

主要用来盛放清水、汽水、果汁、可乐等软饮料时使用。

不要用水杯来盛酒,也不要倒扣水杯。另外,喝进嘴里的东西不能再吐回水杯。

5. 湿巾

中餐用餐前,会为每位用餐者上一块湿毛巾,它只能用来擦手,擦手后,应该放回盘子里,由服务员拿走。有时候,在正式宴会结束前,会再上一块湿毛巾,这块湿巾只能用来擦嘴,不能擦脸、抹汗。

6. 餐巾

应铺放在并拢的大腿上,不能围在脖子上,或衣领里、腰带上。可用于擦嘴和手,但不能擦餐具或汗。

7. 牙签

尽量不要当众剔牙。如实在需要时,应用一只手掩住口部,剔出来的东西,不要当众观赏。不要长时间用嘴叼着牙签。

三、中餐的上菜顺序

中餐和西餐的菜序存在很大的差异,中餐不论是何种风味,上菜的顺序通常是先上冷盘,接下来是热菜,随后是主菜、点心和汤,最后是果盘。一般上咸点心时,上咸汤;上甜点心的话,则上甜汤。

一般当冷盘已经吃了 2/3 时,开始上第一道热菜,菜的数量根据宴会规格和人数确定。宴会上桌数再多,各桌也要同时上菜。

四、用餐的礼仪

俗话说:"站有站相,坐有坐相,吃有吃相",这里说的进餐礼仪就是指要吃相文雅,符合礼仪要求。用餐礼仪主要有:

进餐时,先请客人、长者动筷子,尽量夹取离自己较近的菜肴,对不方便夹取或离自己较远的菜肴可少吃或不吃,或请人帮助,不要起身甚至离座去取。

取菜的时候,夹菜要每次少一些,不要左顾右盼、翻来覆去,在公用的菜盘内挑挑拣拣,更不能夹起来又放回去。多人一桌用餐,取菜要注意相互礼让,依次而行。

进餐时,不要发出声音,喝汤最好用汤匙一小口一小口地喝,不宜把碗端到嘴边喝,不能用嘴使劲吹出声音来。

要用公筷给客人或长辈夹菜。每当上来新菜时,应请客人或长辈先动筷子,以表示尊敬和重视,也可以把离客人或长辈远的菜肴送到他们跟前。

进餐时,不要光低着头吃饭,要适时地和自己左、右两侧就餐的人进行交谈以调和气氛,交谈应注意选择愉快的话题。

进餐时,不要打嗝,也不要出现其他声音。如果出现打喷嚏、肠鸣等不由自主的声音时,应向同桌客人表示歉意;如果需要有清嗓子、擤鼻涕、吐痰等举动,尽早去洗手间解决。

五、饮酒的礼仪

1. 斟酒

主人为了表示对来宾的敬重、友好,会亲自为其斟酒。主人斟酒时要注意三点:一要面面俱到、一视同仁,不能有挑有拣,只为个别人斟酒;二要注意顺序,可以从自己所坐之处开始依顺时针方向斟酒,也可以先为尊长、嘉宾斟酒;三斟酒需要适量,白酒与啤酒均可以斟满,而其他洋酒则无此讲究。

客人在侍者斟酒时,要向其道谢,但不必拿起酒杯。但在主人亲自来斟酒时,则必须端起酒杯致谢;必要时,还须起身站立,或欠身点头致意。

2. 敬酒

敬酒往往是宴会上必不可少的一项程序。敬酒是指在就餐时,由男主人向来宾提议,为了某种事由而饮酒。

敬酒时,通常要讲一些祝愿、祝福之言,在正式的宴会上,主人与主宾还会发表正式的祝酒词。不管何种形式的祝酒词,内容愈短愈好,切勿长篇大论,让他人久等。敬酒可以随时在饮酒的过程中进行,频频举杯祝酒会使现场氛围热烈而欢快。

在他人敬酒或致词时,其他在场者应一律停止用餐或饮酒,坐在自己座位上,面向敬酒者认真倾听,不要小声议论或公开表示反感。

3. 干杯

干杯通常是指在饮酒时,劝说他人饮酒,或是建议对方与自己同时饮酒,因往往要喝干杯中之酒,故称干杯。提议干杯时,应起身站立,右手端起酒杯,或者用右手拿起酒杯后,再以左手托扶其杯底,面含微笑,目视祝酒的对象,将酒饮去适量或一饮而尽。当主人亲自向自己敬酒干杯后,一般应当回敬主人,再与他干一杯。回敬时,应右手持杯,左手托底与对方一同将酒饮下。注意,不要交叉碰杯。

4. 依礼拒酒

假如因为生活习惯或健康等原因不能饮酒,可以婉言谢绝他人的劝酒。例如,说明自己不能饮酒的客观原因,或主动以其他软饮料代酒,还可以委托亲友、部下或晚辈代为饮酒。

谢绝饮酒时,不能在他人为自己斟酒时又躲又藏、乱推酒瓶、倒扣酒杯,或将自己杯中酒偷偷倒掉,更不能把自己喝了一点的酒倒入别人杯中[①]。

用餐的注意事项:

在用餐时,还要注意以下禁忌:

(1)要自觉做到不吸烟。

(2)不要擅自做主为他人夹菜。不论对方是否喜欢,主动为其夹菜、添饭,会让人为难。

(3)用餐期间,不要梳理头发、化妆补妆、宽衣解带、脱袜脱鞋等。

(4)用餐的时候不要离开座位、四处走动。如果有事要离开,也要先和旁边的人打声招呼。

(5)喝酒的时候不酗酒、不灌酒。一味地给别人劝酒、灌酒,吆五喝六,特别是给不胜酒力的人劝酒、灌酒,都是失礼的表现。

第三节 西餐礼仪

随着中西方商贸和文化交流的发展,人们的生活方式也发生了变化,如今在我国越来越多的人接受了西餐。同时,在涉外商务活动中,为适合外国客人的饮食习惯,有时也要用西餐来招待客人。每种饮食习俗都带有民族历史和思维方式的痕迹和特征,西餐也不例外。西餐因选材用料、烹饪方式和进餐方式,决定了在各方面都要求有一定的基本规则和礼节。为了在西餐桌上显得文明、优雅,为了使宾客都能愉快顺利地享用西餐,就必须了解其中的规范和道理,了解有关文化知识。

---

① 袁平主编:《现代社交礼仪》,科学出版社,2007年版。

一、西餐的类型及特点

1. 西餐的类型

西餐是饮食形式的一个类型,是我国人们对欧美地区菜点的统称。

(1) 是以英、法、德、意等国为代表的"西欧式",其特点是选料精纯、口味清淡,以款式多、制作精细而享有盛誉。

(2) 是以前苏联为代表的"东欧式",其特点是味道浓、油重,以咸、酸、甜、辣皆具而著称。

(3) 在英国菜基础上发展起来的"美式"西餐。

若进一步细分,可将西餐分为英国菜、法国菜、俄国菜、美国菜、意大利菜,以及德国菜等。

2. 西餐的特点

各国西菜系自成风味、各有风格,其中尤以法国菜最为突出,从总体上看,与中餐相比西餐具有以下几个显著的特点:

(1) 西餐极重视各类菜肴中营养成分的搭配组合,在充分考虑人体对各种营养(糖类、脂肪、蛋白质、维生素)和热量需求的基础上,来安排原料或加工烹调。

(2) 选料精细,用料广泛。西餐烹调在选料时十分精细、考究,而且选料十分广泛。例如,美国菜常用水果制作菜肴或饭点;意大利菜,则会将各种面片、面条、面花都能制成美味的席上佳肴;而在法国菜中,蜗牛、洋百合、椰树芯等均可入菜。

(3) 讲究调味,注重色泽。西餐烹调的调味品大多不同于中餐,如酸奶油、桂叶、柠檬等都是常用的调味品。法国菜在烹调时普遍用酒,不同菜肴用不同的酒作调料;德国菜则多以啤酒调味,在色泽的搭配上则讲究对比、明快。

(4) 工艺严谨,器皿讲究。西餐的烹调方法很多,常用的有煎、烩、烤、焖等十几种,而且十分注重工艺流程的科学化、程序化,工序严谨。烹调的炊具与餐具均有不同于中餐的特点,特别是餐具,除瓷制品外,水晶、玻璃及各类金属餐具占很大比重[①]。

3. 几种常见的西餐

下面,我们简单介绍几种常见的西餐类型及其特点:

(1) 法国菜。法国人一向以善于吃,并精于吃而闻名,法式大餐至今仍名列世界西菜之首。法式菜肴的特点是:选料广泛(如蜗牛、鹅肝都是其中美味),加工精细,烹调考究,滋味有浓有淡,花色品种多;比较讲究吃半熟或生食,如牛排、羊腿以半熟鲜嫩为特点,可生吃蚝;调味品种类多样,用酒来调味,菜和酒的搭配有着严格的规定,如清汤用葡萄酒、海味品用白兰地酒、甜品用各式甜酒或白兰地等,品种多样。

法式菜肴的名菜有:马赛鱼羹、鹅肝排、巴黎龙虾、红酒山鸡、沙福罗鸡、鸡肝牛排等。

(2) 英国菜。英式菜肴的特点是:油少、清淡,调味时较少用酒,调味品大都放在餐台上由客人自己选用。烹调讲究鲜嫩、口味清淡,选料注重海鲜及各式蔬菜,菜量要求少而精。英式菜肴的烹调方法多以蒸、煮、烧、熏见长。

英式菜肴的名菜有:鸡丁沙拉、烤大虾苏夫力、薯烩羊肉、烤羊马鞍、冬至布丁、明治排等。

(3) 意大利菜。就西餐烹饪来讲,意大利是始祖。意式菜肴的特点是:原汁原味,以

---

① 袁平主编:《现代社交礼仪》,科学出版社,2007年版。

味浓著称。烹调注重炸、熏等,以炒、煎、炸、烩等方法见长。意大利人喜爱面食,其制作面条有独到之处,各种形状、颜色、味道的面条至少有几十种,如字母形、贝壳形、实心面条、通心面条等。

意式菜肴的名菜有:通心粉蔬菜汤、焗馄饨、奶酪焗通心粉、肉末通心粉、匹萨饼等。

(4) 美国菜。美国菜是在英国菜的基础上发展起来的,继承了英式菜简单、清淡的特点,口味咸中带甜。一般不喜欢辣味,喜欢铁扒类的菜肴,常用水果作为配料与菜肴一起烹制,如菠萝焗火腿、菜果烤鸭。喜欢吃各种新鲜蔬菜和各式水果。

美式菜肴的名菜有:烤火鸡、橘子烧野鸭、美式牛扒、苹果沙拉、糖酱煎饼等。

(5) 俄国菜。沙皇俄国时代的上层人士非常崇拜法国,饮食和烹饪技术也主要学习法国。但经过多年的演变,逐渐形成了自己的烹调特色。

俄式菜肴口味较重,喜欢用油,制作方法较为简单。口味以酸、甜、辣、咸为主,酸黄瓜、酸白菜往往是饭店或家庭餐桌上的必备食品。烹调方法以烤、熏腌为特色。俄式菜肴在西餐中影响较大,一些地处寒带的北欧国家和中欧南斯拉夫民族,人们日常生活习惯与俄罗斯人相似,大多喜欢腌制的各种鱼肉、熏肉、香肠、火腿,以及酸菜、酸黄瓜等。

俄式菜肴的名菜有:什锦冷盘、鱼子酱、酸黄瓜汤、冷苹果汤、鱼肉包子、黄油鸡卷等。

二、桌次和席位的排列

西餐的位置排列与中餐有相当大的区别,中餐多使用圆桌,而西餐一般都使用长桌。

1. 桌次排列

西餐桌次的高低与中餐一样,主桌为首位。西餐桌子的放置方法可根据用餐人数的多少和场地大小而定,有时会拼成各种图案,如图9-3所示。桌次依距主桌远近而定,右为高、左为低。桌数多时,应摆放桌次牌。

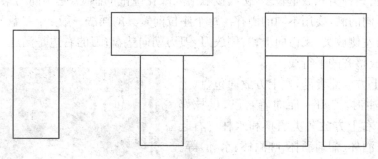

图9-3 西餐餐桌排列图案

2. 席位排列

西餐席位的排列次序是右高左低,男女交叉安排,以女主人的席位为准,主宾坐在女主人的右上方,主宾夫人坐在男主人的右上方,其他人员的席位安排一般按职务或年龄排列。以长桌为例,一般是男、女主人在长桌中央面对面而坐,客人按主次分坐于男、女主人两边,餐桌两端可以坐人,也可以不坐人,如图9-4(a)所示。如长桌一端朝向正门,则男、女主人分别就座于长桌两端,其他客人分坐于桌子两边,客人席位的高低,依距主人座位的远近而定,如图9-4(b)所示。

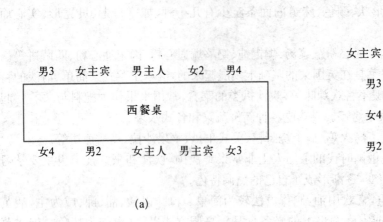

图 9-4 西餐宴会座次排列

三、西餐餐具的使用

1. 西餐餐具的种类

广义的西餐餐具包括刀、叉、匙、盘、杯、餐巾等。其中,盘又包括菜盘、布丁盘、奶盘、白脱盘等;酒杯种类也比较多,正式宴会上每一种酒都有专用的玻璃酒杯。

狭义的餐具专指刀、叉、匙三大件。其中,刀分为肉刀(刀口有锯齿,用以切牛排、猪排等)、鱼刀、甜点刀、水果刀和牛油刀,叉分为肉叉、鱼叉、点心叉、水果叉和色拉叉,匙则有汤匙、甜食匙、茶匙。

2. 西餐餐具的摆放

西餐的餐具种类和数量较多,初次接触给人眼花缭乱的感觉,吃不同的菜,要用不同的刀叉,饮不同的酒,要用不同的酒杯。每个座位前餐具的摆法一般是:垫盘放在餐席的正中心,盘的左侧放叉,叉齿向上;右侧放刀,刀刃朝向垫盘;刀的右边是汤匙,匙心向上;刀、叉、匙排成整齐的平行线。

垫盘的上方放甜食匙,左上方放面包盘(上面放一把牛油刀,刀刃一面向着自己,供抹奶油、果酱用),右上方放各类酒杯和水杯。右起依次为,香槟酒杯、葡萄酒杯、啤酒杯(水杯)等。餐巾叠好放在垫盘上或插在水杯里。具体方法如图 9-5 所示。

3. 西餐餐具的使用

(1) 餐巾的使用。

餐巾是为了在用餐时,防止衣服弄脏而准备的。在餐厅,通常是在点完主菜后才将餐巾打开。将餐巾对角线叠成三角形状,或平行叠成长方形状,折后放置于膝上,并将开口朝外。

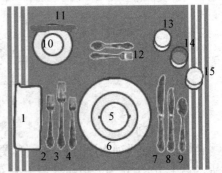

1. 餐巾 2. 鱼叉 3. 主菜叉 4. 沙拉叉
5. 汤杯及垫盘 6. 主菜盘 7. 主菜刀
8. 鱼刀 9. 汤匙 10. 面包及奶油盘
11. 牛油刀 12. 点心匙及点心叉 13. 水杯
14. 红酒杯 15. 白酒杯

图 9-5 西餐餐具摆放示意图

对折的目的在于防止错拉到餐巾,而开口朝外则是方便拿起擦拭嘴巴。

擦拭嘴巴时,拿起餐巾的末端顺着嘴唇轻轻压一下,弄脏的部分为了不让人看见,可往内侧卷起。污渍应全部擦在里面,外表看上去一直是整洁的。

使用餐巾除了用来擦拭嘴、手、手指以外,也可在吐出鱼骨头或水果的种子时,可利用餐巾遮住嘴后,用手指拿出来或吐在叉子上后再放在餐盘上。

离开席位时,即使是暂时离开,也应该取下餐巾,并随意叠成方块或三角形放在盘侧或桌角,最好放在自己的座位上,但不要把餐巾挂在椅背或是揉成一团放在桌子上。

用餐完毕,可把餐巾放在右前方的餐桌桌面上,就表示这道菜用光了。

餐巾使用的注意事项:

用餐巾过程中,千万要注意不要有如下失礼之举:
(1) 离席时,将餐巾掉落在地上。
(2) 餐巾用得污迹斑斑,或者是皱皱巴巴。
(3) 用餐巾来擦汗或是擦鼻涕。
(4) 用餐巾擦桌子。
(5) 将口红整个印在餐巾上。

(2) 刀、叉、勺的使用。

吃西餐时,必须注意餐桌上餐具的排列和放置位置。正规宴会上,每一道食物、菜肴即配一套相应的餐具(刀、叉、匙),并按上菜的先后顺序由外向内排列。一般是从外侧往内侧取用刀叉,左手拿叉,右手拿刀,切东西时左手拿叉按住,右手拿刀切成小块,用叉子往嘴里送。西餐用的刀、叉、勺各有其用,不能替代或混用。

拿刀的姿势:手食指压在刀背上以用力,其余手指拿住刀把,刀刃不可以朝外。

拿叉的姿势:用左手拇指、食指、中指拿住叉。叉起食物往嘴里送时动作要轻,叉起适量食物一次性放入口中,不要拖拖拉拉一大块,更不要咬一口再放下。叉子叉起食物入嘴时,牙齿只碰到食物,不要咬叉,也不要让刀叉在齿上或盘中发出声响。

在正式场合下,勺有多种。小的是用于咖啡和甜点心的,扁平的用于涂黄油和分食蛋糕,比较大的用来喝汤或盛碎小食物,切莫搞错。

刀叉使用的注意事项:

(1) 用刀的时候,进餐中途需要休息时,可以放下刀叉并摆成"八"字形状摆在盘子中央,表示没吃完,还要继续吃。
(2) 每吃完一道菜,将刀叉并排放在盘中,表示已经吃完了,可以将这道菜或盘子拿走。汤勺横放在汤盘内,匙心向上,也表示用汤餐具可以收走。
(3) 谈话时,可以拿着刀叉,不用放下来,但不要挥舞。

> （4）不用刀时，可用右手拿叉，但需要做手势时，就应放下刀叉，千万不要拿着刀叉在空中挥舞摇晃。
>
> （5）不要一手拿刀或叉，而另一只手拿餐巾擦嘴，也不要一手拿酒杯，另一只手拿叉取菜。
>
> （6）任何时候，都不要将刀叉的一端放在盘上，另一端放在桌上。

四、西餐菜序的安排

西餐有正餐和便餐的菜序之分，两者之间存在很大差异。

1. 正餐的菜序

西餐的正餐，尤其是在正式场合所用的正餐，菜序既复杂多样，又讲究甚多。在大多数情况下，西餐正餐的菜序由下列几道程序构成，一顿内容完整的正餐一般要吃上一两个小时。

（1）头盘。

头盘也称为开胃菜，以色拉类为主，也包括鹅肝酱、冻子、泥子等，多数情况下是由蔬菜、水果、海鲜、肉食等组成的拼盘。特点是爽口清淡，主要是激发进餐者的食欲，属于西餐的前奏。

（2）汤。

汤是西餐的"开路先锋"，具有很好的开胃作用。按照传统说法，常见的汤类有白汤、红汤、清汤等。红汤，如俄式罗宋汤；白汤，如各式奶油汤、蘑菇汤等；清汤，如牛尾清汤等。

（3）副菜。

通常水产类菜肴与蛋类、面包类、酥盒菜肴品都称为副菜。品种包括各种淡水鱼类、海水鱼类、贝类及软体动物类。因为鱼类等菜肴的肉质鲜嫩，比较容易消化，所以放在肉类菜肴的前面。西餐吃鱼菜肴讲究使用专用的调味汁，品种有鞑靼汁、荷兰汁、酒店汁、白奶油汁、大主教汁、美国汁和水手鱼汁等。

（4）主菜。

肉、禽类菜肴是西餐的第四道菜，也称为主菜。肉类菜肴的原料取自牛、羊、猪、小牛仔等各个部位的肉，其中最有代表性的是牛排。牛排按其部位又可分为沙朗牛排、菲力牛排、"T"骨型牛排、薄牛排等，烹调方法常用烤、煎、铁扒等。肉类菜肴配用的调味汁，主要有西班牙汁、浓烧汁精、蘑菇汁、白尼斯汁等。

禽类菜肴的原料取自鸡、鸭、鹅，通常将兔肉和鹿肉等野味也归入禽类菜肴。禽类菜肴品种最多的是鸡，有山鸡、火鸡、竹鸡，可煮、炸、烤、焖，主要的调味汁有黄肉汁、咖喱汁、奶油汁等[①]。

（5）甜品。

西餐的甜品是在吃过主菜后食用的，包括蛋糕、饼干、吐司、馅饼、三明治之类的小点

---

① 罗树宁主编：《商务礼仪与实训》，化学工业出版社，2008年版。

心,布丁、冰激凌,以及草莓、菠萝、苹果、香蕉、橙子、葡萄、核桃、榛子、腰果、杏仁、开心果等干、鲜果品。

(6) 热饮。

用餐结束之前主人会为用餐者提供热饮,热饮一般是红茶或咖啡,两者选择其一。它们的作用,主要是帮助消化。喝咖啡最好是什么都不加的黑咖啡,也可以加糖和淡奶油。

2. 便餐的菜序

在普通情况之下,由于经济和时间方面的考虑,人们并不是都吃西餐全餐。通常,西餐便餐的标准菜序方便、从简,很受欢迎。西餐便餐可以只要开胃菜、汤、主菜和甜品,有的时候可以不要汤或甜品。

一般顺序是:开胃菜作为第一道菜,汤主要分清汤和奶油浓汤两种,主菜有鱼、猪肉、牛肉、鸡等,甜品常有冰激凌、布丁等,水果可上可不上。

五、西餐饮食礼仪

因为西餐主要是在餐具、菜肴、酒水等方面有别于中餐,因此,参加西餐宴会时,还应该掌握西餐饮食礼仪知识。

1. 吃面包

吃三明治,小的三明治和烤面包是用手拿着吃的,注意取自己左手前面的,不可取错。食用时可用左手拿面包,再用右手把面包撕成小块,再把奶油涂上去,一小块一小块撕着吃。不可用面包蘸汤吃,也不可一整块咬着吃。配卤汁吃的热三明治,需要用刀和叉。

2. 吃沙拉

西餐中,沙拉可以作为主菜的配菜出现,如蔬菜沙拉;或作为间隔菜,如在主菜和甜点之间;还可以作为第一道菜,如鸡肉沙拉。

如果上的是一大盘,就使用沙拉叉;如果是和主菜放在一起,则要使用主菜叉来吃。

沙拉习惯的吃法应该是:将大片的生菜叶用叉子切成小块,如果不好切可以刀叉并用,一次只切一块,吃完再切。

3. 喝汤

西餐的汤分为清汤和浓汤。较正式的餐厅在供应清汤时,使用椭圆形汤匙及汤杯;供应浓汤时,使用圆形汤匙及宽口汤盘。

喝汤时,切不可以汤盘就口,必须用汤匙舀着喝。正确姿势是:用左手扶着盘沿,右手用匙由内经外侧舀食,不可端盘喝汤,不要发出吱吱的声响,也不可频率太快。

如果汤太烫,不可用嘴将汤吹凉,应待其自然降温后或轻轻摇动汤使其稍凉再喝。

汤匙不用时,一定将它放在盘上。食用完毕后,把汤匙放在靠自己身前的底盘上,或是放在盘中。将汤匙的柄放在右边,而汤匙凹陷的部分向上,汤杯与汤盘都是如此。

4. 食用鱼、虾、海鲜

食用半只龙虾时,应左手持叉,将虾尾叉起,右手持刀,插进尾端,压住虾壳,用叉将虾肉拖出再切食,龙虾脚可用手指撕去虾壳食之。

吃鱼片以吃一片切一片为原则,可用右手持叉进食,或用鱼刀。

食用带头、尾及骨头的全鱼时,宜先将头、尾切除,再去鳍,将切下的头、尾、鳍放在盘子一边,再吃鱼肉。吃完全鱼的上层,切勿翻身,吃完上层后用刀叉剔掉鱼骨后再吃下层。去除鱼骨,要用刀叉,不能用手。若口中有鱼骨或其他骨刺,则可用手从合拢的唇间取出放在盘子上。

吃蚝和文蛤用左手捏着壳,右手用蚝叉取出蚝肉,蘸调味料用蚝叉吃。小虾和螃蟹的混合物也可以单独蘸调味料,用蚝叉吃。

附带的柠檬片,宜用刀叉挤汁。

食用虾、蟹时,一般都会端上一碗洗手水,可把手指放进水盂内清洗,不要把整只手都放进去。

5. 食用肉类

西餐中的肉类(羊排、牛排、猪排等)一般都是大块的。吃的时候,用刀、叉由外侧向内把肉切成一小块,肉的大小以一口为宜。一次未切下,再切一次,不能像拉锯子方式切,亦不要拉扯,勿发出声响。宜切一块吃一块,勿将肉全部一次切小块,会导致肉汁流失及温度下降。

嚼食肉时,两唇合拢,不要出声、勿说话,但可以刀叉比划。

牛排可以按自己爱好决定生熟的程度,猪肉和鸡肉均全熟供应。

吃有骨头的肉,如吃鸡的时候,在正式场合用刀叉吃。用叉子把整片肉固定(可以把叉子朝上,用叉子背部压住肉),再用刀沿骨头插入,把肉切开,边切边吃。如果是骨头很小时,可以用叉子把它放进嘴里,在嘴里把肉和骨头分开后,再用餐巾盖住嘴,把它吐到叉子上,然后放到碟子里。

6. 食用意大利面

吃意大利面,要用叉子慢慢地卷起面条,每次卷四五根最方便。也可以用调羹和叉子一起吃,调羹可以帮助叉子控制滑溜溜的面条。不能直接用嘴吸,否则容易把汁溅得到处都是。

7. 食用水果

吃水果关键是怎样去掉果核。吃梨、苹果之类的水果时,不要整只去咬,而应用水果刀将水果切成4~6块,去皮核,用叉子叉着吃,注意不要把汁溅出来。

吃香蕉则剥皮后整只放在盘子里,用刀、叉切开,一块一块吃,不要整根拿着吃。吃橘子可用手把皮剥掉,一片一片地掰开吃。

8. 喝咖啡

在西餐厅里,餐后喝咖啡时用你的食指和大拇指端起杯子。一般是先加糖、后加牛奶,可扶着杯耳加糖、加牛奶,不要用力搅拌而溅出咖啡。加糖时,砂糖可用汤匙舀取,直接加入杯内;方糖,应先用糖夹子把方糖夹在咖啡碟的近身一侧,再用汤匙把方糖放在杯子里。在用汤匙把咖啡搅匀以后,应把汤匙放在碟子外边或左边。不能让汤匙留在杯子里就端起杯子喝,也切不可使用汤匙来喝咖啡。

如果咖啡太热,可以用咖啡匙在杯中轻轻搅拌使之冷却,或者等自然冷却后再饮用。

一般来说,喝咖啡时只需端起杯子,不必将碟子一起端起来或用手托住杯底喝咖啡。

9. 喝酒

在西餐礼仪中,对饮酒的基本原则是:宾主双方量力而行(适量);酒倒八分满,应先闻一闻酒的香味,然后轻吸一口,慢斟细酌;祝酒干杯应由男主人提议,客人不可以提议干杯;顺时针敬酒先尊长,先近后远;饮酒干杯时,即使不喝,也应该将杯口在唇上碰一碰,以示敬意;碰杯时,应目视对方;人多时,可以同时举杯示意,不一定碰杯,交叉碰杯必须避免;当别人为你斟酒时,如果不需要,可以手稍盖酒杯,表示谢绝。

拿杯时,应用手指握杯脚,为避免手的温度使酒温增高,应用大拇指、中指和食指握住杯脚,小指放在杯子的底台固定。喝酒时,绝对不能吸着喝而是倾斜酒杯,像是将酒放在舌头上似的喝,可轻轻摇动酒杯让酒与空气接触以增加酒味的醇香,但不要猛烈摇晃杯子。

喝酒的注意事项:

喝酒时,应注意避免一饮而尽、边喝边透过酒杯看人、拿着酒杯边说话边喝酒、吃东西时喝酒、口红印在酒杯沿上等失礼的行为。

六、席间礼仪

吃西餐时,坐姿要正、身体要直,脊背不可紧靠椅背,一般坐于坐椅的 2/3 即可。不可伸腿,不能跷起二郎腿,也不要将胳臂肘放到桌面上,身体不可频频晃动。

餐桌上的作料,通常已经备好,放在桌上。如果距离太远,可以请别人麻烦一下,不能自己站起来伸手去拿,不能把餐具弄出声响。

吃西餐时,可相互交谈,但不可大声喧哗、放声大笑,也不可抽烟。拿着刀叉做手势在别人面前挥舞,更是失礼和缺乏修养的行为。

另外,在西餐宴会上还要注意交际的等距离,要对在场的人一视同仁,切不可对一些人大献殷勤,对其他来宾不理不睬。

总之,西餐极重视礼仪,只有认真掌握好,才能在就餐时表现得温文尔雅、颇具风度。

第四节 实 践 指 导

一、实践任务

要求学生通过实际的操作,掌握宴会组织的步骤和礼仪要求,熟悉赴宴者应遵循的礼仪规范。

要求学生通过情景模拟练习,熟悉中餐宴会的桌次和座次安排,掌握中餐餐具的使用规范,了解参加中餐宴会过程中应该遵守的礼节。

要求学生通过模拟实训,了解中、西方用餐的差异和习惯,学习西餐餐具正确的摆放方法和使用方法,熟悉各类食物西餐的食法,以提高自己的品位和格调。

二、实践步骤

(1) 通过教师现场演示和讲解,向学生展示中餐宴会和西餐宴会桌次、座次排列情况和餐具正确的摆放位置。

(2) 通过播放相关音像资料,使学生对中、西餐宴会的过程和礼仪规范产生感性认识。

(3) 组织学生分组练习,要求在设定的特定情景下分角色扮演,完成指定的实训内容,并达到考核标准。然后通过角色轮换,使每个学生对主、客双方的礼仪要求都熟练掌握。

(4) 对每个学生的实训结果进行评价。

三、实践要求

(1) 教师应对学生进行现场示范和指导,对学生练习过程中出现的错误及时进行纠正。

(2) 学生要对餐饮礼仪的实践指导价值给予充分认识,调动开展情景模拟训练的积极性。

(3) 学生按照实训步骤完成要求的实训内容,以小组为单位分别完成中、西餐宴会的组织、接待和赴宴过程。

(4) 教师应列出统一的评价标准,向学生说明操作的要点,并进行统一评分。

四、实践内容

(1) 中餐宴会的组织、中餐餐具的正确使用、参加中餐宴会的礼仪规范练习。

(2) 西餐宴会的组织、西餐餐具的正确使用、西餐食法、西餐宴会的礼仪练习。

五、实践范例

西餐礼仪练习

[训练目标]

1. 了解中、西方用餐的差异和习惯。

2. 学习西餐餐具正确的摆放方法和使用方法。

3. 熟悉各类西餐食物的食法,以提高自己的品位和格调。

[训练内容]

(一) 西餐餐具的摆放位置

1. 用餐前。

注意:刀刃对着盘子,叉齿向下。

2. 中途休息,"一"字形、"八"字形。

注意:不可一端在盘上,一端在桌上。

3. 用餐结束,刀叉并拢平放。

注意:叉子正面要向上,刀子的刀刃要侧向内。

(二) 西餐餐具的用法

由外向内依次使用。

(三) 切食物时的正确姿势

将肩膀与腕放松,两臂贴着身体不要张开,刀与餐盘的角度保持在15度左右,手肘不要过高或过低。切食物时,刀子拉回时不可用力,而是在往前压下时用力。

(四) 西餐食法

1. 喝汤。

2. 带骨食物。

3. 鱼。

4. 肉排。

5. 面包。

6. 沙拉。

(五) 西餐的座次

以女主人为主。

[训练方法]

1. 准备好西餐的基本餐具,演示如何摆放,让学生们仔细观看,并实际演练。

2. 播放外国影片中的西餐宴会的情景,使学生直观、生动地感受西餐宴会的格调和一些基本礼节,并提示重点注意的细节。

3. 在教学中,充分调动学生的积极性,鼓励他们大胆尝试,并有充分时间让学生反复练习达到熟练的程度。

4. 音乐熏陶,用带有异域风情的抒情音乐营造一种浪漫气息,将大家带入高雅格调的氛围中,使其自身注意调整仪态仪表,与之相协调、融合,培养学生的美感。

5. 准备简单的西餐食物,如面包、沙拉、汤等,练习正确的吃法,采取同学提意见和老师点评相结合的方法来达到熟悉和感受食西餐的乐趣。

6. 尝试搞一次西餐宴会,注意将社交礼节灵活运用之中。

7. 邀约朋友到正规的西餐厅去仔细观察西餐厅的摆设布置并运用所学知识真正享受一次西餐。

(资料来源:http://www.sik.cn/swly/swly/practice/contents.asp)

 前沿研究

饮酒与食物的搭配

饮酒时,应该搭配食用什么食物,时常困扰着人们。几百年来,饮酒时选择适当的食品,似乎已经形成了一条条的规律。但是,随着现代社会中新食品和新型酒类的不断涌现,这些规矩显得陈旧,越来越不适用了。如果再有朋友告诉你喝白葡萄酒必须吃鱼的话,你就可以说现在是21世纪了,那些19世纪的规矩已经过时了。饮酒如何搭配食物首

先应该明白一点,生活因个人喜好不同,饮酒和食物搭配毫无疑问也应该随个人品位随意搭配。你可以按自己口味点叫酒和食物,即使是规则中不允许的,或者与你同桌用餐的朋友坚决反对的话,也不用害羞或不好意思。生活中有许多看起来不宜搭配的事物组合在一起,还是显得那样和谐。然而,晚饭时应该喝什么酒,你还是拿不定主意时,该怎么办?是不是求助于那些规则搭配呢?多年来,我积累了些经验,可以解决你遇到的难题。这些所谓的"原则"不是告诉你喝酒时吃些什么,只是说明食物与酒类之间如何影响、相互作用的。饮酒时,搭配食物重要的是根据口味而定。食物和酒类可以分为四种口味,这也就界定了酒和食物搭配的范围,即酸、甜、苦和咸味。

酸味:你可能听说过酒不能和沙拉搭配,原因是沙拉中的酸极大地破坏了酒的醇香。但是,如果沙拉和酸性酒类同用,酒里所含的酸就会被沙拉的乳酸分解掉,这当然是一种绝好的搭配。所以,可以选择酸性酒和酸性食物一起食用。酸性酒类与含咸食品共用,味道也很好。

甜味:用餐时,同样可以依个人口味选择甜点。一般说来,甜食会使甜酒口味减淡。如果你选用加利福尼亚查顿尼酒和一小片烤箭鱼一起食用,酒会显得很甜。但是,如果在鱼上放入沙拉,酒里的果味就会减色不少。所以吃甜点时,糖分过高的甜点会将酒味覆盖,失去了原味,应该选择略甜一点的酒类,这样酒才能保持原来的口味。

苦味:仍然使用"个人喜好"原则。苦味酒和带苦味的食物一起食用苦味会减少。所以,如果想减淡或除去苦味,可以将苦酒和带苦味的食物搭配食用。

咸味:一般没有盐味酒,但有许多酒类能降低含咸食品的盐味。世界许多国家和地区食用海产品,如鱼类时,都会配用柠檬汁或酒类。主要原因是酸能减低鱼类的咸度,食用时,味道更加鲜美可口。

(资料来源:http://www.qinglian.com/FOODSKLG/GBCQLY.html)

案例

就餐的失误

(一)陈先生到一家西餐厅就餐,他拿起刀叉,用力切割,发出刺耳的响声;他狼吞虎咽,将鱼刺随便吐在洁白的台布上;他随意将刀叉并排放在餐盘上,把餐巾放在餐桌上,起身去了一趟洗手间。回来之后,发现饭菜已被端走,餐桌已收拾干净,服务员拿着账单请他结账。他非常生气,与服务员争吵起来。

(二)林先生到一家大公司应聘主管职位,负责招聘工作的副总经理对他很满意,希望他尽快来上班。此时正好公司午间工作餐的时间到了,副总邀请他共进午餐。吃饭时,林先生不言不语、风卷残云,很快就吃完了。午饭后,副总对林先生说林先生缺乏沟通能力,缺少管理人员应有的素质,不能聘用他。林先生想不明白,只不过吃了一顿饭,煮熟的鸭子怎么就会飞了?

(资料来源:罗树宁主编:《商务礼仪与实训》,化学工业出版社,2008年版。)

案例思考题

1. 以上两个案例中的两位先生哪里做错了？
2. 结合所学商务餐饮礼仪知识谈谈正确的做法是什么？

练习与思考

一、名词解释

宴会　中餐　西餐

二、填空题

1. 用餐时,中途需要离开,应将餐巾放于_____。
2. 拿杯时,应用手指握_____。
3. 邀请的形式一般有_____、_____及_____。
4. 以主人座位为中心,如果女主人参加时,则以主人和女主人为基准,_____，_____。
5. 上菜的顺序通常是先上_____,接下来_____,随后是_____、_____和_____。

三、单项选择题

1. 完整的西餐要由（　　）道菜组成。
　　A. 8　　　　　B. 7　　　　　C. 9　　　　　D. 6
2. 吃西餐时,汤不太多时,用勺子的方式应是（　　）。
　　A. 将盘由外侧向内侧倾斜用勺子舀着喝
　　B. 将盘由内侧向外侧倾斜用勺子舀着喝
　　C. 把盘子端起来直接倒入嘴里
　　D. 把盘子端起来舀着喝
3. 吃西餐的时候,刀叉拿的方式是（　　）。
　　A. 左叉右刀　　　　　　　　　B. 右叉左刀
　　C. 根据个人的喜好　　　　　　D. 只用叉不用刀或只用刀不用叉
4. 喝汤时,发现汤太烫,应该（　　）。
　　A. 不喝　　　　　　　　　　　B. 用勺子搅动
　　C. 用嘴吹凉　　　　　　　　　D. 边吹边喝
5. 按照规格划分,规格最高的宴会是（　　）。
　　A. 国宴　　　　B. 正式宴会　　C. 便宴　　　　D. 家宴

四、多项选择题

1. 下面关于餐饮礼仪正确的是（　　）。
　　A. 在正式的宴会中,只要坐下就要打开餐巾
　　B. 中途暂时离座时,把餐巾放在椅背上

C. 餐巾可以用来擦汗、擦脸
D. 就餐时,餐巾要平铺在自己并拢的大腿上
2. 在正餐中,餐巾所发挥的作用主要有(   )。
   A. 用来擦拭脸部   B. 用来擦拭餐具
   C. 用来擦拭口部   D. 用来掩口遮羞
   E. 用来进行暗示
3. 在宴请客人时,可以优先考虑的菜肴有(   )。
   A. 当地特色的菜肴   B. 最贵的菜
   C. 饭店的特色菜   D. 自己爱吃的菜
   E. 主人的拿手菜
4. 饮食方面的禁忌主要有(   )。
   A. 宗教的饮食禁忌   B. 出于健康考虑的饮食禁忌
   C. 不同地区饮食禁忌   D. 职业的饮食禁忌
   E. 不同性别的饮食禁忌
5. 在用餐时,要注意的禁忌有(   )。
   A. 不吸烟   B. 不要擅自做主为他人夹菜
   C. 不梳理头发、化妆补妆 D. 不要离开座位,四处走动
   E. 不酗酒、不灌酒

五、简答题

1. 宴会有哪些分类?
2. 宴请前需要做哪些准备工作?
3. 中、西餐在宴请座次安排上有何不同?
4. 中、西餐进餐过程中,有哪些礼仪要求?

六、论述题

谈谈怎样才能做个讲礼仪的宴会主人。

第十章 商务办公礼仪

学习目标

学完本章,你应该能够:
1. 了解办公室内的布置礼仪
2. 理解并掌握办公室人员礼仪规范
3. 理解并掌握在他人办公室的礼仪规范
4. 掌握公共办公区域的礼仪及公共办公设备的使用礼仪
5. 理解并掌握同事之间的处事之道

基本概念

办公室布置礼仪 办公室人员礼仪 进出门的礼仪 乘坐电梯的礼仪 工作用餐礼仪 卫生间使用礼仪 办公设备使用礼仪

第一节 办公室内的礼仪

办公室是处理日常公务和进行公务洽谈、交接的场所。办公室的布置和装饰,在很大程度上体现了商业企业的团体精神和团体氛围,因而商务人员应当讲究办公室布置及注意办公室礼仪。

一、办公室内的礼仪

(一) 办公室布置礼仪

办公室是企业的门面,是来访者对企业的第一印象。通常情况下,办公室是由办公场所、文件柜、电话机、办公桌四部分组成,其布置标准主要是指从礼仪学角度如何合理、有效地布置和装饰。

1. 办公室的场所布置

办公场所是指专门用于办公的房间,即办公室。办公室应有鲜明的标志,在对外的房门上或门旁可以挂上一个醒目、美观的招牌。办公桌应放在房间内采光条件较好、正对门口的地方,与窗户保持1.5~2米的距离。如果是多人的办公室,可采用不同规格的隔板,把各个工作人员的办公区域分割开来,以保持各自工作区域的独立,保证彼此的办公不受影响,提高工作效率。

办公室的布置应给人以高雅、宁静的感觉。商业企业是一个开放的系统,办公室既是工作的地方,也是社交的场所。因而,可以根据工作性质和整个企业的经营宗旨,以及企业形象和办公室大小,选择一些风景画、盆景、有特殊意义的照片、名人字画、企业的徽标等作为办公室的装饰,创造浓厚的企业文化气息。但是要注意的是,不管多好的装饰品,它所占的位置绝不能影响工作人员的工作。

办公室应保持整洁。地板、天花板、走道要定期打扫,玻璃、门窗要擦洗得干净、明亮。

2. 文件柜的摆放礼仪

办公室文件柜的摆放应以有利于工作为原则。通常情况下,应靠墙角放置,不宜占据较大的办公空间;也可放置在离工作人员较近的地方,以便随时查找资料,整理、收藏文件;所有文件应及时按类、按月归档,装订整理好后,放入文件柜,并要及时清理、归档、建立目录,使之系统化、条理化。另外,还要注意防虫、防蛀。有的办公室还放置有保险柜,一些重要的文件、清单、保险单、账目、现金、支票等应放置在保险柜中,以防遗失和被盗。所有的公务文件和票据均不得私自带出办公室。

3. 办公桌和电话机的摆放礼仪

办公桌设置摆放要有标准定置图,与工作无关的物品不要放在办公桌上/内,时刻保持桌面整洁。桌面上只放些必要的办公用品,且摆放整齐。切记,不要将杂志、报纸、餐具、皮包等物品放在桌面上。正确的摆放方法为:中上侧摆放台历或水杯(烟缸)等;电话的摆放以方便接听为原则,一般放在桌面的右前缘,如果在同一桌面上安置多部电话,则应放置在桌面的左右前缘;右侧摆放文件筐(盒)、等待处理的管理资料;中下侧摆放需马上处理的业务资料;左侧摆放有关业务资料;正在办理的文件,下班后应锁入办公桌内;办公桌上的玻璃板下,主要放与工作有关的文字及数字资料,不能放过多家人的照片。

工作人员离开办公室(在办公楼内),座位原位放置;如果离开办公室作短时外出,座位半推进;如果离开办公室超过4小时或去休息,座位应完全推进。

(二)办公室礼仪的规范

1. 仪表端庄,仪容整洁

在办公室工作,无论男女,上班时都应该着职业装,服饰要与之相协调,以体现权威、声望和精明强干为宜。

男士服装必须干净、平整,不能穿印花衬衣、运动服或拖鞋上班。不留胡须、不留长发,发型美观、大方,才能衬托出本人良好的精神状态和对工作的责任感。

女士则应穿着西装套裙或连衣裙上班,颜色不宜太鲜艳、太华丽。不能穿着过紧、过透或过于暴露的服装和超短裙上班,也不能穿着奇装异服、休闲装、运动装、牛仔装等上班。应穿透明长筒丝袜、皮鞋上班。佩戴首饰要适当,符合规范。发型以保守为佳,不能太过新潮。最好化淡妆上班,以体现女性端庄、文雅的形象[①]。

---

① 黄琳主编:《商务礼仪》,机械工业出版社,2005年版,第110页。

2. 言语友善,举止优雅

办公室工作人员的站立行走、举手投足、目光表情都能折射出一个人良好的文化修养、业务能力和工作责任心,也体现了工作单位的管理水平。

微笑是一般社交场合最佳心态的表现,它是一种无声的语言,是自信、真诚、尊重、友善的体现。上班时与同事、领导问好,下班时微笑道别,待人接物、向人道歉致谢都应真诚地微笑。而不能将个人的喜、怒、哀、乐都流露在脸上,给人以不成熟、自控能力不强的感觉。

如果进入办公室后,同事已经开始工作,就不应该再开口出声,对已经注意到自己进来的人可用眼光、手势和微笑表示问候;如果大家正忙于打扫卫生,就应该立即动手参加。

办公时间内,要注意保持办公室的安静与整洁。讲话时声音要轻,无论对同事、上司还是来访者都应多使用敬语。不能大声讲话,或与同事交谈与工作无关的话题。如果因事要离开座位,应轻轻起身,把坐椅轻轻置于办公桌下,再轻轻离开。

公司职员的行为举止要稳重、自然、大方、有风度。走路时,身体挺直、步速适中、抬头挺胸,给人留下正直、积极、自信的良好形象。不要风风火火、慌慌张张,让人感觉缺乏工作能力。坐姿要优美,腰挺直、头正,不能趴在桌子上或歪靠在椅子上。有人来访时,应点头致意,不能不理不睬①。

3. 恪尽职守,讲求效率

办公室职员应有敬业、乐业的精神,努力使自己干一行、爱一行、专一行,以饱满的工作热情、高度的工作责任心,开创性地干好自己的工作。

工作中必须一丝不苟、精益求精、讲究效率、减少或杜绝差错,按时、按质、按量地完成每一项工作。办公室内,大家分工不分家,各司其职、各负其责,但是要互相帮助、互相关心。领导交代的任务,要愉快地接受,做好记录、确保准确。然后,认真处理、及时汇报。

恪尽职守,还要做到不追问、不打听不该知道的事,严守机密。

二、在别人办公室的礼仪

工作中各部门或各单位之间难免相互往来交流,去别的办公室拜访同样要注意礼貌。主要表现在以下几个方面。

1. 准时

如果要到别的办公室去,一般需要事先联系、准时赴约,经过许可方可入内。如果有紧急的事情不得不晚,则应立刻通知预约要见的人;如果不能亲自打电话致歉,则要请别人代劳打电话通知对方;如果遇到交通阻塞,则要设法通知对方自己可能要晚一点到;如果是对方要晚点到,自己可能提前到达,应予以谅解;如果自己已经到达预定地点,则可以充分利用剩余的时间做好准备,也可以问问接待员是否可以利用接待室稍作休息。

---

① 吴景禄、安群主编:《实用公关礼仪》,北方交通大学出版社,2007年版,第89页。

2. 到达

当到达预约地点时，如有必要可以先告诉接待员或助理自己的名字和约见的时间，并递上名片，耐心等待助理通知对方。等待时，要保持安静，而不能通过谈话来消磨时间，因为这样会打扰别人工作。也不要不耐烦地频繁看手表，如果实在等不及可以询问助理对方什么时候有时间，并向助理解释看能否另约时间。切记要语气缓和有礼貌，而不能面露不悦。

达到约定地点以后，也可能不需要通报，那么一定要敲门或是按门铃，经得对方同意后方可进入。

办公室内礼仪的注意事项：
即便办公室门是敞开的，也不可直接进入别人的办公室。

3. 会面

当进入到对方办公室时，如果是第一次见面应作自我介绍，如果双方已经认识了，则只需互相问候并握手。

在别人办公室里，没有主人的提议，不能随便脱下外套，也不要随意解扣子、卷袖子、松腰带；如果未经同意，也不能将衣服、公文包放到桌子或椅子上，公文包很重的话，则可以放到腿上或身边的地上；切不可乱动别人的东西。

在别人的办公室停留的时间不宜太久，如果是初次造访则以20分钟左右为宜。因此，应尽可能快地表明来意，将谈话进入正题，不要讲无关紧要的事情。自己讲完后，要留出时间让对方发表意见，并认真倾听，不要辩解或打断对方讲话。如果有其他意见的话，可以在对方讲完之后再说。

三、办公期间的禁忌

办公室是处理日常公务和进行公务洽谈、交接的场所，是一个充满原则、纪律、开放的场所，因而在办公期间要以工作大局为重，行为举止规范，不能不顾他人感受，为所欲为。

（1）在办公室里对上司和同事们都要讲究礼貌，不能由于大家天天见面就将问候语、敬语省略掉。切记同事之间不能称兄道弟或乱叫外号，而应以姓名相称。对上司和前辈则要用"先生"或其职务来称呼，且不能同他们在大庭广众之下开玩笑。即便私人感情很好，这也不是明智之举。

（2）在一起工作的男、女同事要互相尊重，不能拉拉扯扯、打打闹闹、高声喧哗，旁若无人。而过分注重自我形象，办公桌上摆着化妆品、镜子和照片，还不时忙里偷闲照镜子、补妆，不仅给人工作能力低下的感觉，且在众目睽睽之下不加掩饰也实在是有伤大雅。如需要化妆，则应去专用的化妆间，或者借助于洗手间。

（3）个人行为要多加检点。办公室里爱吃零食，并且互换零食以示友好的行为是不可取的。尤其在有旁人或接听电话时，千万不可嚼东西，甚至发出声音。而以吸烟为享受的男士在公共场合也应注意尊重他人，尽量不要在办公室里吸烟，不要随意污染环境。

工作时，语言、举止要尽量保持得体大方，坐在办公桌上办公或将腿整个跷上去都是不允许的。过多的方言土语、粗俗不雅的词汇也要避免。无论对上司、下属还是同级，都应该不卑不亢、以礼相待、友好相处。

（4）办公时间不要离开办公桌，不做与工作无关的事情。而把办公室当自家居室，以"办公室"为家，挂满个人日常用品、衣服、鞋袜，或是摆满个人餐具、零食，甚至在办公室用餐的做法，也绝不是爱企业、爱工作的体现，应予以杜绝。

（5）使用公共设施要有公共观念。单位里的一切公共设施都是为了方便大家，以提高工作效率的，因而打电话、发传真、复印文件，都要注意爱惜保护它们，这也体现了一个人良好的素质和修养。

接听电话要迅速，谈话内容要简明扼要，私人电话切不可聊起来没完没了，以免影响他人工作。

（6）不与同事谈论薪水、升降或他人隐私。而偷听别人讲话或打电话内容，更是不礼貌，也是不允许的。

（7）不要随便挪用他人东西。未经许可随意挪用他人物品，事后又不打招呼，甚至用后不归还原处都是缺乏教养的表现。

（8）遇到麻烦事，要首先报告给顶头上司，切莫透过或越级上告。

（9）对同事的客人不能表现冷漠。无论是谁的朋友踏进办公室的门就是客人，而作为办公室的一员当然就是主人。主人三言两语把客人推掉，或不认识就不加理睬，都是有失风度的。而客客气气招待同事的客人，帮助记录电话或留言，将来自己的朋友也同样不会遭受冷落。

第二节 办公公共区域的礼仪

办公期间，在办公室以外的公共区域也要注意相应的行为规范，如非工作原因不要在公共区域停留；行走时，要快捷、右行、姿态挺拔、目视前方；遇到客人和员工时，要先向客人示礼，示礼时注目、微笑等。具体的主要表现在以下四个方面。

一、进出门的礼仪

办公楼的大门、办公室的房门都是一个工作人员礼仪修养的衡量之门，简单的进出门动作，一定要牢记"轻"、"敲"、"谦"。

1. 轻

轻，是指无论进出什么门，开门、关门的声音一定要轻，乒乒乓乓地摔门进出是有失礼仪的，也会对公物造成损坏。现在有许多漂亮的门上都镶有玻璃，开门、关门太重，还容易造成玻璃破碎。平时在办公室中，为了防止风力太大吹上房门，凡是开着的时候，一定要将门固定在拉环上。

2. 敲

敲，是指去别的办公室，包括本单位其他部门和外单位办公室，都应该先敲门，得到允许后方可进入。即使门开着，也必须先在门上敲几下，并同时询问主人能否进入。而假如有来访者敲门和问话时，则应立刻作答，不理睬来访者也是不礼貌的。

3. 谦

谦，是指与别人一同进出门时，要谦让，而不可唯我独尊、旁若无人。尤其是在与社会公众共同进出时，应该让社会公众先行。

进出房门时，要注意面向。进门时，如果房间内已经有人，则应始终面向对方，尤其是切勿反身关门，背向对方。出门时，如果房间内依旧有人，则行至房门、关门这一系列的过程中，都应尽量面向房内之人，不要以背示之。

在一扇关着的门前，走在最前面的人应主动打开门，并为通行的后来者拉着门，直到大家都过去以后方可放手。假如那扇门不用拉着，走在最后面的人应主动关门。同行时，下级应当为上级开门，年轻人应当为年长者开门，男士应当为女士开门。而当别人为自己开门时，一定要表示感谢。

如果是陪同客人通过大楼的旋转门，则应自己先迅速过去，然后在另一边等着客人；而当自己是客人时，就应当让主人先行[①]。

二、电梯、自动扶梯和楼梯使用礼仪

随着城市化的发展，高楼如雨后春笋般耸立起来，电梯作为高层建筑物的理想运载工具，无论是在商务楼、大商场，还是在居民住宅小区，都被越来越多的人所使用。

1. 乘电梯

乘电梯时，先按一下电梯门口的上、下按钮。大楼里的电梯往往有几部，如果遇到各自电梯的按钮控制器是不同步的，则只要按下一部电梯的按钮即可，否则几部电梯同时到达，不仅是一种浪费行为，也影响了别人。

电梯到达后，应先出后进，如有许多人等候，切勿你推我挤，或挡住电梯的门，影响电梯内的人出来。进入电梯时，要注意顺序，与不相识者同乘电梯，进入时要讲先来后到，应尽量让长者、尊者、残疾人、妇女和儿童先行，晚辈、下属或男士则应用手挡住电梯的一侧门，最后再进。入电梯后，尽量站成"凹"字形，挪出门口的空间，以便让别人进出。倘若电梯人多，而自己又恰巧站在门口，必要时要主动帮助被挤在里面的乘客摁下所到楼层的按钮。假如是别人帮助了自己的话，则应立刻轻声打招呼表示感谢。电梯如果超载发出警报声时，最后进入的人应主动退出，不要强行挤入电梯，延误大家的时间。如果有人要出电梯，而自己恰巧在门口位置，则应主动让道或先走出电梯，让别人走出去后再进入电梯。

电梯内空间狭小，千万不要抽烟，不能乱扔果皮纸屑；也不宜旁若无人而高声谈笑，应尽量少说话。如果发生突然停驶或其他故障，不要惊慌失措，可以及时摁下电梯内的报警按钮，安静地等待检修人员的到来。

一般情况下，大楼内除升降电梯以外，还可能会有楼梯和自动扶梯。

[①] 陆予圻、郭莉编著：《秘书礼仪》，复旦大学出版社，2005年版，第82页。

2. 上下楼梯

上下楼梯时,大致需要注意六点:

(1) 上下楼梯均应单行行走,不宜多人并排行走。

(2) 不论上楼还是下楼,都应身靠右侧而行,即应当右上右下。将自己的左侧留出来,是为了方便有紧急事务者快速通过。

(3) 上下楼梯时,若为人带路,应走在前头,而不应位居被引导者之后。

(4) 在上下楼梯时,因为大家都需要留心脚下,故不应进行交谈。站在楼梯上或楼梯转角处进行深谈,因有碍他人通过,也是不允许的。

(5) 与位尊者、女性一起下楼梯时,若楼梯过陡,应主动行走在前,以防身后之人或有闪失。

(6) 上下楼梯时,既要多注意楼梯,又要注意与身前、身后之人保持一定距离,以防碰撞。

此外,还应注意上下楼梯时的姿势、速度。不管自己事情有多急,都不应该在上下楼梯时推挤他人、快速奔跑,或是坐在楼梯扶手上快速下滑。

3. 乘自动扶梯

而对于自动扶梯,一般总是先到先行,上下时位置靠右,如果要为客人引路,则应走在客人前面。除非有特别急的事情,可以从前面人的左侧绕到他前面,但不能影响别人,更不能催促别人。

三、公司餐厅用餐礼仪

在公司餐厅就餐应自觉排队,不要插队、不要敲击碗筷、不要把饭菜撒在地上,吃不完的食物应倒入指定的容器中。

要按时就餐、文明就餐、勤俭节约,要尊重餐厅工作人员的人格和劳动。

进入餐厅,买好饭菜,自己寻找空位入座;如果餐桌上已有先到的同事,应该先礼貌地询问是否可以入座,在得到肯定答复后方可入座。入座时,抽出坐椅的动作要轻巧,不要乱拉乱拖,乒乓作响,还要注意在自己的座位和邻桌座位之间留出通道。

餐厅用餐的注意事项:

在公司就餐时,要特别注意自己的"吃相"和举止。要细嚼慢咽,注意不要发出声音;不要往地上吐食物,可以把骨头、鱼刺等放在自己的小盘里;如果在牙齿里塞有东西,可到卫生间去漱口,切不可当众剔牙;如果真的要剔,也要用左手挡着嘴,用右手剔,并注意不要边剔边吐。用餐时,不要对着餐桌打电话,亦不可边吃饭边与他人交谈。用餐中途,如果有人想和自己同桌就餐,应表示欢迎,同时不妨酌情移动一下座位,让后来者可以宽敞、舒服地入座。

结束进餐,待要退席时,应把自己放在桌上的丢弃物品随身带走,放入指定位置或容器中；并应向仍在席间用餐的同事道别，如果同桌用餐的同事互不相识，可以不必说什么，但是要注意轻轻退席，不要妨碍他人。走出餐厅时，步态要正常，不能边走边剔牙，同时要控制一下饱嗝，以防失态。

四、洗手间使用礼仪

洗手间是我们每天必须"光顾"的地方，由于公共场所的洗手间也是共用的，所以在使用时就必须遵守相关礼仪，以免影响了下一位使用者的使用。要保持洗手间的清洁、无异味，除了清洁工的打扫以外，最主要的是要靠使用者共同来维护的。而洗手间的使用礼仪也最能体现出一个人、一个社会或一个国家文明程度的高低。

（1）公共洗手间的使用率较高，所以不论男女，在洗手间都有人占用的情况下，后来者必须排队等待。一般是在入口的地方，按先来后到依序排成一排，一旦有其中某一间空出来时，排在第一位的自然拥有优先使用权，这是国际通常的惯例。而不是个人排在某一间门外，以赌运气的方式等待。

有时候洗手间可能是男女共用的，男女一起排队是很正常的。这种情况下，不必讲究"女士优先"。

（2）假如有儿童需要上洗手间，一般是可以和父亲或母亲一起使用洗手间的。但不成文的规定是，母亲可以带着小男孩一起上女厕，没有人会介意，而父亲则不可以带女孩上男厕。

（3）洗手间最忌讳肮脏，所以谨记"来匆匆，去冲冲"，并确保所有"东西"已被冲走，留下一个干净的卫生空间。在使用时应尽量小心，如果不小心把马桶垫板弄脏，一定要用纸擦干净。有些人有不良习惯，不愿去善后，那就会殃及下一位使用者。冲水时，卫生纸等杂物，尤其是女性卫生用品千万不要顺手扔入马桶中，以免造成马桶堵塞。其他如踩在马桶上使用、大量浪费卫生纸导致后来者无纸可用等，都是相当欠妥的行为。若厕纸用完，请主动帮忙更换新的，或通知相关的工作人员，而不可一走了之。

如果一个人不顾公德，使随后使用的人"不方便"，是缺少公德的表现。

（4）有些地方的冲水手把位置和平常所见的有所不同，但一般都是在水箱旁，有的在头顶用拉绳来拉，或在马桶后方用手拉，也有一些设置在地面上用脚踩的。实际上，用脚踩的方式应该是最符合卫生标准的。如果是怕冲水时手被污染，则不妨用卫生纸包住冲水把再冲水。用完洗手间应该故意留下明显缝隙，让后来者不需猜测就知道里面是空的。

（5）原则上，使用完洗手间必须洗手，洗手时水要开小些，一方面节约用水，另一方面可以避免水溅得满洗手台和地上都是。如果不小心溅了水，做个讲文明的人，要用纸把弄湿的洗手台擦干净。

（6）目前，随着经济的发展，生活水平的提高，越来越多的洗手间都有烘手机、毛巾或纸巾，这是专为洗手后准备的。一般习惯是先用擦手纸巾擦干手，把用完的纸扔入垃圾筒后，再用烘干机把手吹干。烘干机大都是自动感应，并有自动定时装置。然而，不少人却对此视而不见。有些人习惯洗手以后一边走路一边挥动双手，甩干自己手上的水，结果却弄湿了地板。这样做，一来把地面弄脏了，二来也容易滑倒人，同样是不可取的。

（7）在卫生间整理仪容时，掉发不可避免，此时可以用纸随手将掉发擦干净，丢入垃圾箱。

（8）如果女士补妆，要注意保持环境的干净、整洁，不妨碍他人使用。不要将整个台面占为己有，或是随手丢弃废弃物。

（9）如果看到洗手间地上有"WetFloor"等字样的黄色告示牌，表示清洁工人正在进行清洁。这时候，你就要去找另外一个洗手间了。

如果人人都能保持清洁，那么留给他人的就是一个干净、清洁的洗手间了。

第三节　使用公共办公设备礼仪

一、会议室使用礼仪

对于公司公共会议室的使用，要遵循相应的管理规定和礼仪规范，主要有以下几个方面。

1. 预约

为了使各项工作顺利进行，尽量避免在使用公共办公设备时相互间发生冲突，如使用会议室，应该事先与管理人员进行预约。

2. 保持会议室的整洁、干净

要注意会议室的干净和整齐，不要把会议资料留在会议室。会议结束离开之前要进行清理，保持会议室有一个好的卫生环境。

3. 公共用品的使用

使用公共的文具用品后，请立刻归还原位。其他物品，如饮料瓶、纸杯等废弃物要放置于垃圾筒内；如有正餐之餐具等，离开时一定要带出会议室，以防蚊蝇滋生。

4. 个人物品

个人的外套或公文包等，应在会议室规定的地方摆放整齐，不能随意放置在会议桌上。如遇下雨天，雨伞要放在会议室门口专门部位或走廊。特殊情况如需要脱鞋或穿戴鞋套，则请将鞋整齐地放到鞋柜内。

5. 归还

会议室使用完毕后要按时归还，如有需要应锁好门，并及时交还钥匙。

二、其他公用设备使用礼仪

公司员工有责任维护和保护公司所提供的所有办公设备及工具，不能野蛮对待、挪为私用，更不得将公用设备带离公司，如有特殊原因则需经过相关部门批准后方可带出，并尽快在规定时间内归还；及时清理、整理账簿和文件，对墨水瓶、印章盒等盖子使用后应及时关闭；借用他人或公司的东西，使用后及时送还或归放原处；工作台上不能摆放与工作无关的物品，未经同意不得随意翻看同事的文件、资料等。

对于品牌系列的办公设备一般应使用该品牌的消耗材料,以保证质量和设备的使用寿命。日常保养方面也要保持清洁,设备不粘尘,尤其复印机的复印板玻璃,清洁时要用柔软的抹布、中性清洁剂清洗。潮湿天气时要注意防潮,即使不使用机器也要每天开机一段时间,以驱除湿气,或使用抽湿机。定期检查电源线和信号线有否破损,接头有否锈蚀。

1. 复印机

(1) 使用的先后问题。复印机是办公室里使用频率较高的公共设备,因而也最容易在使用时间上发生冲突。一般来说,遵循先来后到的原则。但是,如果后来者所印的数量比较少,可以让后来者先印;如果先到者已经花费了不少时间做准备工作,那么后来者就应等一会儿再来。

(2) 在办公室里一般不要复印私人的资料。

(3) 如果碰到需要更换碳粉或处理卡纸等问题,应先处理好再离开。假如不懂得如何修理,就应该请别人来帮忙,不要悄悄走掉,把问题留给下一个同事,让人觉得你不为他人着想,遇到困难和责任不敢承担。

(4) 使用完毕后,不要忘记将自己的原件拿走,否则容易丢失原稿,或走漏信息,给以后的工作带来不便。使用完后,要将复印机设定在节能待机状态。

(5) 如果复印机纸用完,要记得添加。

2. 传真机

(1) 使用的先后问题。一般来说,遵循先来后到的原则。但是,当自己有一份较长的传真需要发出,而后来的同事只需传真较少页数时,应请同事先用。

(2) 在公司里,一般不要发私人传真件。

(3) 如果遇到传真纸用完时,应及时更换新传真纸。如果遇到传真机出故障,应及时找出原因,先处理好再离开,假如不懂修理,就应该请别人来帮忙,而不能把问题留给下一个同事。

(4) 使用完毕后,不要忘记将自己的原件拿走,否则容易丢失原稿,或走漏信息,给以后的工作带来不便。

3. 公用电脑的使用礼仪

(1) 要学会正确使用。如果不会使用,则要请求别人帮助,但要看别人是否有空。

(2) 注意保养电脑。每次使用之前,若有时间,可将电脑杀毒,使大家都有一个安全的使用环境。

(3) 注意文件的保密。不要偷看别人的东西,不要占用他人的存储空间或软盘。

(4) 不要在工作期间玩电脑游戏。

第四节 人际交往礼仪

一、办公室中的几种人际关系

因为在同一个单位或是同一个部门里工作,从而形成的人际关系,我们统称为同事关系。在办公室里,处理同事关系的基本要求就是要积极合作、平等对待。

具体而言,由于职位、身份的差异,办公室里同事之间的关系又可以分为上级与下级之间的关系、下级与上级之间的关系、平级之间的关系等。

1. 上级与下级的关系

在工作岗位上,如果担负了一定的领导职务,相对于自己的部下而言,就成了对方的上级。身为上级,在处理与部下之间的相互关系时,有五条必须遵守的注意事项:一是要树立权威;二是要以身作则;三是要办事公正;四是要以礼相待;五是要关怀备至。

2. 下级与上级的关系

而在处理上下级关系时,下级应当注意的主要问题有三个方面:一是要尊重领导;二是要服从领导;三是要维护领导。

3. 同事之间的关系

对于和自己职位、级别相似的同事,在客观上就构成了一种平级关系。在处理平级关系时,需要注意的问题也有四个:一是要密切合作;二是要积极交流;三是要热忱关心;四是要宽大为怀。

二、与同事相处之道

在一个商业组织中,不管公司制度有多完善,都需要同事之间的相互配合。同事是与自己一起工作的人,与同事相处得如何,直接关系到自己的工作、事业的进步与发展。如果同事之间关系融洽、和谐,人们就会感到心情愉快,有利于工作的顺利进行,从而促进事业的发展;反之,同事关系紧张、相互拆台、经常发生摩擦,就会影响正常的工作和生活,阻碍事业的正常发展。处理好同事关系,在礼仪方面应遵循以下几点。

1. 尊重同事,密切合作

相互尊重是处理好任何一种人际关系的基础,同事关系也不例外。同事关系不同于亲友关系,它不是以亲情为纽带的社会关系。亲友之间一时的失礼,可以用亲情来弥补;而同事之间的关系是以工作为纽带的,一旦失礼,创伤难以愈合。所以,处理好同事之间的关系,最重要的是尊重对方。多跟别人分享看法,多听取和接受别人的意见,相互合作、真诚相待、加强沟通、注重团队协作,只有这样才能赢得同事的支持,使工作得以顺利地展开。

2. 物质上的往来应一清二楚

同事之间可能有相互借钱、借物或馈赠礼品等物质上的往来,但切忌马虎,每一项都应记得清楚明白,即使是小的款项,也应记在备忘录上,以提醒自己及时归还,以免遗忘而引起误会。向同事借钱、借物,应主动给对方打张借条,以增进同事对自己的信任。有时,借出者也可主动要求借入者打借条,这并不过分,借入者应予以理解。如果所借钱、物不能及时归还,应每隔一段时间向对方说明一下情况。在物质利益方面,无论是有意或无意地占对方的便宜,都会在对方的心理上产生不快,从而降低自己在对方心目中的人格。

3. 对同事的困难表示关心

同事的困难,通常首先会选择亲朋帮助,但作为同事,也应主动问讯。对自己力所能及的事应尽力帮忙,这样,会增进双方之间的感情,使关系更加融洽。

4. 不在背后议论同事的隐私

每个人都有"隐私",隐私与个人的名誉密切相关。背后议论他人的隐私,会损害他人的名誉,引起双方关系的紧张甚至恶化,因而是一种不光彩的、有害的行为。而不搬弄是非,给予同事适当的赞美,和每一位同事保持友好的关系,尽量不要被人认定你是属于哪个圈子的人,才是与同事交往的明智之举。

5. 宽大为怀,处事灵活有分寸

同事之间经常相处,一时的失误在所难免。如果出现失误,应主动向对方道歉,征得对方的谅解;对双方的误会应主动向对方说明,不可小肚鸡肠、耿耿于怀。

处事灵活有原则,要懂得在适当的时候采纳他人的意见。但不能万事躬迎、毫无主见,这样只会给人留下懦弱、办事能力不足的坏印象。

三、与上司相处之道

随着竞争的越来越激烈,人们越来越意识到,在职场中处理好人际关系的重要性。而同事关系中的与领导关系的处理,显得尤为重要。因为能否和领导和睦相处、获得领导信任,是和自己的职业前途息息相关的。

1. 注意自己的职业形象

个人的着装、打扮,是否迟到、早退,是否遵守单位的规章制度等,这些不仅是个人习惯的问题,它从另一个方面也反映了一个人的素质和修养。

2. 敬业精神

敬业精神是个常谈常新的老话题。从与领导关系的角度讲,当前有相当一部分人就严重缺乏敬业精神,而同时还有相当一部分人不善于表现自己的敬业精神。

我们提倡敬业,但也提倡会敬业,这里有三方面的技巧:

(1) 对工作要有耐心、恒心和毅力。

(2) 苦干加巧干。勤勤恳恳、埋头苦干的敬业精神值得提倡,但必须注意效率,注意工作方法。

(3) 敬业也要能干会"道"。"道"就是让领导知道或感受到你付出的努力,不必要去做永远是幕后英雄那种吃力不讨好的事。要知道,作为领导是没必要,也没那个义务花时间去仔细探究这些细节的。

3. 要服从第一领导

下级服从领导本来就是天经地义的事情。这不仅体现个人的素质,还体现出自己的敬业精神,以及对本单位的认可和对别人的尊重。所以,要善于服从、巧于服从。

(1) 对有明显缺陷的领导,积极配合其工作是上策。

(2) 当领导交代的任务确实有难度,其他同事畏手畏脚,而自己有一定把握时,应该勇于出来承担,以此来显示你的胆略、勇气和能力。

(3) 反应要快。上级布置的工作一定要争取提前一点完成,对于不能按照要求完成的任务,要提前向上司打招呼。

(4) 主动争取领导的安排。因为有很多领导,并不希望通过单纯的发号施令来推动下属开展工作。

(5) 善于听取上司意见。对上司的批评或要求,要认真听取,不要因小事而同上司翻脸。有不同意见,可慢慢与上司沟通。

(6) 不要轻易在上司面前告别人的状。

(7) 不向上司提过高的有利于自己的要求。因为有的要求会使上司很为难。

(8) 要多多请示。聪明的下属,总是善于在关键的地方,恰到好处地向领导请示,征求他的意见和看法,把领导的意志融入到专注的事情中。这是下属主动争取领导的好办法,也是下属做好工作的重要保证。这样既体现了自己对领导的重视,也体现了自己对工作的严谨、细心。

4. 工作要有独立性

下属工作有独立性才能让领导省心,领导才有可能委以重任。虽然作为下属要听从上级的安排,依照所布置的工作行事。但有些事,如果能想在上级的前边,当好上级的参谋,合适地提出自己独到的见解、做事能独当一面、善于把同事和领导忽略的事情承担下来,这才是一个好下属必备的素质。

(1) 要学会苦中求乐。不管接受的工作多么艰巨,即使鞠躬尽瘁也要做好,千万别表现出你做不来或不知从何入手的样子。

(2) 要勇于承担压力与责任。社会在发展,公司在成长,个人的职责范围也随之扩大,不要总是以"这不是我分内的工作"为由来逃避责任。当额外的工作指派到你头上时,不妨视之为一种机遇。

(3) 善于学习。要想成为一个成功的人,树立终身的学习观是必要的。既要学习专业知识,也要不断拓宽自己的知识面,往往一些看似无关的知识可能会对你的工作起到巨大作用。

(4) 保持冷静。面对任何困境都能处之泰然的人,一开始就取得了优势。上级和同事不仅钦佩那些面对危机声色不变的人,更欣赏能妥善解决问题的人。

(5) 说话谨慎。对于工作中的机密,必须守口如瓶。

5. 领导的尊严不容侵犯、面子不容亵渎

领导理亏时,要给他留下台阶,而当众纠正领导是最愚蠢的方式;领导的忌讳不要冲撞,你唯一需要牢记的礼仪就是上司的各种习惯;消极地给领导保面子,不如积极给领导争面子。

顾全领导尊严的注意事项:

一般来讲,领导者的面子在下列几种情况下最容易受到伤害,必须多加注意:

(1) 能力不强,最怕下属看不起自己。

(2) 领导至上的"规矩"受到侵犯。

(3) 有些人对领导不满,在背后乱嘀咕,有意诋毁领导的名誉,揭领导的家底。

(4) 领导出现失误或漏洞时,害怕马上被下属批评纠正。

当然,并不是一味地投其所好、人云亦云才是保全领导面子的最佳方法。当在场有好几个上级的时候,要以最高级别的上级喜好为唯一礼仪标准。

这个时候,即使你的某些行为不符合直属上级的喜好,但是,此时此刻,他也正在想方设法争取迎合更高上级的喜好,所以决不会对你不符合他的喜好有任何看法,甚至会对你能够迎合更高上级的喜好而感到很有面子。

6. 要学会为自己争取利益

工作过程中,在利益面前不要逆来顺受,也不要过分谦让,应大胆地向领导要求自己应该得到的。工作的最根本目的,是为获得物质利益,所以在规定允许的范围内获得自己的利益是合情合理的。在执行重大任务以前,可以根据具体情况要求获得利益承诺,最好是书面的,或者企业规定里早已明确的;但是要求利益时,要把握好"度",见机行事,不能见利就钻、唯利是图,而失去领导的信任。

第五节 实 践 指 导

一、实践任务

通过本章的学习,要求学生能够掌握办公室基本的礼仪常识、公共区域及办公设备使用礼仪和与同事的相处之道。

通过组织学生开展文明纠错活动,对校园内不文明现象提出整改意见,达到反省自身、从我做起、教化他人的目的。

二、实践步骤

(1) 启发教学,引导学生展开讨论,融会贯通,指出身边的不文明行为,对较为普遍的校园卫生间、食堂餐厅、上下楼梯、进出办公室、大礼堂等公共区域、设备使用过程中出现的不文明现象提出整改意见。

(2) 依据自愿原则对学生进行分组,各小组自行制订文明纠错的整改方案。

(3) 各小组上交整改方案,集中讨论,挑出有代表性的方案组织实施。

(4) 对选定的某一个或几个公共场所,通过制作标语、警示牌、办板报等方法宣传礼仪,以强化自身、教化他人。

三、实践要求

(1) 组织讨论教学要全面、深入展开,达到反思效果。

(2) 对各小组的整改方案进行民主集中的评估讨论。

(3) 对各小组的组织实施工作要进行监督,给予必要的指导。

(4) 制作的标语、警示牌要美观大方。

(5) 制作的板报要内容正确、版式合理,符合美学要求。

四、实践内容

(1) 会议室、复印机、办公室电话使用的礼仪规范。
(2) 拜访他人的礼貌做法。
(3) 进出门的礼仪。
(4) 标语、警示牌、板报的制作方法。

五、实践范例

接待探访模拟训练

实训目标：熟悉接待、探访的有关礼节,能够正确运用其礼仪规范。
实训地点：教学楼楼前、电梯间、会议室。
实训准备：办公家具、茶具、茶叶、热水瓶或饮水机、企业宣传资料等。
实训方法：一部分学生扮演来访团体成员,一部分学生扮演接待方成员,模拟演示以下情景：

(1) 在门口迎接客人；
(2) 引导客人前往接待室；
(3) 与客人搭乘电梯；
(4) 引见介绍；
(5) 招呼客人；
(6) 为客人奉送热茶；
(7) 送别客人。

演示完毕后,可两组人员角色对调,再演示一遍,充分体会探访、接待的不同礼仪要求。

(资料来源：http：//shsy.dlvtc.edu.cn/sjxcg/neirong/xiangmu.doc)

前沿研究

面试礼仪 ABC

一、简历照片怎么拍

当简历具有"能否有第一次见面机会"的决定权时,简历上的细节部分也被格外重视起来。比如,小小一张照片,几乎成了求职者面试的开端。制作简历照片时要注意：

1. 照片尽量与自己的气质相符,不要有太大差距。
2. 整洁的发型很重要,避免蓬头垢面。
3. 服装尽量挺括,不要皱痕明显。
4. 精神焕发,不要萎靡不振。
5. 一定是近照,不要把大一求学时的照片拿出来。

6. 对照片重视,不等于使用艺术照片。

永远记住,真实和诚实是必须遵守的求职法则[①]。

二、接到面试通知以后,该做些什么

(一) 迅速查找该企业的原始招聘广告

因为每个求职者都可能投寄出很多封求职信。因此在寄出求职信的同时,应该把每个企业的招聘广告剪辑记录下来,以便在收到企业的面试通知时进行查阅,避免张冠李戴。查阅的同时,要重温该企业的背景情况(一般在招聘文选中有所说明),还须再重温当时应聘的是何种职位,该职位在招聘文选中的要求是什么等。如果你备有几种不同的求职信,应当了解寄出的是哪一种求职信,最好再看一遍,做到心中有数。

(二) 查找交通路线,以免面试迟到

接到面试通知后,应仔细阅读通知书上是否标有交通路线,要搞清楚究竟在何处上下车、转换车。要留出充裕的时间去搭乘或转换车辆,包括一些意外情况都应考虑在内。如果对交通不熟悉的话,最好把路线图带在身上,以便问询查找。

(三) 整理文件包,带上必备用品

面试前,应把自己准备带去参加面试的文件包整理一番,如文凭、身份证、报名照、钢笔、其他证明文件(包括所有的复印件)均备整齐,以备考官索要核查。同时,带上一定数量的现金以备不时之需。有晕车症的,应带上药品。

(四) 准备面试时的着装和个人修饰

参加面试,在衣着方面虽不要特别讲究、过分花哨华丽,但也要注意整洁、大方,不可邋遢。男士衬衫要换洗干净,皮鞋要擦亮;女士不能穿过分前卫新潮的服装。总之,着装要协调统一,同所申请的职位相符。

头发要梳齐,发型款式大方,男士要把胡须刮干净。女士若感觉脸色不佳,则可化些淡妆,但不可修饰过度。另外,还应保证面试前充足的睡眠。

三、面试前的小节不容忽视

(一) 守时

守时是职业道德的一个基本要求。一般来说,提前10分钟到达效果最佳。如果面试迟到,不管有什么理由,都会被视为缺乏自我管理和约束能力,给面试者留下非常不好的印象。这是一个对人,进而也是对自己尊重的问题。如果你注定迟到,还不如满怀歉意地打个电话通知面试单位另行安排面试时间更好。而提前半小时以上到达,亦会被视为没有时间观念。到达面试地点后,应在等候室耐心等候,并保持安静及正确的坐姿。

(二) 进入面试单位

到了办公区,最好径直到面试单位,而不要四处寻摸。一进面试单位,若有前台,则开门见山说明来意,经指引到指定区域落座。若无前台,则找工作人员求助。这时要注

[①] 资料来源:http://www.gradjob.com.cn/cms/html/xinwenzixun/gerenjiayouzhan/jlzz/20080203/1880.html

意用语文明,开始的"你好"和被指引后的"谢谢"是必要的。不要向其索要材料或询问单位情况,因为除非单位规定其此时分发材料,因这并非其分内之事,且无权对单位作以品评;不要驻足观看其他工作人员的工作,或在落座后对工作人员所讨论的事情,或接听的电话发表意见或评论,以免给人肤浅嘴快的印象。

(三) 等待面试

注意不要来回走动显示浮躁不安,也不要与别的接受面试者聊天,因为这可能是你未来的同事,甚至决定你能否称职的人,你的谈话对周围的影响是你难以把握的,这也许会导致你应聘的失败。

面试前5分钟时,要检查一下仪表,需不需要补妆,看看发型有没有乱,口红及齿间有没有事物等,用小镜子照一下。在感觉一切准备就绪的状态下,才能从容地接受公司的面试。

(四) 走进房间

自己的名字被喊到,就有力地答一声"是",然后再进门。如果门关着的话,就要以里面听得见的力度敲门,敲两下是较为标准的,听到回复后再进去。开门、关门尽量要轻,进门后不要用手随手将门关上,而是应转过身去正对着门,用手轻轻将门合上。

四、面试中的礼仪

走进房间向招聘方各位行过礼之后,清楚地说出自己的名字。等考官告诉你"请坐"时可坐下,不要拘谨或过于谦让。坐下后不要背靠椅子,也不要弓着腰,并不一定要把腰挺得很直,这样反倒会给人留下死板的印象,应该很自然地将腰伸直。

在面试中,有时需要站立交流。正确的站姿是站得端正、稳重、自然、亲切。做到上身正直、头正目平,面带微笑、微收下颌,肩平挺胸、直腰收腹,两臂自然下垂,两腿相靠直立、两脚靠拢、脚尖呈"V"字形。女子两脚可并拢。

(一) 面试中自我介绍礼仪

面试时,进行自我介绍,要简洁、清晰,充满自信,态度要自然、亲切、随和,语速要不快不慢,目光正视对方。在社交场合或工作联系时,自我介绍应选择适当的时间,当对方无兴趣、无要求、心情不好,或忙于处理事务时,切忌去打扰,以免尴尬。

(二) 视线处理

说话时不要低头,要看着对方的眼睛或眉间,不要回避视线。但一味直勾勾地盯着对方的眼睛,也会觉得突兀。作出具体答复前,可以把视线投在对方背景上,如墙上约两三秒钟做思考,不宜过长,但开口回答问题时,应该把视线收回来。

(三) 聆听

在面试过程中,主动地交谈可传递出主考官需要的信息,展示出你的能力和风采。而"聆听"也是一种很重要的礼节。在面试过程中,主考官的每一句话都可以说是非常重要的,要集中精力认真地去听。在聆听对方谈话时,要自然流露出敬意,这才是一个有教养、懂礼仪的人的表现。

一个好的聆听者要做到以下几点:

1. 记住说话者的名字。

2. 用目光注视说话者,保持微笑,恰当地频频点头。
3. 身体微微倾向说话者,表示对说话者的重视。
4. 了解说话者谈话的主要内容。
5. 适当地作出一些反应,如点头、会意的微笑、提出相关的问题。
6. 不离开对方所讲的话题,巧妙地通过应答,把对方讲话的内容引向所需的方向和层次。

(四) 笑容

笑容是一种令人感觉愉快的面部表情,它可以缩短人与人之间的心理距离,为深入沟通与交往创造温馨和谐的氛围。于是,有人把笑容比作人际交往的润滑剂。笑容是所有身体语言中,最直接有利的一种,应好好利用。因而在面试中,要把握每个机会展露自信而自然的笑容,但是切忌不要呆笑。

(五) 集中注意力

无论谈话投机与否,或者对方有其他的活动,如暂时处理一下文件、接个电话等,都不要因此分散注意力。不要四处看,显出似听非听的样子。如果你对对方的提问漫不经心、言论空洞;或是随便解释某种现象,轻率下断语,借以表现自己的高明;或是连珠炮似地发问,让对方觉得你过分热心和要求太高,以至于难以对付,这都容易破坏交谈,是不好的交谈习惯。

(六) 知之为知之,不知为不知

在面试场上,常会遇到一些不熟悉,曾经熟悉现在竟忘记或根本不懂的问题。面临这种情况,默不作声、回避问题是失策,牵强附会、"强不知为知之"更是拙劣,而坦率承认则为上策。

(七) 握手

面试双方见面,通常会互相握手。除非面试官没有意图跟你握手,否则你应等面试官伸出手来,你才迎上去握,握手的时间应为3~5秒,不可拖得太久,尤其对方是异性的时候。握手的时候,必须注意以下三点:手要清洁,指甲经过修剪;手心温暖,没有汗水;力度适中,且面带微笑。

(八) 面试中应避免的动作

在面试时,应该努力避免令人难堪的小动作:

如当着人挖耳朵、擦眼屎、剔牙缝、擦鼻子、打喷嚏、用力清喉咙等,都是粗鲁与令人生厌的小动作。有些人总爱在脸上表露出对别人说话的反应,或惊喜、或遗憾、或愤怒、或担忧,表达这些情绪时,他们总是歪嘴、眨眼、皱眉、瞪眼、耸鼻子,即扮鬼脸。还有就是为了掩饰内心的紧张和不适,而去抓头皮、弄头发、搔痒痒。这些小动作在面试时是有害无益,应加以克服。另外,不要嚼口香糖,也不要吸烟。

五、面试结束时的礼仪

面试结束时,不论是否如你所愿被顺利录取,得到梦寐已久的工作机会,或者只是得到一个模棱两可的答复,我们都要注意礼貌相待,用平常心对待用人单位。

求职者应该对用人单位的人事主管抽出宝贵时间来与自己见面表示感谢,并且表示期待着有进一步与××先生/小姐面谈的机会。同时,表示出"希望有机会成为你的同事"、"将以在这公司工作为自豪"等。这样既保持了与相关单位主管的良好关系,又表现出自己杰出的人际关系能力。当用人单位最后考虑人选时,能增加自己的分数。

与人事经理最好以握手的方式道别,离开办公室时,应该把刚才坐的椅子扶正到刚进门时的位置,再次致谢后出门。经过前台时,要主动与前台工作人员点头致意,或说"谢谢你,再见"之类的话。

(资料来源:http://www.i-cai.com/news/html/qiuzhizhunbei/qiuzhiliyi/20080228/1331.html)

案例
一句称呼换来一份工作

王露是太平洋盈科电脑城的一个小职员,去年刚刚毕业。说起职场称呼,她满脸兴奋,"我应聘时就是因为一句称呼转危为安的"。去年应聘时,由于她在考官面前太过紧张,有些发挥失常,就在她从考官眼中看出拒绝的意思而心灰意冷时,一位中年男士走进了办公室和考官耳语了几句。在他离开时,她听到人事主管小声说了句"经理慢走"。那位男士离开时从王露身边经过,给了她一个善意鼓励的眼神,王露说自己当时也不知道哪儿来的灵光一闪,忙起身,毕恭毕敬地对他说:"经理您好,您慢走!"她看到了经理眼中些许的诧异,然后他笑着对自己点了点头。等她再坐下时,她从人事主管的眼中看到了笑意……

后来她顺利地得到了这份工作。人事主管后来告诉她,本来根据她那天的表现,是打算刷掉她的。但就是因为她对经理那句礼貌的称呼,让人事部门觉得她对行政客服工作还是能够胜任的,所以对她的印象有所改观,给了她这份工作。

(资料来源:http://www.cnhubei.com/200501/ca671912.htm)

案例思考题

1. 王露面试的成功告诉我们了什么?
2. 办公场合我们应该注意哪些问题?

练习与思考

一、名词解释

办公室 同事关系

二、填空题

1. 办公室文件柜摆放的原则是_____。
2. 遇到麻烦事,要首先报告给_____,切莫_____。
3. 乘坐电梯时,如果超载发出警报声时,_____应主动退出。

4. 对于自动扶梯，一般总是_____，上下时位置_____。
5. 任何情况下，公共洗手间的使用，都要遵循_____原则。
6. 大楼里的电梯往往有几部，如果遇到各自电梯的按钮控制器是不同步的，则应_____。
7. 公共场合用餐时，如果必须要剔牙，则应_____。
8. 进入别人房间时，如果房门是打开的，则应_____。
9. 办公桌上电话的摆放以_____为原则，一般放在桌面的_____。
10. 如果看到洗手间地上有"Wet Floor"等字样的黄色告示牌，则应_____。

三、单项选择题

1. 在别人办公室停留的时间不宜太久，如果是初次造访以（　　）为宜。
   A. 10 分钟之内　　　　　　　　B. 20 分钟左右
   C. 60 分钟左右　　　　　　　　D. 不超过两小时
2. 当有同事的客人造访，则应（　　）。
   A. 装作没看见
   B. 凑上前一起交谈
   C. 微笑点头示意
   D. 外出休息，为同事留下自由交谈的空间
3. 工作人员如果离开办公室作短时外出，座位的摆放方式是（　　）。
   A. 座位原位放置　　　　　　　　B. 座位半推进
   C. 座位应完全推进　　　　　　　D. 不讲究，怎么舒服怎么放
4. 面试时，一般效果最佳应提前的时间是（　　）。
   A. 30 分钟左右　　　　　　　　B. 20 分钟左右
   C. 10 分钟左右　　　　　　　　D. 准时到达
5. 下列对于洗手间的使用，正确的做法是（　　）。
   A. 遵循先来后到原则
   B. 如果男女共用的情况下，则女士优先
   C. 母亲不可带男孩进入女厕
   D. 如果不小心弄脏马桶，则应告知清洁工

四、多项选择题

1. 进出办公楼的大门、办公室的房门应遵循的礼仪有（　　）。
   A. "轻"　　　　　　　　　　　　B. "敲"
   C. "谦"　　　　　　　　　　　　D. "稳"
   E. "慢"
2. 多人同行进出大门时，下列合乎礼仪的做法有（　　）。
   A. 下级应当为上级开门　　　　　B. 年轻人应当为年长者开门
   C. 男士应当为女士开门　　　　　D. 不论男女长幼，走在前者开门
   E. 让女士先行，无需为其开门
3. 要处理好同事关系，在礼仪方面应注意的几点是（　　）。

A. 尊重同事,密切合作　　　　　B. 物质上的往来应一清二楚
C. 对同事的困难表示关心　　　　D. 不在背后议论同事的隐私
E. 宽大为怀,处事灵活有分寸

4. 在处理平级关系时,需要注意的问题有(　　)。
A. 密切合作　　　　　　　　　B. 积极交流
C. 热忱关心　　　　　　　　　D. 宽大为怀
E. 避免竞争

5. 身为上级,在处理与部下之间的相互关系时,必须遵守的注意事项有(　　)。
A. 要树立权威　　　　　　　　B. 要以身作则
C. 要办事公正　　　　　　　　D. 要以礼相待
E. 要关怀备至

五、简答题

1. 工作人员离开办公桌时,座位应该如何摆放?
2. 如何乘坐电梯才最符合礼仪规范?
3. 洗手间的使用有哪些礼仪规范?
4. 与人交谈时,如何处理目光和视线才是合乎礼仪的做法?
5. 处理矛盾的结果有哪些?

六、论述题

1. 上下楼梯时,应注意哪些礼仪规范?
2. 如何做一个好的聆听者?

第十一章

商务涉外礼仪

 **学习目标**

学完本章,你应该能够:
1. 熟悉商务涉外的基本原则
2. 知晓世界部分主要国家的风俗礼仪

 基本概念

涉外礼仪原则　不同国家礼仪风俗

当前,随着中国改革开放的进一步深入,与外国人直接打交道的机会已经越来越多了。其中,商务交往作为一个重要的组成部分,受到越来越多人的关注。作为一名商务人士,不仅有必要了解、掌握涉外交往的相关礼仪,还必须在实际工作中认真地遵守、应用这些涉外商务礼仪,这样的话,就会让自己的努力事半功倍。

第一节　商务涉外礼仪的原则

涉外礼仪,是对涉外交往礼仪的简称。它所指的是,中国人在对外交往中,用以维护自身形象、用以向交往对象表示尊敬与友好的约定成俗的习惯做法。涉外礼仪的基本内容,就是国际交往的惯例,就是中国人在涉外交往中所应了解并遵守的国际惯例。所以,熟悉和了解相关的商务涉外礼仪原则,是非常有必要的。

一、"入乡随俗"原则

入乡随俗是商务涉外礼仪的基本原则之一。它的含义是指商务人士在涉外交往之中,要真正做到尊重交往对象,尊重对方独有的风俗习惯。

在涉外商务交往中,之所以必须认真遵守"入乡随俗"的原则,主要是出自以下两个方面:

第一,世界上各个国家、地区、民族在其历史发展的具体进程中,形成了各自独特的宗教、语言、文化、风俗和习惯,并且彼此之间存在着不同程度的差异。

第二,在涉外商务交往中,注意尊重外国友人所持有的习俗,容易增进中、外双方之间的理解与沟通。简而言之,注意"入乡随俗",是促进中、外双方人士彼此间相互理解与沟通的一条最佳捷径。

入乡随俗的注意事项:
在涉外商务交往中,要做到"入乡随俗",必须注意以下两个要点:
(1)必须充分了解与交往对象有关的风俗。
(2)必须无条件地对交往对象所持有的风俗加以尊重。
商务人士只有真正做到"入乡随俗",才会在涉外交往中游刃有余。

二、"维护形象"原则

根据惯例,在国际交往中,人们普遍对交往对象的个人形象较为关注,并且都十分重视遵照规范的、得体的方式来塑造、维护自己的个人形象,这就是"维护形象"的原则。

商务人士必须时刻注意维护自身形象,尤其注意留给初次见面的外国友人的第一印象。心理学研究表明,人们在初次见面给他人留下的第一印象,对他们后来的交往有着极大的影响。因为每个人的个人形象,不仅是其所在单位整体形象的有机组成部分,也体现了个人的教养与品位、精神面貌与生活态度,也如实展现了他对交往对象的重视程度。更重要的是,它还代表了所属国家、民族的整体形象。

要维护好个人形象,就要做好以下几个方面。

1. 讲究卫生

现代社会,讲究卫生是每一个文明人的基本礼貌。在国际交往中,每个人都必须讲究卫生,如不能在公共场所乱扔物品、随地吐痰,同时要注意自身仪容、仪表、服饰等各个方面的干净与整洁,身上没有异味、没有异物。如果这样的细节问题不注意,个人形象就会令人非议。

2. 举止大方

一个有教养、有见识、充满自信的人,在外方人士面前,举止应当落落大方、不卑不亢、泰然自若,既没有必要嚣张放肆、傲慢无礼、目中无人,也不能低三下四、畏首畏尾。

3. 热情友善

一个真正待人友善的民族,一个真正有教养的人面对交往对象时,都会热情而友善。面无表情、冷若冰霜、待人冷漠、歧视、刁难及非议交往对象,都会有碍交往的成功。

三、"尊重个人隐私"原则

所谓个人隐私,就是指一个人出于个人尊严和其他方面的考虑,因而不愿意公开,也不希望外人了解或是打听的个人秘密、私人事宜。在国际交往中,人们普遍讲究尊重个人隐私原则,并且将尊重个人隐私与否,视为一个人在待人接物方面有没有教养,能不能尊重和体谅交往对象的重要标志之一。

因此，中国商务人士在涉外交往中，务必要严格遵守"尊重个人隐私"这一涉外礼仪的主要原则，在与国外商务人士来往时，要充分尊重对方的个人隐私。一般而言，在国际交往中，下列几个方面的私人问题，均被外国人视为个人隐私问题。

1. 年龄大小

外国人普遍将自己的实际年龄当作"核心秘密"，不会轻易告诉别人。因为外国人都希望自己永远年轻，对于"老"字讳莫如深，特别是外国的女士，最不希望别人了解自己的实际年龄。

2. 收入情况

国际社会普遍认为，任何一个人的实际收入，均与其个人能力和实际地位有直接关系。个人收入的多少也常被外国人看作是自己的脸面，非常忌讳他人直接或间接打听。

3. 身体情况

在国外，人们闲聊时会"讳疾忌医"，比较反感其他人对自己的健康状况关注过多。因为在市场经济条件下，身体健康被看作是最重要的生存"资本"。

4. 家庭住址

外国人大都视自己的私人居所为自己的私生活的领地，非常忌讳别人无端干扰自己宁静的生活。一般除非知己和至交，他们不大可能邀请外人前往其居所做客。为此，他们不会轻易泄露个人住址、住宅电话号码等私人信息。

5. 恋爱婚姻

外国人认为，让任何一个交往不深的朋友，去老老实实交代自己的相关恋爱婚姻问题，不仅不会令人愉快，反而肯定会让人难堪。

6. 个人经历

外国人普遍认为，个人的经历都是自己的"商业机密"，并且坚决主张"英雄莫问出处"，反对询问交往对象的过往经历。另外，外国人还认为，如果询问个人经历，并不见得是坦诚相见，反而是别有用心。

四、"女士优先"原则

女士优先是目前国际社会所公认的一条重要礼仪原则，它主要适用于成年的异性进行社交活动之时。"女士优先"的含义是，在一切社交场合，每名成年男子都有义务主动、自觉地以自己的实际行动，去尊重、照顾、保护女士，要想方设法为女士排忧解难，倘若因为男士的不慎而使女士陷于尴尬或处于困难境地，就意味着男士在这一方面的失职。

在国外的社交应酬中，女士优先作为一条礼仪的基本原则，早已逐渐演化成一系列具体的、可操作的做法，不仅已是世人皆知，而且在社会舆论的督促下，每一名成年男子均须将其认认真真地付诸实践。

五、"信守约定"原则

信守约定是涉外礼仪的基本原则之一。它是指在一切正式的国际交往中，都必须认真而严格地遵守自己的所有承诺,说话务必算数、许诺必须兑现、约会必须如约而至。在一切有关时间的约定中,尤其需要恪守不怠。

在涉外商务交往中,要真正做到"信守约定",就应做到以下三个方面。

1. 许诺要谨慎

不管是答应对方的要求,还是自己主动向对方提出建议等,都要深思熟虑、考虑周全,既不要含糊不清,也不要信口开河。

2. 承诺要兑现

对于自己作出的约定,务必要认真地加以遵守,承诺一旦作出,就必须要兑现;约定一经作出,就必须如约而行。同时,也要尽量避免对已有的约定任意进行修改变动,随心所欲地乱作解释,或是擅自予以取消、否认。

3. 失约要道歉

万一由于难以抗拒的因素致使自己单方面失约,或是有约难行,需要尽早向有关各方进行通报、如实解释,还要郑重其事地为此事向对方致以歉意,并且主动承担按照规定或惯例,因此而给对方造成的某些物质方面的损失。

六、"热情有度"原则

"热情有度"原则是涉外礼仪的基本原则之一。它的含义是要求人们在参与国际交往,直接同外国人打交道时,不仅仅要待人热情而友好,更重要的是要把握好待人热情友好的具体分寸,否则就会事与愿违、过犹不及。对于这个"度"的最精确解释,就是要求大家在对待外国友人热情友好的时候,要切记,自己所做的一切都必须以不影响对方、不妨碍对方、不给对方添麻烦、不令对方感到不快、不干涉对方的私生活为限。

具体而言,在进行商务涉外交往中,要做好"热情有度",就应特别注意以下四点。

1. 关心有度

也就是说,不宜对外国人表现得过于关心,不要让对方觉得我方人员碍手碍脚、管得过宽。

2. 谦虚有度

在国际交往中,适当的谦虚是有必要的,但是在那些强调个性、强调自我表现的民族和国家面前,一定要认识到过分的谦虚会被别人误会,即要注意谦虚有度。在外国人看来,过分的谦虚往往是不必要的,那是缺乏自信;而且过分的谦虚不是没有,就是虚伪做作。

3. 距离有度

也就是说,与外国人进行交往应酬时,应当与对方保持与双方关系相适度的距离。外国人通常认为,因关系不同、场合不同时,人与人之间的距离应该有所区别,不可一概而论。

在商务交往中,商务人员所遇到的人际距离通常有以下四种:

(1) 私人距离。小于0.5米。仅适用于恋人和至交之间,故有人称其为"亲密距离"。

(2) 交际距离。大于0.5米,小于1.5米。它适用于一般性交际应酬,故称为"常规距离"。

(3) 礼仪距离。大于1.5米,小于3米。它适用于会议、演讲、庆典、仪式及接见,意在向交往对象表示尊敬,有人称为"敬人距离"。

(4) 公共距离。大于3米。适用于公共场合与陌生人相处,也被叫作"有距离的距离"。

4. 举止有度

也就是说,与外国人相处之际,务必要对自己的举止动作多多检点,切勿因为自己举止动作过分随意,从而引起误会或失敬于人。

七、"以右为尊"原则

在国际交往中,大到政治磋商、文化交流,小到商务往来、私人接触,凡有必要确定位置主次时,都要遵循"以右为尊"的原则。处理这类问题参照"以右为尊"的原则,就不会失敬于人。

第二节 不同国家的礼仪原则

一、亚洲国家

(一) 韩国

1. 基本概况

韩国的全称是大韩民国,是单一民族国家,即朝鲜族,重要宗教是佛教,通用语为韩语。

韩国是一个礼仪之邦。韩国人重视对交往对象的印象,从事商业活动的时候,若能遵守他们的生活方式,他们对你的好感会倍增。

2. 餐饮礼仪

韩国人的饮食以辣和酸为主要特点,韩国人的主食是米饭、冷面。菜肴主要有泡菜、烤牛肉、烧狗肉、人参鸡等,绝大多数比较清淡。

用餐时,韩国人用筷子,为了环保韩国餐馆只提供铁筷子。关于筷子的讲究是:与长辈同桌就餐时不许先动筷子;不可用筷子对别人指指点点;用餐完毕将筷子整齐地放在餐桌上。

韩国人在自己家中设宴招待来宾时,宾、主都是围在一张矮腿方桌周围,盘腿席地而坐。

3. 服饰礼仪

韩国人非常看重自己留给交往对象的印象,为了维护个人形象他们对社交场合的穿着十分在意。

韩国人在交际应酬中,通常穿着西式服装。商务活动中的韩国男子,穿深色西服套装,韩国妇女着装不能过于前卫。

参加社交场合时,不能光脚。进屋前需要拖鞋时,不准将鞋尖直对房间。

4. 社交礼仪

韩国人的常规礼仪既保留了自己的特点，又受到了西方文化和中国儒家文化的双重影响。

在正规一些的交际场合，韩国人一般都采用握手作为见面礼。在行握手礼时，他们讲究使用双手，或单独使用右手。双方握手时，先以右手握手，随后再将自己的左手轻置于对方的右手之上。韩国人的这种做法，是为了表示自己对对方的特殊尊重。韩国妇女在一般情况下不与男子握手，而往往代之以鞠躬或点头致意。在不少场合，有时也采用先鞠躬、后握手的方式作为与他人相见时的礼节。

在一般情况下，韩国人在称呼他人时，爱用尊称和敬语，很少会直接叫出对方的名字。

5. 习俗禁忌

韩国人大都珍爱白色。

与韩国人交谈时，发音与"死"相似的"四"、"私"、"师"、"事"等词不要使用。

（二）日本

1. 基本概况

日本的正式国名是日本国。日本人中，大和族约占99%，主要宗教是神道教和佛教，通用语言为日语。随着对外贸易的开放，中、日两国的交流日益频繁，我们有必要知道日本的商务社交礼仪。

2. 餐饮礼仪

日本人主食是米、面，副食品主要有蔬菜和海鲜。日本人爱吃鱼，如蒸鱼、生烤鱼、炸鱼片、鱼片汤等。他们还有吃生鱼片的习惯，吃时一定要配辣根以便解腥杀菌。他们还喜欢吃面酱、酱菜、紫菜和酸梅等，爱喝我国浙江的绍兴酒（喝时要温热）。吃冷菜时，喜欢装好盘后在菜上撒芝麻和紫菜末、生姜丝、白酱等，用来点缀和调味。同时，也作为这盘菜没有动过的标志。不论在家中或在餐馆内，日本人的坐位都有等级，顺序以主人安排为准。日本茶道是一种富于参禅味道、用于陶冶情趣的民族习俗，还作为传统艺术受到社会的重视。

3. 服饰礼仪

日本人在商务交往、政务活动，以及对外场合中穿西服，在民间活动时，他们会穿和服。

在与日本人打交道时，衣着上必须注意以下四条：

（1）日本人认为，衣着不整齐便意味着没有教养，或是不尊重交往对象。

（2）到日本人家中做客时，进门要先脱下大衣、风衣和鞋子。

（3）拜访日本人时，未经主人许可，不可自行脱去外衣。

（4）参加庆典或仪式时，不论天气多么热，都要穿套装或套裙。

4. 社交礼仪

社交场合中，日本的基本社交礼仪主要有以下几个方面：

（1）日本人的名字一般由4个字组成，前两个字是家族的名字，后两个字是自己的名字。一般情况下，日本人不喜欢作自我介绍，介绍人要说出被介绍人与自己的关系，以及他的称谓和所在单位名称等。

(2) 在商务活动中,日本人很注意名片的作用,认为名片代表一个人的社会地位,总是随身携带。

(3) 日本商人重视建立长期合作伙伴关系,在商务谈判中要注意维护对方的面子。

(4) 赠送礼品时,要注意阶层或等级,因此不要向他们赠送太昂贵的礼品,以免他们误认为你的身份比他们高。

5. 习俗禁忌

日本人不喜欢鹤和龟的图像,忌9、4等数字。

日本人给服务人员小费会把钱放在信封里或纸巾里,他们认为收现钞是一件很难堪的事情。

日本人用筷子很讲究,有忌八种用筷的方法,为"忌八筷",即忌舔筷、迷筷、移筷、扭筷、插筷、掏筷、跨筷、剔筷。

忌用同一双筷子大家依次夹取食物,也不能把筷子垂直插在米饭中。

二、欧美国家

(一) 英国

1. 基本概况

英国的全称是大不列颠及北爱尔兰联合王国,英国现有居民有英格兰人、威尔士人、苏格兰人和北爱尔兰人。主要宗教是基督教新教,官方语言是英语。英国曾经一度称霸世界,由于存在这种大国民的意思,英国人喜欢带着一种悠然自得的样子。但是,英国仍保留着岛国的民族特性,比较保守,对新事物总是裹足不前,生性比较怕羞,给人一种高傲和难以接近的印象。所以,我们在和英国商务人士进行商务活动时,必须小心谨慎,尊重他们的社交礼仪。

2. 餐饮礼仪

英国人的饮食具有"轻食重饮"的特点,在菜肴上没有多大特色,日常伙食基本没有多大变化。与绝大多数欧美人不同的是,绝大多数英国人嗜茶如命,所喝的茶是红茶。在饮茶时,他们首先要在茶杯里倒入一些牛奶,然后才能依次冲茶、加糖。

英国人早上醒来要懒在床上喝一杯"被窝茶",上班时间专门挤出时间来喝"下午茶"。英国的"下午茶"是午餐与晚餐之间的一顿小吃,也是"以茶会友"的一种社交方式。

英国人的饮食禁忌,主要是不吃狗肉,不吃过咸、过辣或带有黏汁的菜肴。做菜时加入调味品,也为其所忌讳。

3. 服饰礼仪

英国人在人际交往中,十分注意衣着。

英国人在交际应酬中的衣着,非常注意体现其"绅士"、"淑女"之风。一般男士要穿三件套的深色西服,女士则要穿深色套裙,或者素雅的连衣裙。庄重、肃穆的黑色服装,往往是英国人的优先选择。

英国人在正式场合的着装,大致有这样四条禁忌:一是忌打条纹领带;二是忌不系长袖衬衫袖口的扣子;三是忌在正式场合穿凉鞋;四是忌以浅色皮鞋配西服套装。

4. 社交礼仪

英国人不善于夸夸其谈，感情不大外露，也不喜欢在公共场合引人注目。因此在交际应酬中，不轻易与别人一见如故，更不会立即推心置腹。

英国人在人际交往中，崇尚宽容与容忍。与外人进行交往时，英国人一般都非常善解人意，懂得体谅人、关心人、尊重人。他们特别看重的是，既然要讲究个人自由，那么首先就要宽以待人，对别人的所作所为要善于理解和容忍。

在交际活动中，握手礼是英国人使用最多的见面礼。英国人待人十分礼貌，礼貌用语不离口，交谈时喜欢称呼对方世袭的爵位或荣誉头衔。

5. 习俗禁忌

一是忌讳当众打喷嚏；

二是忌讳用同一根火柴连续点燃两支香烟；

三是忌讳把鞋子放在桌上；

四是忌讳在屋子里撑伞；

五是忌讳从梯子下面走过。

（二）美国

1. 基本概况

美国的全称是美利坚合众国，主要宗教是基督教新教和天主教。美国的官方语言是英语。美国是世界第一经济大国，又是世界第一贸易大国。和美国人做生意，要注意美国的商务礼仪和美国社会的一些习俗。

2. 餐饮礼仪

美国人饮食习惯因地区而异，因民族而异。总体特征是：喜食"生"、"冷"、"淡"的食物，不可以讲究形式与排场，而强调营养搭配。

大部分美国人的食物以肉类为主，牛肉是他们的最爱，鸡肉、鱼肉、火鸡肉也受其欢迎。

快节奏的社会生活，使美国人饮食日趋简便、快捷。快餐在美国得以大行其道，热狗、炸鸡、土豆片、三明治、汉堡包、面包圈、比萨饼、冰淇淋等，在美国可谓老少皆宜，成为美国人平日餐桌上的主角。

美国人会请亲朋好友们上自己的家中共进晚餐，但是美国人看中的是形式本身，实际内容却不甚讲究。因此，美国人请客时，只准备两三道菜是极为正常的。

3. 服饰礼仪

美国人穿着打扮的基本特征是崇尚自然、偏爱宽松、讲究个性。美国人认定一个人的着装，必须因其所处的具体场合，或是所扮演的角色而定。跟美国人打交道时，应该注意对方在穿着打扮上的讲究，免得给对方留下不良的印象。

美国非常重视着装的细节，而且认为穿深色的西服套装时穿白色袜子，或是穿套裙让袜口露在自己的裙摆之外，都是缺乏着装常识的表现。

美国人认为，在公共场合化艳妆，或是在大庭广众之下化妆、补妆，都是缺乏教养的。

4. 社交礼仪

在交际场合，美国人喜欢主动跟人打招呼，并且乐于主动找人攀谈。

美国人的见面礼节最为简单。同外人见面时,美国人往往以点头、微笑为礼,或者只是向对方"嗨"上一声作罢。不是特别正式的场合,美国人甚至连国际上最为通行的握手礼也略去不用了。

美国人的处事风格,总体上是潇洒、浪漫。他们主张充分的享受生活,日常生活以轻松随意、笑面人生为主,还喜欢开各种玩笑。

5. 习俗禁忌

大部分美国人认为,狗是人类最忠实的朋友,因此不喜欢爱吃狗肉的人。

美国人所忌用的体态是:盯视他人,冲着别人伸舌头,用食指指点交往对象,用食指横在喉头之前。

跟美国人相处要与之保持适当的距离,一般保持50厘米到100厘米的距离是比较适当的。因为美国人认为,个人空间是不容冒犯的。因此,碰到别人要及时道歉,坐在他人身边先要征得对方认可。谈话时,距对方太近则是失敬于人。

美国人认为,"胖人穷,瘦人富",所以在美国不要随便说别人长胖了。

(三)法国

1. 基本概况

法国的正式国名为法兰西共和国。"艺术之邦"、"时装王国"、"美食王国"等,都是世人给予法国的美称。法国的总人口中,约90%为法兰西人,主要宗教是天主教。法国的国语是法语,货币为欧元。

2. 餐饮礼仪

平时,法国人爱吃面食,尤其是面包。在肉食方面,他们爱吃牛肉、猪肉、鸡肉、鱼子酱等,不吃肥肉、宠物、肝脏之外的动物内脏和带刺、带骨的鱼。

就口味而言,法国人有两大特点:一是喜欢肥浓;二是偏爱鲜嫩。

法国人特别善饮,他们几乎餐餐必喝,而且讲究不同酒水的搭配。但是对于鸡尾酒,法国人都不大欣赏。

法国人就餐时,两手允许放在餐桌上,但却不许两肘支在桌子上。在放下刀叉时,他们习惯于将其一半放在碟子上,一半放在餐桌上,这一做法,与英国人迥然不同。

在正式宴会上,则有"交谈重于一切"之说,认为用餐时只吃不谈,是不礼貌的。

3. 服饰礼仪

在正式场合,法国人通常要穿西装、套裙或连衣裙,其颜色多为蓝色、灰色和黑色,质地则多为纯毛。

出席庆典仪式时,法国人一般要穿礼服。男士所穿的多为配以蝴蝶结的燕尾服,或是黑色西装套装。女士所穿的则多为连衣裙式的单色大礼服,并且讲究要同时以薄纱面罩、薄纱手套与之相配。对于穿着打扮,法国人认为重在搭配是否得法。

4. 社交礼仪

在人际交往中,法国人所采用的见面礼节,主要有握手礼、拥抱礼和吻面礼。其中,吻面礼使用得最多、最广泛。

法国人的姓名有两部分组成,名字在前,姓氏在后。在签署本人姓名时,法国人往往习惯将姓写在前面,名字写在后面,两者用逗号隔开。

正式称呼法国人的姓名时,宜只称其姓氏,或者姓与名兼称。与法国人打交道时,有时必须要使用谦称或敬称。

从总的方面来讲,法国人的人际交往大都会表现出下列特点:

(1) 爱好社交,善于交际;
(2) 诙谐幽默,天性浪漫;
(3) 渴求自由,纪律较差;
(4) 自尊心强,偏爱"国货";
(5) 骑士风度,尊重妇女。

5. 习俗禁忌

对于菊花、牡丹、玫瑰、杜鹃、水仙、金盏花和纸花,一般不宜送给法国人。

法国人反感的动物有仙鹤、孔雀、大象。

法国人大都喜欢蓝色、白色和红色,忌讳的色彩主要有黄色和墨绿色。另外,法国人十分厌恶核桃,对黑桃图案也极为反感。

法国人忌讳的数字有"13"、"666"和"星期五"。给法国妇女送花时,宜送单数,但要避开"1"和"13"这两个数字。

三、其他国家

这里主要介绍澳大利亚。

1. 基本概况

澳大利亚的正式国名为澳大利亚联邦。澳大利亚人中95%是外国移民的后裔,华人占2%,主要宗教是基督教。官方语言为英语,货币为澳大利亚元。

2. 餐饮礼仪

澳大利亚人的饮食习惯可谓是多种多样,其主流社会的人们,一般都喜欢英式西餐,其特点为"口味清淡,不喜油腻,忌食辛辣",有不少澳大利亚人还不吃酸的东西。

具体而言,澳大利亚人大都喜欢吃牛肉,对于鸡肉、鱼肉、禽蛋也比较喜欢,他们的主食是面包,爱喝的饮料有牛奶、咖啡、啤酒和矿泉水。

一般来讲,澳大利亚人不吃狗肉、猫肉、蛇肉,不吃动物内脏和头爪,非常厌恶加了味精的食物。

3. 服饰礼仪

澳大利亚人除了在极为正式的场合要穿西装或套裙之外,平时的一般穿着大都是T恤、短裤,或者牛仔装、夹克衫。由于阳光强烈,他们在出门之时,通常会戴上一顶棒球帽来遮挡阳光。

4. 社交礼仪

澳大利亚人在人际交往中有两大基本特点:第一,"亦英亦美"和"以英为主";第二,兼收并蓄,多姿多彩。

但总的说来,作为一个独立国家的人民,澳大利亚人在待人接物方面毕竟也有自己的总体特征,这就是他们人情味很浓,待人朴实无华。澳大利亚人普遍乐于同他人交往,并且表现得质朴、开朗、热情。但过分的客套或做作,均会令其不快。

5. 习俗禁忌

澳大利亚人不喜欢兔子,认为它不吉利。

受基督教的影响,澳大利亚人同样对"13"、"666"、"星期五"普遍反感至极。

同澳大利亚人打交道,还应注意以下四点:

(1) 澳大利亚人不喜欢将本国与英国处处联系在一起;
(2) 澳大利亚人不喜欢听"外国"和"外国人"这一类称呼;
(3) 澳大利亚人对公共场合的噪声极其厌恶;
(4) 澳大利亚人的基督徒有"周日做礼拜"之习。

第三节 实践指导

一、实践任务

要求学生通过情景模拟练习,熟悉商务涉外礼仪的基本原则,了解世界部分主要国家的风俗礼仪和禁忌,以便运用到实际的工作学习中去。

二、实践步骤

(1) 通过教师现场演示和讲解,向学生说明商务涉外礼仪的具体操作规范及相关需要注意的问题。
(2) 通过播放相关音像资料,使学生对涉外礼仪规范产生感性认识。
(3) 组织学生分组练习,要求在设定的特定情景下分角色扮演,完成指定的实训内容,并达到考核标准。然后通过角色轮换,使每个学生对主、客双方的礼仪要求都熟练掌握。
(4) 对每个学生的实训结果进行评价。

三、实践要求

(1) 教师应对学生进行现场示范和指导,对学生练习过程中出现的错误及时进行纠正。
(2) 学生应对涉外礼仪实践指导的重要性给予充分认识,调动开展情景模拟训练的积极性。
(3) 学生按照实训步骤完成要求的实训内容,以小组为单位进行。
(4) 教师要列出统一的评价标准,向学生说明操作的要点,并进行统一评分。

四、实践内容

(1) 商务涉外礼仪的基本原则,包括"入乡随俗"、"维护形象"、"尊重隐私"、"女士优先"、"信守约定"、"热情有度"、"以右为尊"。
(2) 世界部分主要国家的礼仪习俗。

五、实践范例

法国礼仪训练

[训练目标]

1. 熟悉涉外礼仪的基本原则;
2. 了解法国人的相关习俗禁忌。

[训练内容]

1. 维护形象、女士优先、以右为尊、信守约定、热情有度等相关涉外礼仪原则;
2. 法国人的相关社交礼仪和习俗禁忌。

[训练方法]

1. 播放涉外礼仪的视频教学片,使学生直观、生动地感受涉外交往中一些基本礼节,并提示重点注意的细节。准备好西餐的基本餐具,演示如何摆放,让学生们仔细观看并实际演练。
2. 4人分为一个小组,自己设计模拟场景,并进行现场模拟。
3. 场景设计为:一位中国商人准备在晚上7:00宴请一对来华商务旅游的法国夫妇,地点是一家具有浓郁中国风格的中国餐馆。
4. 小组里的4位同学自由分工,选择所承担的角色,并进行模拟操作。
5. 教师对学生现场指导,对学生实践过程中出现的错误及时进行纠正。
6. 教师和学生共同进行总结,并由教师统一进行评分。

(资料来源:罗宇编著:《商务礼仪实用手册》,人民邮电出版社,2008年版)

 前沿研究

涉外交往中的"以人为本"

大凡对中国外交倍加关注的人们都必定注意到,进入21世纪以来,对人的高度重视,业已成为当代中国外交的一大主题。而近年来的很多外交事件也都充分表明:"以人为本"已经成为今日中国外交的一种基本取向。有鉴于此,在对外交往中,中国的每一名涉外人员都应高度自觉地以自己的实际行动去贯彻、落实"以人为本"的外交新理念。

作为一项新的涉外礼仪的基本原则,"以人为本"的基本含义是:在国际交往中,与在国内交往中一样,任何行为均应有意识地尊重和保障人权。每一位涉外人员都必须充分意识到:自己所从事的一切涉外交往的根本目的,都是为了爱护人、保护人、发展人。换言之,中国外交就其本质而言,是要为人民服务的,是要维护中国人民和世界人民的根本利益的。

1. 涉外人员在对外交往中,具体设计人权问题时,必须坚持以下基本立场:

其一,中国是尊重和保障人权的;

其二,中国对人权有着自己的理解;

其三,中国历来反对某些国家将自己的人权观强加于人,或者借所谓的"人权问题"

干涉中国内政。

从根本上讲,我国是社会主义国家。作为一个社会主义国家,中国的外交、外事工作自然而然就是为人民服务的,对于这一点,每一名中国的涉外人员均应牢记于心,并且见之于行动。

2. 坚持涉外工作为人民服务这一目标,具体需要谨记以下两个要点:

第一,我国的涉外工作首先是为中国人民服务的;

第二,我国的涉外工作应当是为全世界人民服务的。

所以,在从事涉外工作时,必须始终坚定不移地为中国人民服务;另外,在不损害世界人民和别国人民的根本利益的前提下,努力促进世界的和平与发展。

(资料来源:金正昆著:《涉外礼仪教程(第二版)》,中国人民大学出版社,2005年版)

案例 失败的交往

(一) 王先生是一家大型国有企业的总经理。有一次,他获悉有一家著名的德国企业的董事长正在本市进行访问,并有寻求合作伙伴的意向。于是他想尽办法,请有关部门为双方牵线搭桥。

让王先生欣喜若狂的是,对方也有兴趣同他的企业进行合作,而且希望尽快与他见面。到了双方会面的那天,王先生对自己的形象可是进行了一番修饰。他根据自己对时尚的理解,上身穿夹克衫、下身穿牛仔裤、头戴棒球帽、足蹬旅游鞋。无疑,他希望给对方留下自己精明强干、时尚新潮的形象。但不幸的是,在去约定地点的途中,王先生又遇上了堵车,虽然万分着急,但也没有办法。最终,王先生在超过约定时间一个小时后才赶到约定地点。外方人士在听取了王先生的解释后,客气并且委婉地向王先生说明了自己的意思,那便是由此合作之事当再作他议。说完,一行人头也不回地离开了。

(二) 一天,刚参加工作不久的孙小姐被派到外地出差。在卧铺车厢内,她碰到了一位来华旅游的美国姑娘。由于对方首先向孙小姐打了个招呼,孙小姐觉得不与人家寒暄几句实在显得不够友善,便操着一口流利的英语,大大方方地随口与对方聊了起来。

在交谈中,孙小姐有点没话找话地询问对方:"你今年多大岁数了?"不料人家答非所问地予以搪塞:"你猜猜看?"孙小姐觉得没趣,转而又问:"到了你这个岁数,我想你一定结婚了吧?"这一回,那位美国小姐的反应更加令孙小姐出乎意料:对方居然转过头去,再也不搭理她。一直到分手,她们两人都没说过一句话。

(资料来源:罗宇编著:《商务礼仪实用手册》,人民邮电出版社,2008年版)

案例思考题

在案例(一)、(二)中的王先生和孙小姐哪里做错了?

练习与思考

一、名词解释

涉外礼仪　礼仪风俗

二、填空题

1. 英国人在交际应酬中的衣着，一般男士要穿_____，女士则要穿_____。
2. 一般性交际应酬中，人与人之间的距离为_____。
3. 商务活动中的韩国男子穿_____。
4. 日本人不喜欢_____图像，忌_____数字。

三、单项选择题

1. 在以下的国家中，(　　)可以吃狗肉。
   A. 澳大利亚　　　B. 美国　　　C. 韩国　　　D. 英国
2. 在人际交往中，法国人所采用的最多、最广泛的见面礼节为(　　)。
   A. 握手礼　　　B. 拥抱礼　　　C. 吻面礼　　　D. 点头礼
3. 美国人饮食习惯因地区而异，总体特征是(　　)。
   A. 喜食辛辣
   B. 喜食"生"、"冷"、"淡"
   C. 肥浓
   D. 不爱吃酸

四、多项选择题

1. 商务涉外礼仪原则包括(　　)。
   A. "入乡随俗"原则　　　B. "维护形象"原则
   C. "尊重个人隐私"原则　　　D. "女士优先"原则
   E. "以左为尊"原则
2. 在国际交往中，(　　)被外国人视为个人隐私问题。
   A. 年龄大小　　　B. 收入情况
   C. 健康状况　　　D. 家庭住址
   E. 个人经历
3. 英国人的饮食禁忌，主要是(　　)。
   A. 不吃狗肉　　　B. 不吃过咸的菜肴
   C. 不吃过辣的菜肴　　　D. 不吃带有黏汁的菜肴
   E. 做菜时加入调味品，也为其所忌讳
4. 英国人在正式场合着装的禁忌有(　　)。
   A. 忌打条纹领带　　　B. 忌打格子领带
   C. 忌不系长袖衬衫袖口的扣子　　　D. 忌在正式场合穿凉鞋
   E. 忌以浅色皮鞋配西服套装

五、简答题

1. 维护形象的具体做法有哪些？

2. 有哪些具体问题属于隐私?
3. 人际距离包括哪几种?
4. 列举主要国家的饮食礼仪和习俗禁忌。

六、论述题

谈谈亚洲与欧洲商务交往礼仪的异同点。

参 考 书 目

1. 金正昆著:《商务礼仪》.北京:北京大学出版社,2004年版
2. 金正昆著:《涉外礼仪教程(第二版)》.北京:中国人民大学出版社,2005年版
3. 罗宇编著:《商务礼仪实用手册》.北京:人民邮电出版社,2008年版

图书在版编目(CIP)数据

商务礼仪/姜红等主编. —上海:复旦大学出版社,2009.7(2017.7 重印)
(复旦卓越·21 世纪市场营销"实践型"系列教材)
ISBN 978-7-309-06631-9

Ⅰ.商… Ⅱ.姜… Ⅲ.商务-礼仪-高等学校-教材 Ⅳ.F718

中国版本图书馆 CIP 数据核字(2009)第 078155 号

商务礼仪
姜 红 等主编
责任编辑/李 华

复旦大学出版社有限公司出版发行
上海市国权路 579 号 邮编:200433
网址:fupnet@fudanpress.com http://www.fudanpress.com
门市零售:86-21-65642857   团体订购:86-21-65118853
外埠邮购:86-21-65109143   出版部电话:86-21-65642845
浙江省临安市曙光印务有限公司

开本 787×1092 1/16 印张 15.25 字数 343 千
2017 年 7 月第 1 版第 9 次印刷
印数 41 301—44 400

ISBN 978-7-309-06631-9/F·1488
定价:28.00 元

如有印装质量问题,请向复旦大学出版社有限公司出版部调换。
版权所有 侵权必究